DIEGO MARÍN

University of Toronto

LA CiViLiZACiÓN

HOLT
RINEHART
AND
WINSTON

ESPAÑOLA

EDICIÓN
REVISADA

Panorama histórico

Holt, Rinehart and Winston, Inc.
Fort Worth Chicago San Francisco Philadelphia
Montreal Toronto London Sydney Tokyo

Library of Congress Catalog Card Number: 69-17466

Printed in the United States of America

ISBN: 0-03-080033-1

4567   090   22 21 20 19

Holt, Rinehart and Winston, Inc.
The Dryden Press
Saunders College Publishing

*Velar se debe la vida de tal suerte
que viva quede en la muerte.*
(Escudo español)

Foreword

The addition of one more textbook to the already well-stocked shelf of histories of Spanish civilization requires some justification. The need to compress in a short manual the vast and complex material of a three thousand year old civilization tends to result in enumerations of events, names and dates, the relevance of which is not easily apparent to the student. The purpose of this small volume is to select the most significant aspects of Spanish history in the form of essays on the main epochs, giving a broad discussion of their essential characteristics and their contribution to Western civilization. With the same selective aim, a somewhat wider scope than is common in books of this kind is given to the ideas and works of Spain's most prominent men. The main advantage of this approach is, not only to highlight the *cumbres,* but to stimulate thought on the political and cultural issues which constitute the major themes of Spanish history. Inevitably many important people and events have had to be omitted, but it is hoped that the sacrifice may be sufficiently atoned for by a more meaningful discussion of the topics included. At the same time, an effort has been made to keep a proper balance between the descriptive and the significant, while a chronological appendix supplements the text with the most important events and names in Spanish history.

Based on material used during many years of teaching in English-speaking universities, this book has been written for students at the intermediate level (either second or third semester). Its style is simple enough to enable such students to read it with ease and concentrate on the ideas without having to struggle with too many linguistic difficulties. An end vocabulary is, however, provided, with all the words and idioms used in the text, except (a) the most readily recognizable and unmistakable cognates, (b) adverbs in *-mente* when the corresponding adjectives are included and have the same meaning, (c) names of persons on which the text or notes give sufficient information (such as dates, works, etc.).

A *cuestionario* appears also at the end of the text with comprehensive questions aimed at testing the ability to understand and summarize the main topics discussed, rather than to reproduce sentences from the text.

NOTE TO THE REVISED EDITION

Although the text remains substantially the same in this new edition, a number of corrections and additions have been made in order to make it more accurate or up to date. Additional maps have been inserted, among them one of the Spanish Empire. The main innovations will be found in the *Apéndices*, which now include: (a) a list of suggested essay topics related to political and cultural history, as a supplement to the *Cuestionario*; (b) a bibliography which may serve as a guide for further reading and as a basis for class assignments; (c) a list of kings and heads of state from the *Reconquista* to the present, which will supplement the comparatively few names mentioned in the text. It is hoped that both teachers and students may find these additions of some help in the use of the book as an introduction to the study of Spanish civilization.

D.M.

University of Toronto, 1969

Índice

INTRODUCCIÓN. La Península Hispánica:
aislamiento exterior y diversificación interna   1

Primera parte: ESPAÑA, CRUCE DE CULTURAS

I. Las culturas primitivas   10
II. La romanización de Hispania   21
III. La Hispania visigoda   36
IV. La España musulmana   48
V. La España cristiana medieval   62

Segunda parte: ESPAÑA COMO NACIÓN

VI. La época de los Reyes Católicos   98
VII. Auge y ocaso del Imperio español   125
VIII. La cultura del Siglo de Oro   140
IX. El « despotismo ilustrado » del siglo XVIII   164
X. La España moderna (siglos XIX y XX)   180
XI. La vida cultural en la España moderna   206

APÉNDICES   235
Fechas importantes de la civilización española   236
Reyes y Jefes de Estado   246
Cuestionario   249
Temas de ensayo   255
Bibliografía   257

VOCABULARIO   i
NOTES ON ILLUSTRATIONS   liv
ÍNDICE ALFABÉTICO   lvii

Introducción LA PENÍNSULA HISPÁNICA:

AISLAMIENTO EXTERIOR Y DIVERSIFICACIÓN INTERNA

El aislamiento peninsular, elemento unificador. Antes de empezar
el relato histórico de la civilización española, conviene observar
el aspecto físico de la tierra que le ha servido de escenario y
ver los efectos que haya podido tener en esa historia. Basta una
5 ojeada al mapa para apreciar la posición singular de la Península
Hispánica o Ibérica[1] como extremidad occidental del continente
europeo. Es una entidad geográfica completa, con un área aproximadamente igual a la de Texas (546.614 kms. cuadrados),
rodeada de mares por todos lados excepto al noroeste, donde la
10 alta cordillera de los Pirineos sirve de enlace y a la vez de barrera
con Francia. La Península, pues, forma parte de Europa, pero en
una posición marginal, como territorio fronterizo entre dos
continentes. Este aislamiento casi insular explica la doble tendencia histórica del pueblo hispánico a salirse por los mares
15 que lo rodean en busca de aventura y conquista, o a « encastillarse », encerrándose en casa y volviendo la espalda al mundo
exterior cuando le falta la fuerza de expansión. Por ello la civilización española no suele seguir el mismo paso que la europea,
retrasándose unas veces, anticipándose otras, pero siempre
20 imprimiendo un fuerte sello original a lo que hace. El apego
a sus tradiciones ha hecho de España un país algo diferente de
los demás europeos, que le ha creado su fama de pintoresco y
« romántico » en sentido admirativo unas veces, otras en tono
despectivo por su carácter primitivo.

[1] El nombre *Ibérica* se deriva del griego, *Hispánica* del latín, y ambos se aplicaron
antiguamente a todo el país; pero como el primero se aplica también a los iberos,
uno de los pueblos primitivos de España, resulta más preciso el segundo.

Este aislamiento físico de la Península se ve, sin embargo, contrarrestado por el hecho de formar un puente de enlace entre Europa y África, entre el Mediterráneo y el Atlántico, lo que ha hecho de España lugar de paso obligado para diversos pueblos que han buscado su expansión desde uno u otro conti- 5 nente. El estrecho de Gibraltar, fácil de cruzar (tiene sólo 14 kms. de ancho), no ha sido nunca obstáculo serio para ese paso inter- continental, y la necesidad de guardar esa puerta natural ha determinado siempre la política africana de España.[2]

Hasta el descubrimiento de América, España fue el *Finis terrae* 10 o rincón extremo del mundo occidental adonde confluían en sus viajes de exploración comercial, de conquista o de migra- ción los pueblos procedentes del norte, del sur y del este. Allí solían instalarse sin poder avanzar más, unas veces ocupando sólo una región, otras la totalidad de la Península. El resultado 15 fue la mezcla de razas y culturas en el crisol de la Península, mezcla en que hubo elementos nórdicos y africanos, en mayor proporción y con mayor variedad racial que en los otros países europeos.

Jinete andaluz

La diversificación interna. Si por un lado la geografía peninsular 20 actúa como fuerza centrípeta que tiende a unir a sus pobladores dentro de sus límites naturales, la configuración interna de la Península hace todo lo contrario : separarlos y diferenciarlos entre sí. Basta mirar un mapa en relieve para comprender la causa. La Península está dividida por una compleja red de cor- 25

---

[2] Aun después de haber abandonado el Protectorado de Marruecos (1956), España conserva allí todavía las plazas fuertes de Ceuta y Melilla, como ciudades españolas. También posee pequeños territorios en la costa noroeste de África.

dilleras en compartimientos casi cerrados que durante siglos
han dificultado las comunicaciones y todavía hoy las hacen más
lentas que en otros países europeos.[3] Por cualquier lado que
penetremos en España nos topamos con montañas : al norte, los
Pirineos y su prolongación occidental, la cordillera Cantábrica; al
sur, la Sierra Nevada, donde se halla el pico más alto de la Península
(el Mulhacén, 3.481 m.); al este, la cordillera Ibérica, espina
dorsal que divide al país en una vertiente oriental hacia el Mediterráneo, y otra más ancha hacia el Atlántico. El macizo montañoso
entre ambas es tan pronunciado que hasta 1947 no existió ferrocarril directo entre Madrid y Valencia.

En la parte central se alza la meseta de Castilla, extensa altiplanicie que es como una alta fortaleza rodeada de murallas y
fosos desde la que había de salir el impulso unificador de la
Península. Mas también esta Meseta se ve dividida en subregiones
naturales por sierras y por ríos que van a desaguar al Atlántico.
La Cordillera Central o Carpetana es la principal, separando
Castilla la Vieja, con su valle del Duero, de Castilla la Nueva,
a su vez cortada por los valles del Tajo y del Guadiana. Estas
tierras castellanas son secas, pardas, de clima estepario, con
fuertes contrastes de frío y de calor (« nueve meses de invierno
y tres de infierno », según el dicho popular). El suelo es poco
fértil, y su producción principal son los cereales, la uva y la
aceituna, sin que falten, como en casi toda España, minas importantes, cual las de mercurio y de carbón, en La Mancha. Es un
paisaje desolado, pero impresionante por su misma desnudez,
todo tierra y cielo, del cual salieron los hombres duros y austeros,
acostumbrados a una lucha penosa por la subsistencia, que
habían de impulsar la unificación de España y su expansión
imperial bajo el ideal de « una fe, un monarca y una espada ».

Los Pirineos

[3] No se olvide que España es uno de los países más montañosos de Europa, y
después de Suiza el de mayor altitud media (unos 700 m. sobre el nivel del mar).

Paisaje castellano

A los cuatro costados de esta región central se destacan con acusada individualidad las otras regiones naturales de más significación histórica. Al nordeste, el valle del Ebro, bien delimitado por los Pirineos, la cordillera Ibérica y el Mediterráneo, fue la base geográfica del reino de Aragón, que en la Edad Media llegó en su expansión marítima hasta Italia y Grecia.

Al noroeste, la región de Galicia, que ya bajo los romanos formó provincia aparte, y después constituyó un reino independiente bajo los suevos y durante la Reconquista cristiana contra los árabes. Unida tradicionalmente a Portugal, ésta fue la única región que logró mantener su independencia mientras Galicia entraba en la órbita política de Castilla. Hacia el este, la faja montañosa de Asturias, Santander y el país vasco-navarro, centros tradicionales de resistencia frente a los invasores y después, de Estados independientes, como Asturias y Navarra.

Al sur de la Meseta, separada por Sierra Morena, queda la región de Andalucía, formada por el sistema del Guadalquivir (el « río Grande » de los árabes). Fue la riqueza mineral de esta región lo que más atrajo a los primeros colonizadores de la Península y lo que hizo de ella (junto con Levante) la parte más intensamente penetrada por la civilización romana. Después alcanza su máximo esplendor e independencia bajo los árabes, para ser luego reconquistada y asimilada políticamente por Castilla, pero conservando siempre una personalidad regional tan inconfundible y original que será ella quien dé el sello distintivo a España en general.

5 De esta somera ojeada geográfica a las principales regiones naturales se desprende la diversificación y fragmentación del territorio hispánico, factor que actúa como fuerza disgregadora contra la tendencia centrípeta a la homogeneidad representada por el aislamiento peninsular. La historia del país puede verse 10 como un resultado de este juego de fuerzas en el que sólo Portugal, que paradójicamente carece de fronteras naturales, ha logrado mantenerse separada, pero sin que hayan desaparecido las aspiraciones autonómicas en otras regiones, especialmente Cataluña y las Vascongadas, ni menos aún las características 15 peculiares de cada región. Así, a pesar de la creciente unificación moderna, España sigue siendo una y varia a la vez.

Ya los primeros historiadores de la Península notaron la multiplicidad de tribus independientes que la ocupaban. Los romanos fueron dividiendo el territorio en un número creciente de pro- 20 vincias (hasta llegar a siete) y hablaron de las *Hispaniae*. El gran califato de la España árabe acaba por fraccionarse en múltiples principados independientes y asimismo la España cristiana se reconstruye a base de varios Estados también independientes, lentamente unificados por la monarquía absoluta de los Austrias primero 25 y de los Borbones después. Pero la unificación no ha ahogado el espíritu local, y en los momentos de crisis política, al flaquear el poder central, las regiones han manifestado siempre su vitalidad,

Cortijo andaluz

Español
Antiguo

Madrileño.

Andaluz

Aragonés.

Gallego.

Castellano
Viejo.

creando organismos propios de gobierno, como las Juntas de Defensa durante la guerra contra Napoleón, los cantones federales de la primera República (1873) y los gobiernos autónomos de la segunda (1931-39). Es el espíritu separatista que los españoles habían de llevar al Nuevo Mundo, dando lugar a los veinte 5 Estados « desunidos » de Hispanoamérica cuando les llegó la independencia.

Por este fuerte espíritu localista e independiente se explica también que la dominación de la Península por los distintos pueblos invasores haya sido más lenta e incompleta que en otros 10 países europeos. Así, los celtas no ocuparon más que el noroeste de Hispania, mientras que los galos (pueblo celta) dominaron y dieron su nombre a toda Francia. La conquista romana tardó dos siglos en completarse, sin llegar a penetrar del todo en el norte, mientras que la romanización de las Galias fue tan rápida 15 como profunda. Tampoco la germanización de la Península fue tan completa como en Francia, y los visigodos no pudieron acabar con las rebeliones de los pueblos norteños. La invasión árabe fue rápida, pero también quedó incompleta al norte. Y en tiempos más modernos las triunfales tropas de Napoleón 20 hallaron su primer obstáculo en España, por la resistencia espontánea y localista del pueblo.

La fusión de razas. Es inevitable que a tal diversidad de regiones, corresponda una pluralidad de tipos humanos. Étnicamente el pueblo español es el producto de la mezcla de razas que han 25 ido acumulándose sucesivamente en todo o parte del territorio peninsular, ya procedentes de la Europa nórdica (celtas y godos), ya del Mediterráneo (fenicios, griegos y romanos), ya del norte de África (cartagineses y moros). El proceso amalgamador acaba con la aportación árabe, última invasión étnica de la 30 Península, pero cuando los españoles se lanzan fuera de su país a la conquista de otras tierras vuelven a mezclarse sin prejuicio racial con los indígenas (indios y negros) y crean la base de la población mestiza de América. El calificativo usual de *latino* es por ello tan impropio, racialmente, cuando se aplica al pueblo 35 español como al hispanoamericano.

Las marcadas diferencias que hoy hallamos entre los varios tipos humanos de la Península son resultado del medio físico más que del mezclado influjo racial. En realidad, es sorprendente la homogeneidad étnica que los antropólogos encuentran 40 en el pueblo español, si se tiene en cuenta la variada serie de inmigraciones e invasiones. Ese tipo básico o predominante — el protagonista de la historia de España — sería el dolicocéfalo, de cabeza alargada, de estatura mediana y complexión recia, pelo y ojos negros, piel blanca y fina.

Murciano.

5 Es curioso que casi todos estos rasgos físicos fueran ya señalados por los primeros autores clásicos al describir a los iberos. Y más curioso aún que también observasen entre ellos cualidades psicológicas y morales parecidas a las que se han seguido atribuyendo al español típico : espíritu independiente, lealtad al
10 caudillo o amigo, sobriedad, dureza y vehemencia, falta de disciplina. Toda generalización de esta clase es arriesgada, y más tratándose de España, pero es un hecho que el carácter hispánico se ha formado en lucha constante con un medio físico pobre y duro en general, lo que explicaría sus dos cualidades salientes de
15 frugalidad y resistencia para soportar arduas tareas y privaciones. No es extraño que los romanos y los cartagineses hallasen aquí excelentes soldados para sus ejércitos, ni que de aquí saliesen los tenaces conquistadores y misioneros que colonizaron el Nuevo Mundo afrontando los más increíbles obstáculos y
20 penalidades. Al mismo tiempo sienten gran apego a su « patria chica », al pueblo donde nacen, base del fuerte espíritu localista. Ese mismo apego a una tierra pobre les hace contentarse con poco, satisfechos de sentirse ligados a su propia comunidad, a su tradición familiar, y un tanto indiferentes al culto moderno
25 del progreso material.

Gitano

Navarro

Las lenguas peninsulares. Junto a estos rasgos comunes, habría que señalar las diferencias de carácter, tradiciones y costumbres que todavía separan a los españoles de las distintas regiones, a pesar de la inevitable uniformación de la vida moderna. Note-
30 mos aquí sólo, como ejemplo, un elemento diferenciador. La península tiene cuatro idiomas principales, correspondientes a las cuatro regiones históricas : el castellano, el catalán, el gallego y el vascuence o vasco. Este último es un fenómeno lingüístico especial en el mundo occidental, de origen remotísimo y desconocido,
35 preservado en el aislamiento montañoso del país vasco-navarro, que hoy está perdiendo terreno ante los avances del castellano y del francés, a cada lado de la frontera. Muchos autores ven en el vascuence la lengua de los iberos, pero no está demostrado. Sólo se sabe que antiguamente ocupaba una zona lingüística
40 más extensa que la actual.

El castellano es la única lengua oficial de España y se habla,

Cordoves.

Extremeño.

7

Catalan

en forma pura o dialectal, en todo el territorio nacional. Ya desde el Renacimiento se impuso su hegemonía peninsular como lengua literaria. Algunos dialectos son de gran interés para el conocimiento histórico del castellano, como el leonés, que lo precedió como lengua del reino medieval de León antes de la independencia política de Castilla, y que después fue muy influido por el idioma del nuevo reino castellano. Un resto arcaico del leonés se conserva en el bable, dialecto de Asturias, rico en canciones populares. El andaluz, en cambio, ofrece sólo diferencias fonéticas con el castellano, al haberse extendido éste por una región ya muy arabizada.

El gallego se derivó del latín vulgar, lo mismo que el castellano, pero seguramente más pronto que éste, llegando a ser la primera lengua literaria de la Península. De él surgió, durante la Reconquista, el portugués, como idioma del nuevo Estado independiente, que después se extendería al Brasil y a las colonias portuguesas de África, Asia y Oceanía.

Finalmente, el catalán es otra lengua románica de gran importancia cultural y más ligada lingüística y literariamente en su origen al provenzal que al castellano por haberse formado en la época feudal, cuando había estrecho contacto entre Cataluña y el Mediodía francés. Como el castellano y el gallego, fue llevado durante la Reconquista a Valencia y las Baleares, y fuera de España llegó al Rosellón y la Cerdaña francesa. Es otro idioma imperial, de rica tradición literaria que se vio eclipsado por el castellano al terminar la Edad Media, pero que aún conserva su vigor creador como lengua hablada y literaria, a pesar de su postergación oficial.

Primera parte

ESPAÑA,
CRUCE DE CULTURAS

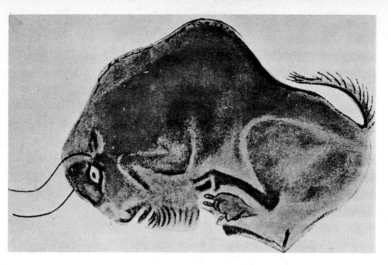

Bisonte rupestre (Altamira)

I Las culturas primitivas

EL HOMBRE PREHISTORICO
Y SU ARTE RUPESTRE

Nada se sabe con certeza de los habitantes prehistóricos de la Península. Dejando teorías a un lado, baste indicar que los huesos más antiguos encontrados hasta ahora corresponden al tipo Neandertal y que los utensilios domésticos descubiertos en algunas cuevas indicarían la presencia del hombre en la era 5 paleolítica. Tales restos aparecen en diferentes niveles arqueológicos y guardan relación con los hallados en otras regiones de Europa y África, lo que indicaría que la Península se vio invadida desde los primeros tiempos por olas sucesivas de pueblos procedentes del norte y del sur, cada cual con su cultura especial. 10 Parece admisible, aunque no está probado, que los primeros inmigrantes de Africa llegaron por tierra, antes del hundimiento del estrecho de Gibraltar en la era cuaternaria, cuando quedó definida la estructura actual de la Península.

El resultado es que la Península aparece ya ocupada desde los 15 comienzos por culturas distintas. Las mejor documentadas son la Magdaleniense al norte y la Levantina al sudeste, cada una de las cuales nos ha dejado el testimonio precioso de su arte rupestre. El arte nórdico está espléndidamente representado en la cueva de Altamira (Santander), descubierta casualmente por 20 un cazador en 1879 y llamada con acierto la « Capilla Sixtina del

arte cuaternario ». Se calcula entre 10.000 y 15.000 años la fecha
en que estos artistas primitivos grabaron en el techo y paredes
más interiores de la caverna las figuras de los animales que caza-
ban : bisontes, mamuts, renos, osos. Son más de 150 figuras,
5 en negro y en color, unas en reposo y otras en movimiento,
con las irregularidades de la roca hábilmente aprovechadas
para darles relieve y expresividad. Es un arte realista, que demues-
tra tanto poder de observación como de ejecución, realizado
en lo más escondido de la cueva, adonde no llega la luz del día.
10 Los artistas hubieron de emplear la luz artificial, como indican
los restos de lámparas en que se quemaba grasa de los animales.
Aunque no falte en tales figuras el propósito estético, expresan
ante todo la intención religiosa o mágica de propiciarse la caza
por medio de imágenes que permiten al hombre ejercer sus
15 sortilegios e influencia sobre el objeto representado. De aquí
la necesidad de aguzar la observación del modelo y de perfeccionar su representación, pues cuanto más fiel y viva la reproducción del objeto deseado o temido, mayor era el poder mágico
sobre él.
20   En contraste con este arte nórdico, el del Levante español, obra de
un pueblo todavía sin identificar, es más esquemático e idealizado,
como el encontrado en la cueva de Alpera (Albacete). No representa
figuras grandes y aisladas, como las de Altamira, sino grupos abiga-
rrados de hombres y animales en escenas de caza, ocupaciones domés-
25 ticas y danzas rituales llenas de dinamismo y expresión. Tampoco
usan la policromía ni el relieve, sino pequeñas siluetas rellenas de un
solo color, negro o rojo. Es un arte menos elaborado que el de
Altamira, porque no busca la reproducción exacta de las cosas,
sino sólo ilustrar acciones colectivas, pero tiene valor por su
30 vitalidad y sentido de la composición. Los animales representados, principalmente ciervos, y los hombres casi desnudos
corresponden al clima templado de Levante; mientras que las
pinturas están hechas en rocas accesibles a la luz solar. Por estas
y otras diferencias se cree que la cultura levantina pertenece a
35 una época posterior a la paleolítica de Altamira.

Arte rupestre de Levante (Albacete)

Arte fenicio: lápida de marfil

LOS FENICIOS DESCUBREN ESPAÑA

Las primeras alusiones literarias a la Península Hispánica tienen vaguedad de leyenda. El mito de Hércules y Gerión, versificado por Hesiodo y otros poetas griegos, hace llegar a Hércules hasta el sur de España para matar al rico Gerión y robarle sus numerosos ganados de bueyes. Esto, además de la 5 atribución a Gerión de grandes riquezas de oro y plata, puede encerrar una alusión a la riqueza fabulosa de la España antigua. De ese mito deriva el nombre de Columnas de Hércules con que se conocía al estrecho de Gibraltar en la antigüedad, y que todavía aparece en el escudo nacional de España. 10

En la Biblia se menciona por primera vez un lugar, Tarschisch, que se supone situado en el sur de España y que algunos identifican con Tartessos,[1] al cual el rey Salomón enviaba su flota en busca de marfil y metales preciosos para la construcción del templo de Jerusalén, allá por el año 1000 a.C. El pueblo con 15 quien traficaban los hebreos era otro pueblo semita, los fenicios, que en su expansión marítima y comercial desde Tiro, al norte de Palestina, llegaron hasta la costa de la Península y fundaron una serie de colonias o factorías en el litoral de Levante y Andalucía. De tales expediciones nada sabemos por los mismos 20 fenicios, aunque parece que escribieron relatos de ellos y que fueron ellos quienes enseñaron a los griegos el alfabeto del cual se deriva el nuestro.

La capital de las colonias fenicias en España fue Gádir (Cádiz), que se supone fundada hacia 1100 a.C. y es la más antigua y 25

---

[1] De esta misteriosa y discutida urbe sólo sabemos que existió. Los tartesios formaban un vasto imperio marítimo que dominaba el Sur y Levante de España y que navegaron por el Atlántico. Con ellos entraron en trato comercial los fenicios y acabaron por dominarlos.

espléndida ciudad fenicia de Occidente, con la que se puede decir
que empieza la historia conocida de la Península. La atracción
principal de estos primeros colonizadores eran los metales (oro,
plata y cobre), que hicieron de España el Eldorado de la antigüedad, en el extremo occidental del mundo conocido. Por ello
los fenicios inician la industria metalúrgica que sigue siendo
una de las principales del país. Y junto con ella establecen la
pesquera, aprovechando los atunes de Cádiz y Huelva, tan
famosos entonces como ahora. Igualmente fundaron las primeras
salinas de que extraían la sal para la salazón del pescado, otra
importante industria española. A los fenicios se atribuye también
el nombre de España, derivándolo de *i-saphan-im*, « costa o isla
de los conejos », animal que abundaba en el país y que era desconocido de los fenicios. Así lo confirmarían las monedas ibéricas
en que aparece grabado un conejo.[2]

De esta colonización fenicia quedan poquísimas reliquias y de
fecha ya tardía, especialmente sepulcros con valiosas alhajas y
monedas, que los fenicios fueron los primeros en traer al país.
Su contribución civilizadora es típica de un pueblo semita dedicado al comercio y a la navegación, transmisor de culturas
ajenas más que creador de una original. Es la función que otros
elementos semitas (judíos y árabes) tendrán también más tarde
en la vida cultural de España. Fue ante todo una civilización de
gran riqueza material que hizo del sur la región más poblada y
próspera de la Península, prosperidad que había de subsistir
aun después de desaparecer el dominio fenicio.

[2] También se ha interpretado el vocablo fenicio como «tierra oculta». La tesis más
reciente ve, sin embargo, en *Span* una palabra celta que significaría « llanura » o
« entrada ».

Los atunes de Cádiz

LA COLONIZACIÓN GRIEGA

El monopolio de los fenicios en el Mediterráneo empezó a declinar tras la caída de Tiro ante el ataque asirio hacia el año 700 a.C., y otro pueblo de navegantes y mercaderes, el griego, les fue arrebatando la supremacía. Según Herodoto, los focenses fueron los primeros griegos que llegaron al sur de Iberia (Tartessos) en el siglo VII, y parece que poco después fue fundada la célebre colonia de Emporion (hoy Ampurias, en la costa de Cataluña). Con los griegos se coloniza intensamente el litoral levantino de España, pero sin penetrar tampoco en el interior, pues ni los fenicios ni los griegos tenían espíritu conquistador. Este carácter periférico y aislacionista es lo que esencialmente distingue a estas dos colonizaciones de la romana, que transformará toda la vida pública y privada de la Península. Pero a diferencia de las colonias fenicias, que eran sólo dependencias comerciales al servicio del interés colectivo representado por la metrópoli, las colonias griegas son verdaderas ciudades-estados, copiadas de las ciudades metropolitanas y totalmente autónomas. Sin embargo, no llegaron a alcanzar el grado de desarrollo y prosperidad que las fenicias. La vida en Emporion, la principal colonia griega, era bastante precaria, en guardia constante ante posibles ataques indígenas, y con muro divisorio que separaba a la población griega de la ibérica. El nombre de *emporio* significa mercado de intercambio, y eso fueron realmente estas colonias helénicas : pequeños puestos del lejano Oeste para el comercio con los indígenas. Pero la influencia civilizadora de los griegos es evidente, trayendo a los primitivos pobladores del país no sólo el comercio, la industria y la agricultura (especialmente la vid y el olivo), sino educándolos también en las artes del espíritu, con su teatro y sus academias para el estudio de poetas y filósofos. Aunque han quedado muy pocos monumentos del arte helénico, su influencia es visible en el arte indígena que pronto hizo florecer.

LAS TRIBUS PRIMITIVAS

Los iberos.   A los griegos debemos la primera información sobre los indígenas de la Península, pues aunque abundan las inscripciones y pinturas de éstos, siguen siendo ininteligibles para nosotros. El pueblo de quien primero hay noticias es el de los

ligures, quienes según Hesiodo eran el pueblo principal de Occidente, y que probablemente ocupaban toda la Península hasta ser desposeídos por la invasión de los iberos y los celtas. El único testimonio histórico que queda de los ligures son los
5 nombres de lugares aislados, adonde las tribus se debieron de refugiar.

Los griegos dieron el nombre de *iberos* ya en el siglo VI a los habitantes primitivos que ocupaban el valle del Ebro, pero era realmente un nombre geográfico sólo, aplicado por los griegos
10 a unos hombres de cuya procedencia nada se sabe. La opinión más general es que llegaron de África del Norte, siguiendo un movimiento migratorio originado en el Este, Mesopotamia tal vez. Desde luego, las figuras ibéricas encontradas sugieren un hombre de tipo mediterráneo (pequeño, moreno, de cabeza
15 alargada) en contraste con el aspecto nórdico de las figuras halladas en lugares celtas de la Península. En cuanto a la fecha de su llegada, sólo sabemos que en el siglo VI ocupaban el Sur y Este de España. La vieja y debatida hipótesis del «vasco-iberismo», que ve en los vascos una supervivencia ibérica, no
20 pasa de ser una posibilidad, basada principalmente en argumentos lingüísticos.

Los escritos ibéricos siguen todavía sin descifrar, de modo que toda la información sobre ese pueblo es la que nos dan los extranjeros que lo conocieron por fuera. Pero los descubrimientos
25 arqueológicos han revelado la existencia de una civilización muy avanzada que dura del año 600 al 200 a.C., y que había desarrollado con talento la escultura, la arquitectura, la cerámica y la orfebrería. El influjo griego en este arte indígena es tan grande que no es posible separar lo original de lo imitado.
30 Estamos ante el primer ejemplo de esa capacidad de absorber y transformar los elementos llegados de fuera que va a caracterizar después a la cultura española.

Ejemplo típico de esa tendencia es la célebre *Dama de Elche*, busto de una mujer ibérica, probablemente sacerdotisa, hallado
35 en la ciudad levantina de este nombre y fechado hacia la primera mitad del siglo V. Es la obra cumbre del arte ibérico. Junto a la sobriedad y elegancia clásicas de las facciones, la expresión tiene vigorosa individualidad, mientras que la profusa ornamentación del tocado, con su alta «peineta» y mantilla parecidos a los que
40 aún se usan hoy, y el colorido que cubría la piedra, parecen anticipar algo del gusto hispánico por lo decorativo. Esta ten-

La Dama de Elche

dencia decorativa es característica del arte ibero, y se manifiesta en la gran cantidad de objetos de adorno personal, en los vestidos y tocados de las estatuas femeninas, en los diseños de la cerámica. Es interesante observar que, a pesar de la influencia del arte escultórico griego, los iberos no hacen desnudos humanos, y 5 sus figuras están casi siempre ricamente vestidas, quizá por el carácter devoto de tales estatuas.

Muy desarrollada también entre los iberos estuvo la arquitectura, que les permitió edificar ciudades fortificadas de estilo *ciclópeo*, es decir muros hechos con grandes bloques de piedra, 10 y con artísticas puertas y torres. Como los castillos posteriores, solían levantarse en la cima de montes, y de su inexpugnabilidad fue ejemplo Numancia al resistir varios meses un cerco de las invencibles legiones romanas.

Otro aspecto significativo de la civilización ibérica es la 15 importancia de los cultos religiosos, entre ellos el del toro, cuyo carácter sagrado nos acreditan ya los autores antiguos. Sólo sabemos de esa religión lo que sus representaciones plásticas revelan, como la existencia de una compleja mitología de animales fantásticos; pero los numerosos santuarios descubiertos 20 confirman la importancia de la vida religiosa, con indicios de servir ya entonces, como hoy día, de centros de romerías o peregrinación, a los que acudían gentes de tribus diversas, inclusive celtas.

Aunque se habla de los iberos como de un solo pueblo, por ciertos rasgos comunes que ofrece su cultura, en realidad eran una serie de tribus, muy diferentes en cuanto a lengua, carácter y grado de civilización, que sostenían frecuentes guerras entre sí,
5 sin llegar nunca a unirse políticamente. Aislada cada tribu en su región, es la primera indicación que encontramos del espíritu localista característico de los pueblos peninsulares.

Los celtas.   Otro de los primeros pueblos conocidos que ocuparon la Península fueron los celtas, quienes parecen haber entrado
10 por el Pirineo occidental unos 600 años a.C., procedentes del norte de Francia y del Rhin.[3] Eran un pueblo de cultura más primitiva que los iberos, pero guerrero, que tras de luchar con los iberos se extendió por toda la Península, excepto Andalucía y Levante. Expulsados después del centro por los iberos,
15 se refugian en Galicia y Portugal, donde dejan su mayor influencia. Se sabe muy poco de estos celtas, cuyo único recuerdo visible está en los nombres de muchas ciudades con terminación en -*briga* (lugar fortificado). Forman también tribus separadas, con distinto grado de desarrollo, y serán identificados por los
20 romanos como *lusitanos*, base del pueblo portugués actual.

Los celtíberos.   Tradicionalmente se veía en los celtíberos una tercera raza, resultado de la mezcla de celtas e iberos y base de la antigua población hispana, descrita por los conquistadores romanos. Hoy se pone en duda esa mezcla racial y se cree que el
25 nombre celtíbero es sólo una expresión geográfica utilizada por los romanos a su llegada a España para distinguir la región celta del interior, ya muy influida por la cultura ibérica, de la región ibérica propiamente dicha en Levante. Sea una mezcla o no, lo cierto es que el elemento ibérico es el dominante, sin
30 duda por ser más fuerte y civilizado que el celta. En efecto, mientras que los iberos recibían la influencia civilizadora del Mediterráneo, los celtas del oeste seguían al nivel prehistórico de la Edad del Hierro.

Las noticias que los autores latinos nos dan de los indígenas
35 peninsulares se refieren a estos celtíberos, descritos como hombres indomables y vigorosos, austeros y vehementes, amantes de la independencia pero faltos de disciplina, capaces de sufrir la muerte por no traicionar a sus amigos o caer en la esclavitud.

[3] Aunque los estudios más recientes del idioma celta han hallado también elementos de origen norteafricano, lo que reforzaría el carácter meridional de los españoles.

Eran las cualidades que más impresionaron a los romanos en estos guerreros indígenas, tan tenaces en su resistencia aislada contra el invasor como incapaces de unirse contra el enemigo común.

La pobreza de la tierra en la Meseta y el Oeste impulsaba a los 5 celtíberos hacia el bandidaje y el mercenarismo, formando bandas armadas que se dedicaban al pillaje o se ofrecían como mercenarios a los ejércitos extranjeros y a otras tribus indígenas. Lo notable no es que hubiese tal bandolerismo, sino que fuera considerado tan honroso como la guerra misma. En extenuación 10 de tales aficiones a lo ajeno conviene recordar, sin embargo, que la pobreza traía consigo la esclavitud, y que para conservar la libertad no quedaba más recurso que ganar tierras, bien robándolas o alistándose en un ejército extranjero que se las diera en recompensa. Los generales romanos se atraían a los llamados 15 « indigentes » celtíberos (pastores y labradores) precisamente con ofertas de tierra, lo cual explica la acogida que hallaron a veces como libertadores.

De entre nuestros vagos conocimientos sobre la vida, creencias e institutiones de los celtíberos, mencionaremos sólo el fuerte 20 sentido religioso que tanto impresionaba a los romanos. No eran idólatras, como los otros pueblos de su tiempo, sino que adoraban a un Dios anónimo e inefable, común a todas las tribus. Es la primera manifestación de una religión monoteísta, al estilo judaico, en la Península, que iba acompañada de himnos 25 épico-sagrados, en verso, dedicados probablemente a los héroes caídos. Según Estrabón, los celtíberos « tributaban homenaje a una deidad innominada, formando cada familia en los plenilunios, delante de la puerta de sus casas y durante la noche, coros de danza que se prolongan hasta por la mañana ». Como tales danzas 30 religiosas eran desconocidas entre los pueblos arios, se supone que procedan del elemento africano en la población peninsular. Es una tradición que se conservará aun con el cristianismo.

LA CONQUISTA CARTAGINESA

Con el eclipse de Tiro, el centro del imperio fenicio se desplaza a Cartago (colonia fundada por los fenicios de Sidón), 35 para proseguir en el oeste la lucha por la hegemonía perdida en oriente contra los griegos. Según una tradición, los cartagineses llegan a España llamados por los fenicios de Gádir para ser

protegidos contra uno de los pueblos indígenas en rebeldía
(siglo VI a.C.) Ésta sería la excusa para una expansión inevitable
del poderío cartaginés, como ocurrirá siglos después con la
invasión de los árabes. El resultado fue que los auxiliares se
5 convierten en dominadores y que se inicia la ocupación de la
Península por los cartagineses, pacífica y limitada en un principio
a la zona meridional. Establecen su capital en *Carthago Nova*
(Cartagena), plaza de gran valor estratégico y comercial por su
puerto natural, sus minas de plata y salazones de pescado.
10   Como pueblo comercial, los cartagineses siguen explotando
las industrias fenicias, especialmente la minería, elevando la
prosperidad de la región. Gades (la antigua Gádir) conservará
durante la época romana el renombre de sus deliciosas salazones
de pescado no menos que el de sus atractivas bailarinas, cuya
15 fama parece anticipar la del moderno baile flamenco. Pero los
cartagineses eran también ambiciosos conquistadores que necesitaban mercenarios para sus ejércitos por la falta de buenos soldados propios. Ésta fue la nueva fuente de riqueza que descubren
en España. Por eso, cuando en el siglo III a.C. los cartagineses
20 se deciden, bajo el partido militarista de los Barcas, a conquistar
por la fuerza el resto de la Península, hallan poca resistencia.
Esa conquista fue motivada por la creciente rivalidad con Roma
y la necesidad de recuperar la fuerza perdida en la primera

Los pobladores primitivos de la Península Hispánica hasta la conquista romana

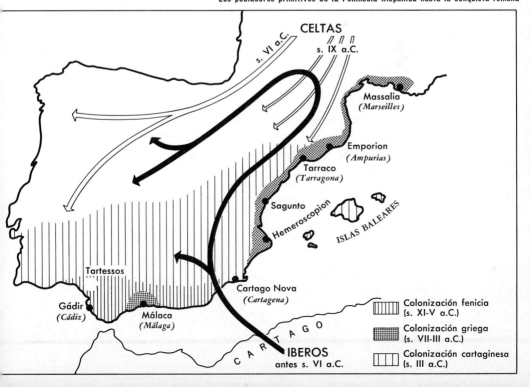

guerra púnica. La Península se convierte en centro estratégico para el ataque por tierra contra Roma, y en su suelo se decidirá en gran parte el conflicto entre Roma y Cartago, junto con el destino de Occidente.

Lo más notable de esta conquista fue la relativa facilidad con que se supieron ganar los cartagineses la colaboración de muchas tribus ibéricas, debido, sin duda, al previo contacto pacífico con los indígenas, atrayéndoselos como mercenarios y fomentando el mestizaje.[4] El efecto fue que muchos iberos vieron en los cartagineses amigos más que invasores, y que buscaron su ayuda unas veces contra tribus rivales, otras contra los romanos. La mayor resistencia la encontraron los cartagineses en Levante, que por estar más helenizado buscó la protección de Roma. Símbolo de esta resistencia contra los cartagineses fue Sagunto, cuyos heroicos defensores prefirieron perecer entre las ruinas de la ciudad antes que rendirse a Aníbal. Su caída fue la señal para el contraataque romano que inició la segunda guerra púnica. Como repetidamente ocurrirá en la historia de España, una guerra internacional se extiende al territorio peninsular y allí se convierte en guerra civil.

Como civilización, los cartagineses dejaron poca huella en España. El principal efecto de su intervención fue haber traído a los romanos a la Península. Pero su influencia sobre la vida y costumbres debió de ser considerable, hasta el punto de que todavía en el siglo I el geógrafo Estrabón llamaba *fenicios* a los pueblos del sur.[5] Además del gran desarrollo comercial, uno de los factores que influyeron en la vida indígena fue probablemente el concepto de disciplina militar que los cartagineses introdujeron entre los mercenarios iberos. Por primera vez los hombres de tribus diversas se veían unidos dentro y fuera de España en una causa común frente a otros pueblos extranjeros, lo cual hubo de darles su primera noción de una organización estatal por encima de los estrechos límites tribales.

[4] El general cartaginés Asdrúbal, por ejemplo, se casó con la hija de un jefe ibero, lo que no impidió sin embargo que fuese asesinado por un indígena.
[5] Nombre aplicado también a los cartagineses como pueblo de la misma raza.

II La romanización de Hispania
[218 a.C.-409 d.C.]

CONQUISTA DIFÍCIL, PERO COLONIZACIÓN TOTAL

La resistencia al invasor.   A diferencia de la conquista cartaginesa, la romana es lenta, penosa e implacable, llevada a cabo por medio del terror y el engaño. La Península no queda totalmente dominada hasta 200 años después de desembarcar en Ampurias
5 las tropas de Cneo Escipión (218 a.C.), siendo la primera provincia que Roma invade y la última que pacifica. Lo extraordinario es que esto ocurra después de la derrota de los cartagineses, que abandonan el país en seguida sin dejar tras de sí más fuerza que las dispersas tribus indígenas. Pero los conquistadores
10 romanos quisieron escarmentar a los odiados iberos que se habían aliado con los cartagineses y más tarde explotarlos para satisfacer su ambición y codicia. Ésta fue la causa principal de la larga resistencia indígena contra el invasor, más que el espíritu de independencia, como suele decirse interpretando la
15 historia con un patriotismo romántico.

Es en la política misma de Roma donde radica la causa del lento progreso de la conquista. Hasta la destrucción de Cartago (145 a.C.) sólo le interesa asegurar su dominio en la Península para protegerse contra posibles ataques cartagineses. Se trata
20 inicialmente de una operación militar, ante todo. Después,

desaparecido ya el peligro púnico, la conquista se extiende por codicia del botín que generales y pretores necesitan para comprar su influencia política entre la corrompida oligarquía que domina el gobierno de la República romana. Tales exacciones provocan nuevas rebeliones de los indígenas y traen más represalias para subyugarlos. Hasta que con Julio César se inicia una política más generosa, inspirada en el ideal de una *pax romana* bajo el signo imperial, que pacificará sin gran dificultad a los nativos. Éstos se dejan romanizar fácilmente, e Hispania se convierte en la provincia más próspera y el brazo derecho de Roma. Aun así la romanización no es nunca tan completa en el Norte como en el resto del país, siguiendo aquella región en un nivel cultural más atrasado por muchos siglos.[1]

Testimonio de la resistencia celtibérica contra el invasor romano es Numancia, pequeña ciudad fortificada en el norte de

[1] Es en las montañas del Norte donde cántabros, astures y vascones defienden con fiereza su independencia, lo mismo ahora contra los romanos que después contra los visigodos y los árabes. La sumisión final de estas tribus nórdicas al dominio romano no ocurre hasta el año 9 a.C., más de dos siglos después de iniciada la conquista. Por eso se llegó a decir en Roma, cuando se quería ponderar lo arduo de una tarea, que era « más difícil que hacer volver las espaldas a un cántabro ». Y hoy todavía subsiste en la región vasca una lengua prelatina.

Ruinas de Numancia

Castilla, que resiste un sitio de ocho meses[2] contra un ejército de 60.000 hombres mandado por Escipión Emiliano, el mejor general del día (133 a.C.). Agotados por el hambre y la pestilencia, muchos numantinos se suicidaron, quedando sólo unos pocos con vida para rendirse y desfilar en el cortejo triunfal del vencedor. Tan temida llegó a ser Numancia en Roma que, según un general, la juventud romana se negaba a alistarse, valiéndose de pretextos « que ni el honor permite examinar, ni la vergüenza explicar ». El nombre de Numancia ha pasado a la historia española como símbolo de heroísmo en la lucha contra el extranjero invasor, símbolo que servirá de inspiración popular ante invasiones posteriores y que dejará una larga tradición literaria.

Clave de la resistencia hispánica fue la táctica de guerrillas que los hispanos supieron oponer al invasor. Era la táctica que mejor se adaptaba a lo accidentado del terreno y al espíritu localista del indígena, y que los propios romanos acaban por adoptar. Como adoptan también la temible *falcata* ibérica, un sable curvado tan cortante con la punta como con el filo, y otra arma psicológica, no menos eficaz, la *devotio* u oferta de la propia vida que hacía el soldado hispano por su jefe en el campo de batalla.

En esta larga guerra de resistencia los hispanos tienen la ventaja y la desventaja de la fragmentación política y la desunión. Había en la Península cerca de mil tribus indígenas, mientras que en la Galia los romanos encontraron menos de setenta. Las guerrillas hispanas pelean sueltas y anónimamente, sin que se destaque más que una gran figura de guerrillero, el pastor Viriato, que lucha sólo por su pueblo lusitano. Falta aquí el héroe nacional de la resistencia peninsular, como fue Vercingetorix en la Galia. Pero mientras que en ésta la lucha duró sólo una década, en la Península los romanos tuvieron que conquistar cada tribu y cada ciudad una por una en combates aislados que no acababan de quebrantar el ánimo bélico del defensor.

La falcata ibérica

Unificación de la Península. Hasta ahora Hispania era un mero concepto geográfico que abarcaba un conjunto de tribus heterogéneas. La gran contribución romana a la Península es haber fundado las bases de una comunidad nacional, con un gobierno, una ley, una lengua y una cultura comunes. Pero no crea una nación unitaria, sino diversa, dividida en provincias cuyo número va aumentando a medida que progresa la organización colonial. Primero hubo dos, la provincia Citerior y la Ulterior, separadas

[2] Después de 20 años de luchas intermitentes contra Roma.

por una línea diagonal del noroeste al sudeste; después, al comenzar la era imperial, son tres : la Tarraconense en el este, la Lusitania en el oeste y la Bética al sur; a las cuales se añadirán más tarde la Gallaecia en el noroeste y la Cartaginense en el sudeste. Aunque tales divisiones obedecían a razones administra- 5 tivas y eran por tanto algo artificiales, implican ya la existencia de zonas geográficas y étnicas diferenciadas, que irán evolucio- nando con su carácter y dialecto propios dentro de la comuni- dad latina. Algunas de estas divisiones regionales perdurarán, aunque con fronteras muy modificadas, en los reinos medievales 10 de Portugal, Galicia y Aragón (Tarraconense), pero otras como la Bética (Andalucía) desaparecerán bajo el dominio árabe y luego el de Castilla. En cambio, los romanos no reconocieron la Meseta castellana, base de la futura nación española, como provincia aparte, sino que la repartieron entre las otras provin- 15 cias periféricas, sin duda para evitar la formación de una zona interior sin salida al mar. Lo significativo de la organización política romana es que no se reconoce la unidad peninsular hasta el siglo III d.C., cuando Diocleciano crea una sola *diócesis* o provincia para todo el territorio. Hasta entonces predominó 20 la tendencia disgregadora en cuanto a la administración local, si bien compensada por las fuerzas unificadoras del idioma y la ley.

El municipio.   Una de las instituciones romanas que más contri- buyen a la educación política del país es el municipio. Mientras 25 que las provincias estaban regidas por gobernadores nombrados en Roma, los municipios tienen el mismo carácter democrático que la metrópoli. Sus asambleas populares de hombres libres eligen por votación a los magistrados y funcionarios en cuyas manos está toda la administración local. Y estos magistrados 30 elegían la *Curia* o consejo, que venía a ser el poder legislativo del municipio. El sistema tribal de los indígenas quedaba susti- tuido por este régimen de autonomía municipal que respetaba el sentimiento local a la vez que educaba el sentido político, y que fue la base más firme de la estabilidad y duración del 35 Imperio. Sólo cuando el absolutismo centralista de Roma hizo desaparecer la autonomía local, enviando delegados gubernati- tivos que sustituyen a los magistrados electivos, aumentan los impuestos, restringen los derechos cívicos y extienden la corrup- ción y la ruina económica por las ciudades, se hace impopular 40 el poder de Roma e irremediable la caída del Imperio. El pequeño propietario, empobrecido por la crisis económica y las exacciones fiscales, tiene que buscar la protección de los grandes terratenientes a cambio de sus servicios agrícolas, con lo cual el centro de la vida económica y social se traslada de la urbe al campo, donde surgen el colono y el siervo de la gleba adscritos a la tierra con carácter hereditario y medio feudal.

El Derecho romano. El Derecho fue la contribución más genial y duradera de Roma a la civilización occidental. En España cambió profundamente la vida pública de los pueblos indígenas y las bases de la vida privada al modificar el sistema de la familia y la propiedad. Frente al colectivismo de las tribus ibéricas, que consideraba a la *gentilitas* o clan de familias como unidad básica del grupo social, el Derecho romano afirma los derechos del individuo, tanto en las relaciones familiares como de la propiedad, haciendo suprema la autoridad del *paterfamilias* como encarnación de los derechos familiares. Éste puede ahora, por ejemplo, disponer libremente de sus bienes en testamento, cosa desconocida entre los iberos; y sobre todo queda establecido el principio fundamental de la propiedad privada individual.

Una lengua común. Junto a la unificación política y jurídica, los romanos traen a España la unificación lingüística, no a base del latín clásico sino del vulgar hablado por soldados y colonos que acabará suplantando a las lenguas indígenas, con excepción de la vasca. Pero si la latinización fue completa en cuanto al lenguaje escrito, no lo fue tanto como lengua hablada. Entre la población rural, más aislada y desprovista de la educación propia de las urbes, es muy dudoso que se hablase el latín. Se sabe, por ejemplo, que hasta en la romanizada Cataluña todavía conservaban los campesinos su lenguaje local a fines del Imperio. Lo que surgirá del contacto del latín con las lenguas indígenas será una serie de dialectos latinos diferentes que en su día formarán las diversas lenguas románicas de la Península.

Vías de comunicación y monumentos artísticos. No menos valiosa para la unificación peninsular fue la red de vías de comunicación que por primera vez enlazará eficazmente unas regiones con otras, algunas de las cuales sirven todavía de base a las actuales. Una vía principal corría paralela a la costa levantina y de ella salían ramificaciones que se extendían por todo el interior. Parte importante de este sistema de comunicaciones eran los

25

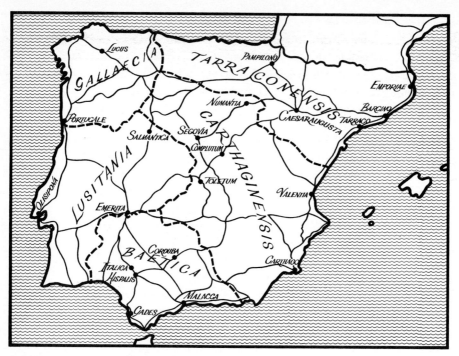

España en tiempos de Diocleciano (285-305)

magníficos puentes que aún se siguen usando, como el de Alcántara (Extremadura) y Córdoba. Para suministrar agua a las ciudades se construyeron los primeros acueductos, modelo en su género que tienen la peculiaridad de estar construidos piedra sobre piedra, sin cemento alguno, y de los cuales se conservan 5 en perfecto estado tan espléndidos ejemplares como el de Segovia, que tiene 17 kms. de largo. Son monumentos tan sólidos como esbeltos, que han dado origen a la frase « ser obra de romanos » para indicar un gran trabajo, largo y perdurable.

Es en estas imponentes obras de ingeniería, prácticas y hermosas 10 a la vez, donde con más originalidad brilla el genio artístico romano, que supo adaptar, no sólo la herencia helénica sino elementos de origen oriental, como el arco de los acueductos y la cúpula de sus templos, elementos desconocidos en la arquitectura griega. Aunque de los templos, anfiteatros, circos y baños 15 que adornaban las principales ciudades de la colonia sólo quedan ruinas, éstas dan idea de un gran progreso urbano con respecto a las primitivas ciudades indígenas.

En la escultura los romanos aportan el realismo de sus estatuas y bajorrelieves, la imitación de la vida real que trae la novedad del retrato individual frente al arte idealizador de los griegos, que le había servido de modelo. Los escultores indígenas se 5 asimilaron rápidamente el estilo realista romano, pero no llegaron a producir nada original.

De los dos tipos de arte con que los romanos decoraban sus habitaciones, la pintura mural y los mosaicos, son éstos los que más abundan en España, algunos de ellos verdaderas obras 10 de arte en que los motivos geométricos se combinan con escenas de la vida real.

La contribución hispánica a Roma.   Si la conquista de España fue lenta y dura, su romanización cultural fue profunda y permanente, más aun que la política, condenada a desaparecer en el tumulto 15 de otras invasiones y otros sistemas. Una vez pacificada la Península bajo el Imperio, se incorpora rápida e intensamente a la vida pública y cultural de Roma, convirtiéndose pronto en su sostén económico y militar. Es el caso frecuente en la historia de una colonia joven y robusta que vigoriza a la fatigada metró- 20 poli. Las grandes riquezas de sus minas, su ganado, su agricultura y su pesca son ahora explotadas en paz y con todos los adelantos de la técnica traída a España, y suministran a Roma metales valiosos de oro, plata, plomo, etc., tejidos de lana, trigo e incluso aceite y vino cuya calidad competía con los de Italia.

25 Era España, pues, una rica colonia, pero también algo más. Plinio la encomia en su *Historia Natural*, no sólo por la abundancia y calidad de sus productos naturales, sino por la excelencia de sus hombres, « por el ardor en el trabajo, por la habilidad de los siervos, por la dureza corpórea de los hombres, por la vehemencia 30 del ánimo ». Son las cualidades de una raza vigorosa que no ha perdido su personalidad bajo la influencia unificadora de la toga romana, y que ahora por vez primera va a hallar expresión propia gracias a la cultura recibida de Roma. El genio hispanoromano hará su contribución peculiar, primero a las letras y 35 después a la política del Imperio.

El comienzo de la Edad de Plata latina (siglo I d.C.) está dominado por escritores nacidos en Hispania, en cuya obra se señalaban ya entonces ciertos rasgos distintivos, como la exuberante retórica y el refinamiento estilístico. La figura de más relieve 40 entre estos escritores es la del cordobés Lucio Anneo Séneca (3-65 d. C.), autor de tragedias, filósofo y estadista famoso que

Séneca

acabó sus días suicidándose por orden de su antiguo discípulo, el emperador Nerón. Hijo de otro cordobés famoso, el maestro de Retórica, Séneca vive desde niño en Roma, donde se educa y escribe, considerándose a sí mismo, aunque medio español por parte de madre, como un ciudadano del Imperio, un romano 5 universal cuya patria estaba en « cualquier tierra que pisasen sus plantas ». Como escritor, es un producto de la cultura helénica que se inspira en los trágicos y filósofos griegos, y los interpreta a través de una personalidad original.

Está poco justificado por ello tratar a Séneca como español, 10 según es costumbre. Pero si su españolismo es discutible, no hay duda que los españoles han sentido siempre especial afinidad con el senequismo y que en España es quizá donde mejor se le ha comprendido y sentido. Es significativo que el pueblo ensalce el saber de una persona diciendo que « es un Séneca », y que a 15 fines del siglo pasado dos pensadores en busca del alma española (Ganivet y Unamuno) encuentren una de sus raíces más hondas en el senequismo. Y ¿en qué consiste este senequismo de la tradición espiritual española? Ante todo en ser una doctrina ética de la vida, que pone todo su interés en la conducta humana, en 20 lo que uno hace y es más que en el saber en sí y en la especulación metafísica. Éste será un rasgo característico del pensamiento español, y en Séneca se vio a uno de los principales inspiradores de esa actitud vital al considerar al hombre mismo como el asunto más digno de estudio y a la ética como algo más importante 25 que la lógica y la física. Además, el ideal estoico de Séneca exaltaba el valor de la personalidad y del honor individual por encima de todo. Representa el deseo de ennoblecer al hombre, elevándole al plano de más alta dignidad, sin otra guía que la propia razón ni otro juez que la propia conciencia, como medio de llegar a la 30 virtud. En este alto ideal de perfeccionamiento moral, en su aspiración a la completa independencia individual, a la imperturbabilidad del ánimo frente a fortunas y adversidades, hallamos otros tantos rasgos repetidos en la literatura española, con el *Quijote* y *La vida es sueño* como ejemplos salientes. 35

Otro hispano-romano célebre es Lucano (39-65 d.C.), también cordobés y sobrino de Séneca, cuyo poema épico la *Pharsalia* tiene la particularidad de ser el primero en abandonar lo mitológico y sobrenatural para narrar la realidad histórica inmediata, en este caso la reciente guerra civil entre César y Pompeyo. 40 Su objeto no era la exaltación del César vencedor, sino su con-

dena como destructor de la libertad romana. No es extraño que
se haya visto en esta obra un precedente del realismo español,
en el sentido de basar la creación artística sobre la realidad
inmediata y no sobre fantasías o idealizaciones. Lo que distin-
5 guirá al *Poema del Cid* de las demás epopeyas europeas será
precisamente su historicidad y la ausencia de lo sobrenatural

De todos los autores hispano-romanos es el satírico Marcial
(42-104 d.C.) el único celtíbero puro, que habla con placer de
su nativa Bílbilis (hoy Calatayud, Zaragoza), donde vive hasta
10 los veintitantos años y adonde vuelve, hastiado de la depravación
romana, para terminar su vida en un ambiente más rústico

Puente romano de Córdoba

pero más honesto. Es también por el carácter de su obra el
que parece más español. Sus *Epigramas*, pequeños cuadros
realistas de la vida diaria, pintan al desnudo los vicios de una
15 sociedad decadente, lo más feo y perverso del ser humano, con
una naturalidad ingeniosa y libre que trae al recuerdo el paralelo
de la picaresca española y de satíricos como Quevedo. Es curioso
que este satírico mordaz, tan español en muchos sentidos, haya
sido menos conocido y admirado en su patria que fuera de ella,
20 tal vez por su fama de inmoral.

Entre los cultivadores de las ciencias destacan también en
el siglo I d.C. dos hispanos de la Bética : Pomponio Mela, autor

29

de la primera geografía latina del mundo mediterráneo, inspirada en modelos griegos, como siempre; y Columela, cuya obra en prosa y verso *De re rustica* es el tratado de agricultura más completo de la antigüedad, basado en su experiencia personal más que en las abundantes teorías existentes. En ambos casos se trata de ciencias prácticas, no teóricas, lo cual persistirá como preferencia característica de la actividad científica española.

En la política. Si en el siglo primero del Imperio se destacan los escritores de origen hispano en las letras romanas, en el segundo son dos emperadores hispánicos los que dirigen la política con mano firme y competente. Es la otra contribución española a lo que se ha llamado la *provincialización* del Imperio, es decir, la mayor intervención del elemento provincial en los destinos de Roma, la cual va perdiendo su hegemonía para igualarse políticamente a los antiguos pueblos sometidos.[3]

Trajano y Adriano, al igual que Teodosio en el siglo IV, son emperadores hispanos que lucharán por consolidar la unidad geográfica, cultural y espiritual del Imperio. El primero, natural de la Bética, extiende la colonización por el Danubio oriental, y aporta al gobierno de Roma un nuevo espíritu, tanto por su austeridad y sencillez personal, propias de la vida provincial, como por haber sido elegido por sus méritos personales y no por razones hereditarias. Su primo y sucesor Adriano afianzará la base universal del Imperio creando ejércitos provinciales y estimulando la prosperidad material de las provincias que recorre con frecuencia. Permite además el florecimiento de la cultura helénica y de las religiones orientales en tolerante convivencia, basada en ese mismo concepto cosmopolita del Imperio, tolerancia que preparó el terreno para la divulgación del cristianismo.

Esta tolerancia será abandonada dos siglos y medio después por el último emperador hispano, Teodosio, quien usará la intolerancia religiosa como instrumento de unificación política. Natural de Coca (Castilla), Teodosio es llamado en momentos críticos para salvar al Imperio oriental de los ataques godos, conseguido lo cual se convierte al cristianismo (380 d.C.) e impone oficialmente el dogma católico definido en Nicea, condenando como herejes y amenazando con castigos a todos los cristianos disidentes. Esta medida iba dirigida especialmente contra los arrianos,

---

[3] Esta política culmina en la concesión de la ciudadanía romana a todos los súbditos del Imperio por Caracalla (212 d.C.).

que por su influencia en el Este representaban un peligro para la unidad político-religiosa del Imperio. Con la misma política de unificación por la cruz y la espada, Teodosio elimina a su rival del Imperio occidental y con él los restos del paganismo romano. 5 Teodosio será así el último emperador común de Oriente y Occidente, unidad consolidada con el apoyo de una Iglesia también unida, como medio de evitar la crisis que amenazaba con dividir al Imperio.

EL CRISTIANISMO Y LA CRISIS DEL IMPERIO ROMANO

Una conversión rápida y fecunda. Es notable la rapidez y la fuerza 10 con que el cristianismo arraigó en la Península, como si a la vez que traía consuelo a los pobres y oprimidos atrajese al espíritu religioso tradicional en el ibero. Ya a partir del siglo II hay comunidades cristianas de las que salen numerosos mártires de la nueva fe, cuya memoria se conserva en la tradición popular 15 hasta nuestros días. Zaragoza fue la ciudad que dio más mártires, a los cuales destacó especialmente un poeta zaragozano, Prudencio, en unos himnos martirológicos que son una de las primeras manifestaciones literarias de hispanismo.[4]

[4] Es de notar que estos mártires aparecen sólo en las principales urbes romanas, no entre la población rural, donde la cristianización fue más lenta, como lo fue también la romanización. Por eso se llamó *paganismo* a la religión de estos campesinos de los *pagos* o aldeas.

Zaragoza: el Pilar y el río Ebro

Puente romano de Salamanca

Es significativo del naciente espíritu provincial que Prudencio, funcionario de la corte de Teodosio recién convertido al cristianismo, que se siente y escribe como romano aunque pasó la mayor parte de su vida en España, ensalce con ardor a los mártires compatriotas suyos y vea en ellos un símbolo de la misión de su provincia en defensa de la revolución espiritual cristiana frente al paganismo. A los poemas épicos en honor de los héroes paganos vienen a sustituir estos himnos del *Peristephanon* en loor de los no menos heroicos mártires de la fe, y estos nuevos modelos humanos no se encuentran en un pasado remoto y mítico, sino en la vida real y cercana de una provincia a la que « Dios mira benigno ». Junto a la idealización alegórica hallamos en estos himnos fuertes rasgos realistas, y si a esto se añade un estilo refinado, declamatorio y a veces conceptista, se explicará su influencia en la literatura española, donde todavía en el siglo XVII se tenía a Prudencio por modelo en el arte de revestir la poesía cristiana en formas clásicas. El valor de su obra está precisamente en haber transmitido la cultura clásica al mundo cristiano, siendo una de las más influyentes en la literatura medieval. Prudencio contribuye a crear la épica alegórica que tanta popularidad alcanza en la Edad Media, y la emplea para expresar poéticamente su concepción providencialista de la historia, según la cual Roma sirvió para traer al mundo la cristiandad, y la salvación de la Roma temporal del César estaba en la Roma eterna de Cristo. Así, ante la crisis del Imperio, salía de los autores provinciales como el hispano Prudencio esta concepción de la historia universal que permitirá conciliar la tradición cultural pagana con la fe cristiana.

Igual sentido tiene la obra de Pablo Orosio, presbítero lusitano que escribe una historia universal, *Historias contra paganos* (418), para describir la sucesión cíclica de las civilizaciones (como organismos que nacen, crecen y mueren) y demostrar que el cristianismo era la culminación universal de un proceso determinado por la Providencia. La idea le fue sugerida por San Agustín, como apéndice histórico a su *Ciudad de Dios*, pero Orosio no compartía del todo la admiración de su maestro por Roma y ve en los godos, no una fuerza destructora sino continuadora del Imperio romano. Es significativo que Orosio adopte ya en su historia universal un punto de vista hispánico y no romano. Al tratar de la conquista peninsular destaca las crueldades y cobardías de los romanos frente al heroísmo de los indígenas, y después señala el papel decisivo de los godos en la defensa del poder romano. Es la primera declaración de fe nacional ante el derrumbamiento del Imperio en una obra fundamental que contribuye a crear un nuevo concepto de la tradición histórica nacional. Su influencia se extiende fuera de España al ser traducida al anglosajón por Alfredo el Grande (siglo IX), así como también al árabe, y fue elogiosamente citada por Dante.

También significativo es que fuese un obispo español, Osio, quien más se destacó en la tarea de establecer el dogma único de la Iglesia, que será llamada por eso católica, es decir, universal. El arrianismo era el principal obstáculo para completar la unidad política del Imperio con la religiosa. Esta secta cristiana que negaba la Trinidad y la divinidad de Cristo se basaba en una teología medio racionalista, de raíces semitas y helénicas que explican su difusión por el Imperio oriental. El emperador Constantino había confiado a su confesor Osio la misión de disuadir a Arrio, obispo de Alejandría, de sus ideas sobre la Trinidad, y al fracasar esta misión convoca el Concilio de Nicea (318) que proclama el dogma oficial y condena el arrianismo como herético. Y lo mismo que doce siglos después los teólogos españoles dirigirán la Contrarreforma en el Concilio de Trento, así ahora es este obispo de Córdoba quien, como consejero del emperador, dirige la lucha teológica contra la herejía arriana e inspira la « fórmula de la fe » (el Credo) que servirá de base dogmática a la Iglesia.[5]

Pero junto a estos ardientes defensores de la unidad oficial y del dogma ortodoxo, España produjo entonces, como después, hombres disidentes que forman la minoría reprimida, pero selecta, del pensamiento español. El primer cristiano sacrificado por hereje es el gallego Prisciliano, obispo de Ávila, quemado vivo por orden imperial (385 d.C.). Su delito consistió en negar ciertos principios dogmáticos, como el de la Trinidad y la resurrección de la carne (esta última por considerar la carne obra del demonio e indigna lógicamente de sobrevivir). Como luego el protestantismo, defiende el derecho del individuo a descubrir la verdad religiosa por sí mismo, interpretando libremente las Escrituras y rebelándose contra toda imposición autoritaria. Al mismo tiempo aspira, como los místicos, a una revelación

---

[5] Es un epílogo irónico que el propio Constantino se convirtiese poco después al arrianismo que había intentado destruir y que ahora extendió su influencia por el Occidente persiguiendo al viejo Osio como a su enemigo más influyente y forzándole a acatar la doctrina arriana.

directa y personal de Dios. Prisciliano es además un asceta que renuncia a los honores y riquezas del mundo como medio de llegar al perfeccionamiento moral, y si él fue eliminado, su secta conservó todavía bastante fuerza, especialmente en Galicia, para preocupar a un Concilio de Toledo en el siglo V.

La Iglesia y la caída del Imperio.

La Iglesia desempeña un papel decisivo al caer el Imperio romano. Desde su reconocimiento oficial en el siglo III, la organización eclesiástica había crecido sobre bases paralelas a la administración civil, como una sociedad cristiana dentro de la otra pagana y con ideales opuestos. Las diócesis eclesiásticas fueron también divisiones territoriales del Imperio, el Sumo Pontífice toma su título del más alto sacerdote pagano (*pontifex maximus*),[6] los primeros templos construidos por los cristianos son basílicas del tipo romano, y las ricas vestiduras bordadas de oro con que todavía hoy oficia el sacerdote son semejantes a las de los altos dignatarios imperiales.

El clero por otro lado fue también interviniendo cada vez más en la vida civil al confiarle los cristianos funciones de jueces, para el arbitraje de sus pleitos, y de gestores públicos para la protección de sus intereses ante las autoridades civiles. Así, cuando sobreviene el derrumbamiento del Imperio, la Iglesia será la única organización sólida que queda en pie, y los godos se valdrán de ella para dar solidez al nuevo Estado nacional que establecen en la Península. El clero no sólo tenía la competencia administrativa necesaria, sino que contaba con la confianza del pueblo, por lo que los concilios eclesiásticos se convertirán en un verdadero parlamento nacional, cuya cooperación necesitan los reyes godos para gobernar eficazmente.

[6] Así llamado por presidir originalmente la ceremonia ritual de propiciar el espíritu del río al inaugurar un puente.

III La Hispania visigoda [414-711]

UN ENSAYO DE UNIFICACIÓN NACIONAL

Los visigodos romanizados ocupan España. La expresión corriente
« invasión de los bárbaros » evoca un concepto catastrófico de
la caída del Imperio romano que es tan dramático como desorientador.[1] Lo característico de esta época gótica, sobre todo
en España, es el esfuerzo por conservar el sistema y la cultura   5
de Roma mezclados con el nuevo espíritu y las tradiciones
germánicas; es decir, la romanización del pueblo invasor, más
primitivo pero más dinámico. El resultado será la formación
de una nueva entidad política y cultural que se siente consciente
de sí misma y que servirá de inspiración al futuro espíritu nacional   10
en su lucha contra los invasores árabes tres siglos después.

Los visigodos llegan a España ya muy romanizados, tras de
vivir un siglo dentro de la frontera septentrional del Imperio
como aliados de Roma, convertidos ya al cristianismo. Su
intención original al establecerse en las Galias (sur de Francia)   15
fue defender las provincias occidentales contra otras tribus
germánicas (vándalos, alanos y suevos) que venían emigrando em-
pujadas por los hunos desde el Este. La devastación que el país
sufre en estos años caóticos de guerras, pestes y hambre fue
debida a estas primeras olas de tribus invasoras que van conquis-   20
tando y disputándose entre sí las nuevas tierras conquistadas.

---

[1] Fue la impresión dada por los humanistas italianos del Renacimiento al resaltar
el ocaso de su cultura clásica a manos de unas tribus nórdicas medio salvajes.
« Bárbaro » quería decir simplemente extranjero.

Unicamente los suevos logran sostener durante siglo y medio un reino independiente en el Noroeste de la Península, precisamente la región menos romanizada, siendo al fin vencidos por los visigodos. Inicialmente éstos intentaron establecer un reino galo-hispano, sin tener en cuenta barreras geográficas ni raciales, pero la presión de los francos les fuerza a emigrar hacia el sur e instalar su capital en Toledo (fines del siglo V), creando así la base de un reino que será siempre esencialmente peninsular. Ahora, como en tiempos posteriores, la barrera natural de los Pirineos acaba imponiéndose sobre los planes políticos de unión franco-española.

En contraste con la lenta y penosa conquista romana, sorprende la rapidez con que los « bárbaros » establecen su dominio. Ello se explica por la desintegración del Imperio, sin fuerzas para defender sus vastas fronteras, y la apatía de unos hispanos empobrecidos por la crisis económica y explotados por los fuertes tributos de Roma. Éstos sólo podían ver en los invasores un cambio de opresores, o tal vez unos posibles liberadores. Ante la impotencia del gobierno imperial, en cuyo auxilio habían venido los visigodos, éstos acaban creando bajo Eurico (466-484) su propio Estado independiente, el más poderoso de Occidente, surgiendo así la nueva idea del Estado nacional frente a la del Imperio universal. Pero al mismo tiempo, el monarca godo se sentía heredero del emperador romano, adoptando el manto purpúreo y la corona de éste, el latín como lengua oficial e instituciones como el derecho individual de la propiedad de la tierra, desconocido por el sistema colectivista de las tribus germánicas.[2] Este cambio en el sistema de la propiedad es fundamental por convertirse los visigodos de un pueblo migratorio en sedentario, cuya organización política tendrá por base el suelo en vez de la tribu.

Carácter del Estado visigodo. La dominación goda se diferenció de todas las anteriores en no ser una conquista colonial, sino la emigración en masa de todo un pueblo (unos 200.000) a otro territorio, donde vive primero como « huésped » de los romanos y después como clase dominante, pero conservando su identidad racial, sus costumbres y sus creencias frente a las del pueblo vencido. Su concepto germánico del Estado como una comunidad en armas sin territorio fijo, cuyo rey es elegido por

[2] Es significativo el detalle de no cambiar el nombre latino de Hispania, como los francos, menos romanizados, cambiarán el de Galia por Francia.

Vista de Toledo (siglo XVI)

la asamblea de hombres libres como caudillo con poderes limitados, se oponía al concepto romano de un soberano con carácter sagrado y poder autocrático. La solución visigoda del conflicto será una combinación de ambos principios, con una monarquía que tiende a ser absoluta sin llegar a serlo del todo por las limi- 5 taciones que imponía el método electivo de tradición germánica.

La consecuencia política de esta solución fue que los visigodos desarrollaron un sentido de la realeza más fuerte que los otros pueblos germánicos, distinguiendo entre la propiedad privada y la soberanía pública del soberano, a diferencia de los germanos 10 que veían en el rey una especie de primer propietario del reino, quien al morir lo repartía entre sus herederos. Por eso aparece más tarde en la Edad Media la tradición de que los godos acordaron que « nunca fuese partido el imperio de España, mas que siempre fuese todo de un señor ». Era una idea contraria al 15 feudalismo, basada en el ideal monárquico visigodo, que a su vez era sentido como una continuación de la tradición imperial romana, hasta el punto de explicar la adopción del título de emperador por algunos reyes castellanos. Si a pesar de esto los reyes medievales hacen repartos patrimoniales de sus reinos 20 fue precisamente por su contacto con los francos, que conservaron y difundieron los principios feudales de origen germánico.

La intensa romanización de los visigodos tuvo, sin embargo, el grave inconveniente de haberles contagiado algunos vicios políticos del decadente Imperio, que impedirán su consolidación 25 del Estado nacional y precipitarán su ruina. Tales fueron las rivalidades dinásticas y las guerras intestinas que debilitan la monarquía. El regicidio es un método frecuente de poner fin a estos reinados, casi siempre breves, sin que los reyes logren imponer

38

de hecho el principio hereditario de sucesión al trono. El tradicional principio electivo de la monarquía goda será siempre defendido por la nobleza como medio de mantener su influencia política. El resultado será que los intereses personales y partidistas prevalecen sobre el interés nacional, y la monarquía visigoda se disolverá fácilmente ante el ataque árabe, sin el menor apoyo del pueblo.

También en la organización administrativa del Estado los reyes visigodos siguieron el sistema centralizador del Bajo Imperio. El decadente municipio acaba de perder su importancia como órgano representativo y autónomo de la administración local. Los distritos rurales que se habían ido independizando de la autoridad municipal para evadir la opresión fiscal forman ahora nuevas divisiones administrativas separadas de la ciudad. Toda la autoridad local pasa a manos del *comes* o gobernador nombrado por el rey con amplios poderes para hacer justicia, recaudar impuestos y reclutar soldados. Sobre ellos queda la autoridad de los *duques* (el « dux » latino), también nombrados por el monarca para gobernar las antiguas provincias imperiales. Pero también esta autoridad del delegado real, reflejo del ideal centralista, se ve limitada de hecho por los grandes terratenientes o *seniores* que toman bajo su protección a los cultivadores de sus tierras (siervos y colonos) a cambio de servicios personales como trabajadores y soldados. Son estos magnates de la tierra quienes organizan y dirigen la milicia local, utilizándola en favor o en contra del rey, según les conviene. Así la desaparición del municipio romano, con las virtudes cívicas que un día le prestigiaron, va seguida del régimen semifeudal que era la herencia recogida por los visigodos de un Imperio en decadencia.

La unificación de godos e hispano-romanos. El requisito indispensable para la creación de un fuerte Estado nacional era la unificación de los dos pueblos, el godo vencedor y el hispano-romano vencido. Ésta fue la gran aspiración de los reyes visigodos y su contribución principal al desarrollo político y espiritual del país. Pero los obstáculos eran tales que tarda siglo y medio en realizarse la unidad religiosa, mientras que la unificación legal no se logra hasta el final del período visigodo. Los obstáculos procedían principalmente de la tradición germánica que los godos traían consigo; los estímulos unificadores, de la influencia romana que los rodeó en España. En primer lugar fue necesario lograr la unificación territorial del reino, eliminando o sometiendo a los otros pueblos germánicos, como los alanos y suevos, ya establecidos en la Península. Más tarde fue preciso expulsar a los bizantinos que se habían apoderado del Sur y de Levante (año 549) en un último esfuerzo del emperador romano de Oriente (Justiniano) por recuperar las antiguas provincias del Imperio. Finalmente, los visigodos hubieron de luchar casi continuamente contra los núcleos de resistencia de los vascos y cántabros, que seguían aislados en sus montañas nórdicas y aún sin cristianizar. Es precisamente en una de estas frecuentes campañas contra los rebeldes del norte cuando la invasión árabe sorprende al último rey visigodo.

En este esfuerzo del Estado central por unificar los diversos componentes peninsulares que tienden a la dispersión separatista encontramos ya una tendencia constante de la historia española hasta nuestros días. Al quedar destruido el Estado visigodo, los pueblos de la Península se reorganizan en reinos separados, tardando ocho siglos en formar otra vez un reino único.

La tradición germánica imponía también la separación racial entre vencedores y vencidos, separación que se manifiesta inicialmente en la promulgación de leyes diferentes para cada pueblo. Bajo la influencia romana, sin embargo, el rey Eurico decide dictar un código legal (año 475) para los visigodos y para sus relaciones con los hispano-romanos en el cual se combinan ya los principios jurídicos romanos con los germánicos. Es el primer código en forma escrita que existe entre los godos, quienes se regían por leyes consuetudinarias y de carácter personal, es decir aplicables sólo al pueblo godo, dondequiera que se encontrase. Los redactores del código fueron juristas romanos y sirvió de modelo a otros pueblos germánicos aun tres siglos

más tarde. Para los hispano-romanos se promulgó poco después otro código especial, el de Alarico (506), en el que se recogía como es natural la legislación romana.

A esta separación jurídica se unía la social, impuesta por la
5 prohibición de matrimonios mixtos y por la posición privilegiada de la aristocracia goda. Al final sin embargo, se impone el ideal unificador y en el año 634 se dicta una ley común para todos los pueblos peninsulares. Es el famoso *Liber judiciorum* (Libro de los jueces), primer ejemplo de un código nacional en
10 la Europa de entonces. Con el nombre de *Fuero Juzgo* perdurará en la España medieval después de desaparecida la monarquía visigoda y será la base jurídica que une a los pueblos cristianos del norte frente a los árabes. Este código refleja la ideología jurídica romana, importante influencia en esta tendencia unifica-
15 dora. Así, se establece el principio romano de la soberanía absoluta y la distinción entre el derecho público y el privado, aunque también se conservan principios germánicos como el de la venganza privada para castigar ofensas criminales. Esto será la base del código del honor que con tanto arraigo persistirá
20 en España.

Parte del mismo proceso unificador será la abolición de la ley que prohibía los matrimonios mixtos y la gradual desaparición del lenguaje gótico en favor del latín como lengua culta y de los dialectos populares derivados del latín vulgar. Mas a
25 pesar de tales esfuerzos oficiales, la fusión social no se realiza del todo. La aristocracia goda sigue formando la clase dominante, la única que puede llevar armas, lo cual explica que se hable de « nación de los godos » aun después de desaparecer el Estado visigodo, y que « tener sangre de godos » quedase como expre-
30 sión indicadora de nobleza.[3] Y siempre quedó sin asimilar el elemento judío, muy numeroso y fuerte socialmente, que los últimos reyes visigodos tratan de convertir al catolicismo para completar la unificación nacional, como siglos después harán los Reyes Católicos. Su persecución obedece a razones más bien
35 políticas que religiosas, por considerárseles un cuerpo extraño peligroso dentro del Estado. Los eclesiásticos de más prestigio, como San Isidoro de Sevilla, condenaron tal persecución. Explícase por ello que los judíos fuesen los principales auxiliares que encuentran los árabes en su conquista de las ciudades
40 españolas.

[3] Aún subsisten nombres de pueblos, como *Godos* y *Romanillos*, que indican la separación racial entre vencidos y vencedores.

El mayor obstáculo a la unificación de los dos pueblos era la diferencia de religión y aquí sí se realiza con éxito la unidad. Los visigodos se habían convertido al arrianismo en la zona oriental del Imperio y al llegar a España tratan de imponer esta secta cristiana como religión oficial, persiguiendo más o menos [5] sistemáticamente al catolicismo de la mayoría hispano-romana.[4] El conflicto religioso llega a provocar una guerra civil en que Hermenegildo se subleva contra su padre, el rey Leovigildo, y muere en defensa de la causa católica que había abrazado recientemente (585). La rebelión fracasa ante la superioridad [10] militar del partido oficial y el escaso entusiasmo de muchos católicos por tal rebeldía contra la autoridad legítima, hecha además con ayuda de elementos extranjeros.[5]

La unificación espiritual no se logra por la fuerza sino por la romanización de los visigodos, cuando Recaredo, más realista [15] que su padre Leovigildo, adopta el catolicismo como religión oficial en el famoso Concilio III de Toledo (589). Es el acto más decisivo de la política visigoda, a partir del cual se hace posible una mayor integración legal y social de ambos pueblos. Empieza así la íntima colaboración entre la Iglesia y el [20] Estado que será tan característica de la historia española. No se crea una teocracia, como suele decirse, pues el Estado no está gobernado por el clero y es el rey quien nombra a los obispos y convoca los concilios eclesiásticos. Lo que hay es una asociación estrecha entre los dos poderes para su ayuda mutua. La Iglesia da [25] su sanción espiritual a las leyes y el Estado su sanción legal a los cánones eclesiásticos, que sin ella tendrían sólo una fuerza moral.

Pero si el clero no gobierna, adquiere gran influjo político al entrar a formar parte del *Aula regia*, órgano supremo de gobierno, junto con los nobles godos. Al mismo tiempo, los concilios [30] eclesiásticos se convierten en verdaderas asambleas nacionales, donde se tratan no sólo asuntos religiosos sino también seculares, por afectar a la vida de los fieles. Los concilios llegan a ser el principal órgano representativo de la nación, y sus opiniones influyen mucho en la política y en las leyes de la monarquía. [35]

[4] A esta rivalidad religiosa, más que a su supuesto « barbarismo » anticultural, obedecen la destrucción de iglesias y el maltrato de sacerdotes que tuvieron lugar, por ejemplo, tras de la victoria visigoda sobre los suevos a mediados del siglo V.
[5] Es significativo que la glorificación de Hermenegildo como santo y mártir empiece fuera de España y que sea Felipe II quien obtenga su canonización en 1586, cuando la política nacional se había identificado con la causa católica. En la España visigoda, en cambio, incluso prelados como San Isidoro condenaron la rebelión como una traición política que la religión no podía justificar.

Así, por un lado, la Iglesia tiende a moderar el despotismo regio mediante la doctrina de *Rex eris si recte facias,* según la cual el rey sólo merece serlo cuando obra con justicia. Y como es la Iglesia quien juzga y sentencia, en nombre de Dios, acerca de la
5 conducta tiránica de un rey, el anatema se convierte en un poderoso medio moral de limitar la autoridad real. Por otro lado, la Iglesia utiliza la amenaza de excomunión para impedir los regicidios que se usaban a menudo para usurpar el poder y los va sustituyendo por métodos más suaves, como la tonsura,
10 que incapacitaba a una persona para reinar.

Además de contribuir así a la tarea de estabilizar la monarquía frente a las tendencias anárquicas de la nobleza, la Iglesia robustece el naciente espíritu nacional con su ideal de vivir todos los españoles « abrazados por una misma fe y un mismo reino ».
15 Pero esta beneficiosa intervención de la Iglesia en la política tuvo también desgraciadas consecuencias al utilizar su influencia para fines partidistas. La nobleza goda, en gran parte arriana aún, se ve desplazada a la oposición por la preponderancia política del elemento eclesiástico, que representa a la mayoría his-
20 pano-romana, y trata de recuperar el poder por una serie interminable de intrigas y rebeliones. Los obispos, para defender sus intereses, aprobarán a veces actos arbitrarios del rey o lucharán contra un monarca del partido aristocrático. Fue precisamente en medio de estas luchas civiles cuando ciertos elementos
25 eclesiásticos apoyaron la intriga contra el último rey godo Rodrigo para traer a los musulmanes como auxiliares en su juego político, perdiendo con ello no sólo el juego sino la patria misma. Es un error político que se repetirá en la historia española al poner el interés particularista por encima del nacional. La
30 expedición árabe de auxilio a uno de los bandos en lucha se convierte en ocupación de varios siglos. Una batalla decisiva cerca de Gibraltar, por donde desembarcan los árabes de Tárik,[6] trae la derrota del rey Rodrigo y el hundimiento de la monarquía visigoda.[7]

[6] A él debe Gibraltar su nombre árabe : *Djebel-Tarik,* « monte de Tárik ».
[7] Las circunstancias de esa crisis súbita y dramática están mal conocidas, por las versiones contradictorias de los cronistas, interesados sólo en culpar a uno u otro partido. No se sabe qué fue de Rodrigo, quedando sólo leyendas populares que enriquecieron la tradición literaria española y aun extranjera. La más popular de todas es la leyenda del rey Rodrigo y Florinda, hija del conde don Julián, gobernador de Ceuta, quien vengó la violación de su hija por el rey facilitando la invasión de los árabes. Bajo la dramatización ficticia, la leyenda refleja sin duda el elemento personal y el odio partidista que motivaron las discordias políticas del régimen visigodo.

Valor de la cultura hispano-gótica. Es en la cultura donde más claramente se observa la romanización del pueblo visigodo establecido en España. Obra principalmente del clero, esa cultura sigue siendo latina y trata de adaptar la tradición clásica a los fines educativos de la Iglesia. Las polémicas religiosas contra herejes y judíos son tan violentas como las luchas políticas y ocupan una parte considerable de la producción literaria. El propósito de tales esfuerzos ideológicos es también, como en la vida política, llegar a la unidad nacional. Siéntese esta cultura latino-visigoda ya como el producto de la nueva nacionalidad hispánica surgida de la antigua provincia imperial, y se escriben entusiastas « loores de España » en que ésta aparece como la patria rica y feliz donde florece la monarquía visigoda. Se confirmaba así el pronóstico de Orosio que veía culminar en los reinos cristiano-godos la misión histórica del Imperio pagano de Roma. Como ocurrirá más tarde en el Renacimiento español, estos escritores visigodos sienten el deseo de cristianizar la cultura clásica, combinando el culto pagano de la belleza con la concepción cristiana de la vida.

Sin ser original ni creadora, esta cultura visigoda tiene valor por su asimilación y divulgación de la ciencia y la literatura antiguas en medio de la decadencia cultural de Occidente. Esta labor se desarrolla principalmente en las escuelas eclesiásticas creadas para educar a los clérigos, únicas que subsisten al desaparecer las escuelas seculares de los romanos.

Figura culminante de este florecimiento cultural es San Isidoro, arzobispo de Sevilla (c. 570-636), cuyas *Etimologías* son un resumen enciclopédico del saber antiguo tal como se hallaba en autores griegos, latinos y hebreos, a menudo ya olvidados. Al explicar con más o menos fantasía el origen de las palabras, este « último erudito romano » recoge la información disponible en su tiempo sobre toda clase de materias, desde los juegos y las comidas hasta la cosmología. Su singularidad consiste en el interés por las cosas humanas más que divinas, en su curiosidad científica de conocer y analizar las propiedades de las cosas y animales, en contraste con el carácter eminentemente religioso y adoctrinador de la literatura contemporánea. Por esto las *Etimologías* se hacen de consulta indispensable durante la Edad Media, sirviendo de base a muchos libros de texto. Dan idea de

su divulgación los 2.000 manuscritos conservados hoy en distintos países. Fue ante todo un valioso vínculo entre la cultura clásica y la medieval en el momento de extinguirse aquélla, contribuyendo notablemente a civilizar la nueva Europa que
5 estaban construyendo los pueblos germánicos sobre las ruinas del Imperio.

Digna de mención es también la poesía de San Eugenio, obispo de Toledo (m.657), que nos hace sentir sus emociones íntimas ante el amor, la muerte o la naturaleza con un ingenuo lirismo
10 muy alejado de la poesía decadentista latina. En sus versos aparece ya la rima dándoles armonía, antes de que la trajesen los árabes. Era un elemento de la poesía popular que acaba imponiéndose sobre la tradición latina, basada sólo en la cantidad silábica como medida del verso.

San Isidoro, por Murillo

Iglesia visigoda, Santa María de Naranco, Oviedo

El arte. En el arte como en la literatura, la época visigoda es imitativa más que creadora. En contraste con la época romana es época de decadencia artística, especialmente en cuanto al arte arquitectónico. Sólo se conservan algunas pequeñas iglesias rurales que por estar en sitios apartados se salvaron de la destruc- 5 ción en las invasiones musulmanas posteriores. Es un arte de fin predominantemente religioso, pero que continúa el estilo romano, por ejemplo, en el empleo de la bóveda para sus basílicas. Muestra también la influencia bizantina traída por los visigodos del Imperio oriental y reforzada por la ocupación bizan- 10 tina del sudeste peninsular durante setenta años. Un detalle característico de esta arquitectura visigoda es el arco de herradura que luego desarrollarán los árabes, y que tampoco parece ser invención visigoda pues ya existen muestras anteriores en la España romana.

15

Donde mejor se manifiesta el gusto artístico de los visigodos es en las artes decorativas, especialmente los objetos de oro y plata para adorno personal y para el culto religioso. Tuvieron fama de poseer joyas riquísimas, lo que se ha confirmado por
5 tesoros como el de Guarrazar (Toledo). Son cruces y coronas de oro decoradas con piedras preciosas y cristales de colores que se colgaban ante los altares como ofrendas piadosas. Revelan el gusto por lo vistoso de un pueblo primitivo, así como la influencia oriental. Su característica es la policromía, en contraste con
10 los modelados en relieve usados por el arte clásico como motivo decorativo. La abundancia de estas ricas joyas dedicadas al culto religioso por los reyes y magnates ilustra también la estrecha relación entre el Estado y la Iglesia, y muestra además la afición por los esplendores del culto que sigue caracterizando a la devo-
15 ción del pueblo español. El arte de la orfebrería fue también continuado por los árabes y se sigue cultivando todavía, especialmente en Toledo, la vieja capital visigoda.

Cruz visigoda (Guarrazar, Toledo)

IV La España musulmana [711-1492]

SU SIGNIFICACIÓN HISTÓRICA

Una conquista rápida, pero incompleta. Lo más sorprendente de la invasión árabe es la rapidez y facilidad con que se extiende por la Península, la cual queda dominada casi por completo en ocho años, en contraste con los doscientos que tardaron los romanos. Salvo un pequeño número de combatientes visigodos que se refugian en las montañas del norte, las ciudades se van sometiendo casi sin resistencia. Reforzados los jinetes berberiscos de Tárik que habían destruido el poder militar visigodo en la batalla de Guadalete, continúan su avance triunfal hacia Francia, donde son al fin detenidos por Carlos Martel (Poitiers, 732). Los árabes se repliegan al sur de los Pirineos y se instalan definitivamente en la Península para defender su conquista de *al-Andalus** contra los francos. Sólo por esta actitud defensiva que pronto adoptan los árabes se explica la supervivencia del foco de resistencia hispánica en Asturias, que aquéllos prefirieron aislar en vez de eliminar, por estimarlo insignificante. Grave error inicial que les costará su dominio en la Península al irse extendiendo ese foco de resistencia poco a poco en una lucha fronteriza e intermitente de varios siglos.

La política inicial hacia los vencidos fue de bastante tolerancia, factor que explica también el éxito de su conquista. A pesar de ser la suya una « guerra santa », los árabes no tratan de imponer

* Nombre de origen dudoso que dieron los árabes a la España ocupada y del cual procede el de Andalucía.

conversiones a la fuerza, por una mezcla de orgulloso desprecio hacia los « infieles » ignorantes de la verdad de Alá y de fe en la omnipotencia divina que les permite existir. Los árabes se contentan con exigir obediencia a su autoridad y con castigar a los
5 que ofenden a su religión. Como además necesitan de la población indígena para vivir, permiten a los cristianos conservar sus creencias e instituciones a cambio del pago de un impuesto personal, del cual se podían redimir convirtiéndose al islamismo. Sin embargo, las contribuciones de los cristianos les interesaban
10 más que las oraciones de los renegados, mirados siempre con desprecio como musulmanes de segunda clase.

La mayor parte de las conversiones tuvieron lugar entre los campesinos, por librarse del impuesto personal, y especialmente entre los siervos, que quedaban libres con una simple fórmula
15 de renuncia al cristianismo. Hecho explicable además porque era en el campo donde menos arraigo tenía la fe cristiana. En todo caso la religión de Mahoma no era en realidad sino una secta de base judeo-cristiana, algo parecida al arrianismo, que reconocía a Jesús como uno de los profetas pero le negaba su
20 divinidad, por contradecir el principio monoteísta, y que aceptaba la poligamia del Antiguo Testamento, así como el concepto hebraico de ser el pueblo elegido de Dios.

El resultado fue que una gran proporción de la población musulmana eran españoles renegados y sus descendientes,
25 población bilingüe que aporta su espíritu occidental al Islam y que hace inexacto hablar de una pura « civilización árabe » en España. La ocupación fue obra de una fuerza pequeña (unos 30.000 hombres), en su mayoría bereberes como el jefe Tárik, a las órdenes del gobernador árabe Musa. Junto a la aristocracia
30 árabe, dominante política y culturalmente, la masa de la población la forman los españoles y los moros de África del Norte. Estos últimos seguirán invadiendo la Península en olas sucesivas y mezclándose con el elemento indígena.

Carácter del Estado musulmán. Abandonada su expansión,
35 los árabes se dedican a organizar un Estado nacional en la Península con una fuerte tendencia a independizarse del Califa oriental. Ya en el año 756 se proclama el Emirato independiente de Córdoba por Abderrahmán I, un príncipe Omeya emigrado de la corte imperial de Damasco en una de las frecuentes luchas
40 dinásticas que debilitaron siempre el poder político del Islam. En España el problema básico del nuevo Estado musulmán

49

fue precisamente el de establecer un poder central fuerte frente a las tendencias anárquicas que reaparecen en cuanto falta la mano firme de un buen gobernante. Ésta fue la tarea de la dinastía Omeya, que culmina con la creación del Califato de Córdoba (929) por Abderrahmán III, como nuevo imperio occidental independiente política y espiritualmente del imperio de Bagdad. El Andalus no tiene sólo la completa hegemonía en la Península, sino que llega a ser ahora la primera potencia marítima del Mediterráneo y una de las más poderosas de Europa.

Pero la solidez del Estado árabe era más aparente que real. Los Omeyas sólo consiguieron imponer la autoridad del Estado central con una política represiva, en medio de conspiraciones y rebeldías por parte de elementos musulmanes y cristianos. El último gran gobernante, Almanzor (« El Victorioso »), usurpa el poder del califa para mantener la autoridad del Estado como dictador militar, y obtiene resonantes victorias contra los cristianos del norte. Pero su labor es efímera, y al morir en 1002 desaparece el gobierno central. El poder político se desintegra y pasa a los pequeños reinos de Taifas (« facciones »), que surgen en torno a las principales ciudades de al-Andalus como estados independientes, cuyo número llega en algún momento a veintiséis. En cada uno de ellos el poder del correspondiente reyezuelo se sostiene precariamente en medio de perpetuas intrigas dinásticas y de luchas con los reyes vecinos. Ésta será la gran ventaja que encontrarán los cristianos del norte en su reconquista. Así, la misma tendencia separatista que había creado la independencia de al-Andalus venía a destruir ahora su unidad política y con ella su hegemonía militar en la Península.[1]

[1] Merece notarse este fenómeno del separatismo local porque aparece también en la España cristiana siempre que hay una crisis del poder central. Su paralelo lo hallaremos en la pluralidad de reinos cristianos que hacen la reconquista independientemente, pero con una tendencia unificadora que acaba triunfando, mientras que entre los árabes es la tendencia disgregadora la que prevalece y trae al fin su destrucción.

Nuevas invasiones africanas : almorávides y almohades. Consecuencia de esta desintegración del Estado árabe serán las dos nuevas invasiones de tribus bereberes que vienen a reforzar la resistencia de los reinos de Taifas ante el avance cristiano, pero que acaban
5 convirtiéndose en dominadores del al-Andalus. Con estas tribus fanáticas del norte de África desaparece la tradicional tolerancia religiosa, prohibiendo el culto cristiano, destruyendo las iglesias y persiguiendo a cristianos y hebreos con tal saña que muchos emigran a los reinos del norte.

10 Los *almorávides* (« hombres de religión ») fueron los primeros en invadir la Península (1086) al mando del sultán Yúsuf, después de haberse apoderado de todo Marruecos. No sólo derrotan a los cristianos sino que saquean las ciudades árabes y expulsan a los reyes de Taifas, a quienes estos guerreros primitivos del
15 Sahara desprecian por su vida demasiado refinada, dedicada al placer y a las artes más que a la guerra, y por no ser buenos defensores de su religión. Al-Andalus queda anexado políticamente a Marruecos, pero los dominadores son a su vez conquistados por la cultura superior de la tierra ocupada. Pronto pierden
20 también su belicosidad y celo religioso iniciales al contacto con la vida placentera y el refinamiento cultural de la España musulmana. Su autoridad central se debilita y de nuevo reaparecen los reinos de Taifas, a los 50 años de su supresión.

Entre tanto una nueva secta religiosa había ocupado el poder
25 en Marruecos. Son los *almohades* (« hombres de unidad »), moros del Atlas, más primitivos y fanáticos aún que los anteriores. Habían empezado luchando por una reforma religiosa y moral, pero acabaron convirtiéndose en movimiento político que suplanta a los almorávides. Es un gobierno dominado por los *faquires,*
30 que vuelven a seguir vigorosamente la tendencia musulmana a identificar la política y la religión. Contra los reinos cristianos reanudan la « guerra santa » y tras la victoria de Alarcos (1195) logran restablecer el dominio musulmán sobre casi toda la

51

Península. Dentro del Islam se dedican con celo puritano a perseguir herejías, a quemar libros peligrosos, a expulsar en masa a cristianos y judíos, a condenar las artes e incluso los instrumentos musicales. Sin embargo estos africanos acaban también por ser asimilados a la cultura de al-Andalus y su agresividad inicial 5 va debilitándose. Al mismo tiempo su fanatismo religioso y su amenaza a los reinos cristianos habían logrado reactivar en éstos un fervor antimusulmán que les hace unirse por vez primera en una gran cruzada peninsular con el fin de eliminar definitivamente al enemigo e impedir futuras invasiones africanas. El 10 resultado será la rápida reconquista a mediados del siglo XIII de toda Andalucía, excepto Granada, que continúa en condición de vasallaje hasta fines de la Edad Media.

Importancia de la ocupación árabe. La ocupación árabe es sin duda uno de los acontecimientos más decisivos de la historia española, 15 pero también es uno de los más discutidos en cuanto al valor de su influencia. Para unos la ocupación árabe fue un hecho funesto por haber obstaculizado el desarrollo normal de España como pueblo occidental y haber contagiado a los españoles de la crueldad y el fanatismo árabes. Para otros, dio a España un modelo de 20 cultura y de tolerancia que España perdió precisamente bajo la intolerancia del catolicismo. Hoy día se tiende sin embargo a reconocer en España hasta con orgullo el alto valor de la contribución hispano-árabe a la cultura occidental, olvidando viejos prejuicios religiosos. 25

Un efecto de gran importancia para el desarrollo del país fue que al dividirlo en dos mitades, una cristiana y otra musulmana, lo convirtió en territorio fronterizo, en el que se ventila por varios siglos si España pertenecerá a Oriente o a Occidente, a Europa o a África. En su posición fronteriza entre ambos 30 mundos, España tiene un desarrollo distinto al del resto de Europa. El efecto principal no será tanto la influencia directa del Islam, pues las dos culturas se mantuvieron fundamentalmente separadas por la barrera política y religiosa, como el hecho de haberse ido formando la nacionalidad española en presencia de 35 una civilización rival y superior, a la cual debe resistir para no verse sumergida en ella. El espíritu español adquiere conciencia de sí mismo como nación en esa resistencia contra otra civilización que amenaza destruir su identidad, y esa preocupación dominante va a condicionar en gran parte su manera de ser y 40 de vivir. Así se desarrolla especialmente el espíritu guerrero y

religioso a expensas de otras actividades, como la económica y la técnica, tradicionalmente relegadas a las clases inferiores.

Lo más peculiar de la larga ocupación árabe de España es el haberse mantenido separados los dos pueblos, cristiano y musulmán, de modo que la influencia visible en las instituciones y en la lengua son escasas, aunque su contacto humano y cultural fue estrecho. A diferencia de los romanos y los visigodos, que acaban formando con los pueblos dominados una sola unidad política y cultural, los árabes se mantienen en España como un cuerpo extraño y hostil, sin llegar a constituir un Estado nacional sólido. Su concepto de la autoridad se basa en la fuerza militar y su forma de gobernar en una mezcla de despotismo e intriga, sin idea alguna de dar participación al pueblo en el gobierno. Persiste en ellos el espíritu tribal de sus antepasados nómadas, y su cohesión nacional no se basa en una organización social sólida sino en el vínculo religioso.

Los mozárabes. El principal medio de trasmisión de influencias árabes a la España cristiana fueron los mozárabes o « arabizados », españoles sometidos al poder árabe que conservan su religión cristiana, su lengua latina y sus leyes e instituciones romano-visigodas, ahora bajo la autoridad del soberano árabe en vez de bajo un rey visigodo. Como antes hacía éste, el califa nombra incluso a los obispos y convoca los concilios de la Iglesia. Forman así un islote cultural cristiano-occidental dentro del mundo islámico con el cual, sin embargo, viven en íntimo contacto y del cual absorben muchos elementos que luego trasmiten a la España cristiana cuando son « liberados » por la Reconquista.

A pesar de conservarse fieles a su tradición latina, el aislamiento cultural en que se hallan, con la falta de libros clásicos y el bajo nivel educativo de los clérigos y letrados, hacen que su cultura se vea eclipsada por el prestigio creciente de la civilización árabe. La fuerza seductora de ésta incita a los mozárabes cultos a adoptar el árabe como lengua literaria. Más que la persecución, el verdadero peligro para esta minoría cristiana era la lenta absorción cultural, por lo que algunos sacerdotes buscan deliberadamente el martirio con ataques al Islam a fin de mantener viva la fe cristiana. En tales condiciones, casi toda la cultura mozárabe se limita a las iglesias y monasterios, con una literatura poco brillante, casi toda de carácter polémico, bien religioso, en defensa de la fe, o bien histórico, para mantener las tradiciones propias frente a la civilización rival.

LA CULTURA HISPANO-ÁRABE

Su carácter e importancia. La creación del Califato de Córdoba en el siglo X no representa sólo el apogeo político de al-Andalus sino también el desarrollo de la civilización más brillante de todo el occidente. Esta supremacía fue debida a que la España árabe mantuvo abiertas las comunicaciones con los centros de la cultura helénica y oriental sometidos al dominio musulmán, mientras que la Europa occidental había quedado desconectada de los antiguos centros de la civilización mediterránea. Cuando en la Europa del siglo VIII se había casi olvidado la tradición cultural latina, los árabes traducen a los principales autores griegos y latinos, así como a los de Asia e India. Por su posición fronteriza entre Oriente y Occidente, España desempeña un papel importantísimo en esa trasmisión cultural.

Córdoba, la capital del Califato, se convierte en el principal centro intelectual de Occidente, al que han de acudir cuantos desean adquirir los conocimientos científicos y técnicos del día, ya fuesen de matemáticas, de medicina o de fabricación de papel y vidrio. Así, la antigua capital de la Bética romana se transforma ahora en una corte de gran esplendor oriental, con sus centenares de mezquitas, baños públicos y excelentes bibliotecas particulares que tanto ensalzan los historiadores árabes, quizá un poco hiperbólicamente según su costumbre. Las ruinas de Medina Azahra, la famosa residencia real próxima a Córdoba, o los palacios de la Alhambra, construidos más tarde, son sin embargo evidencia de un lujo no conocido en Europa desde los tiempos romanos. Lujo y cultura que sólo gozaba, desde luego, una minoría aristocrática, la clase dominante de caudillos militares y grandes terratenientes, siempre a un nivel mucho más alto que la masa.[2]

[2] A diferencia de los romanos, los árabes no fueron hombres de ciudad, sino que la corte y la aristocracia preferían vivir en sus *alcazabas* o palacios-fortalezas construidos en colinas cercanas donde combinaban el lujo con los fines defensivos y la seguridad personal. Entonces, como hoy, la masa de la población vivía en un conglomerado de calles enjalbegadas y estrechas, con escasas comodidades.

En general, la cultura árabe no fue original ni creadora, sino transmisora de los elementos tradicionales que hallan entre los pueblos sometidos. Así, se limitan a conservar la organización administrativa de la España visigoda. La agricultura, cuya prosperidad en al-Andalus se atribuye a los árabes, sigue siendo obra de los campesinos hispanos, aunque los árabes mejoren los métodos de riego y traigan nuevos cultivos del Este, como el arroz, el algodón y la caña de azúcar. Igualmente el arco de herradura, tan típico de su arquitectura, ya hemos visto que existía en la España visigoda. Ni su literatura es original, sino adaptación de obras orientales y griegas. Tampoco inventan ellos los números « arábigos », sino que los toman de los indúes.

Mas aparte de esta falta de originalidad, el mérito de la cultura árabe está en haber resucitado el entusiasmo intelectual por la ciencia y las letras. Ello fue debido de una parte al contacto estimulante con el pensamiento helénico, del que procede su afición al análisis racionalista y al pensamiento libre; de otra, a que su religión y su vida misma se basan en un libro sagrado, el Corán, a cuyo estudio se dedica la enseñanza, tanto elemental como avanzada. Esta afición al estudio textual, unida al uso del

Alhambra: el Patio de los Leones

papel, más barato que el pergamino, contribuye a hacer del libro el principal medio de difundir conocimientos, y por ello la cultura árabe fue esencialmente una cultura escrita, lo que facilitó aun más su difusión. Desgraciadamente se ha perdido casi toda la rica colección de libros hispano-árabes en el curso de 5 las persecuciones religiosas, primero por los fanáticos africanos en defensa de la pureza de la fe musulmana y después por los españoles del siglo XVI para proteger su fe católica.

Direcciones del pensamiento árabe. Es significativo que los árabes tomasen mucho de la filosofía y las ciencias de los griegos pero 10 nada de su arte y su literatura, los cuales adoptaron del Oriente. Ello se explica por el sentido religioso de la vida que domina su mentalidad.[3] Es una religión rígidamente monoteísta que concibe la divinidad en términos abstractos y excluye toda representación de Dios o de sus criaturas en relación con el culto. De aquí que 15 carezcan de pintura y escultura, pero sobresalgan en las artes decorativas. Ni tampoco cultivan el teatro o la epopeya, como los griegos, pues su concepto de la realidad terrestre como algo aparencial y evanescente les impedía hacer una literatura basada en la afirmación de la personalidad individual y en el 20 conflicto de ésta con los dioses. En cambio ese concepto de la realidad se prestaba al cultivo de la novela de fantasía, al estilo oriental, en que lo real y lo irreal se confunden y las personas se trasmutan sin dificultad en animales o cosas, ya que nada hay imposible para la inescrutable omnipotencia divina. 25

Lo que sí estudian ávidamente en los griegos es su filosofía, como medio de llegar al conocimiento de la realidad eterna, y sus ciencias, para conocer los secretos de las cosas de este mundo y si es posible valerse de ellas con fines prácticos. Más que el estudio desinteresado de la ciencia pura o de la metafísica, lés 30 interesan las disciplinas útiles para la vida comercial (como las matemáticas), para la vida corporal (medicina), para la vida social (jurisprudencia), para la vida eterna (teología). Como ocurrirá después entre los españoles, prefieren poner el saber al servicio de la persona y no viceversa, descuidando la pura teoría que 35 parece no tener utilidad inmediata, y con ello paralizando al fin también el desarrollo de las ciencias aplicadas.

El tema central del pensamiento árabe es el hombre en sus

---

[3] La palabra Islam significa «entrega al Dios único», y ése fue el signo bajo el cual Mahoma unificó a un pueblo idólatra y anárquico, lanzándolo a la conquista del mundo.

La Giralda de Sevilla, obra almohade

relaciones con Dios y con el mundo. Se plantea como cuestión
básica la de si el conocimiento humano procede de la revelación,
de la razón o de la experiencia; y la de si la razón puede dictar
reglas universales de conducta o si sólo Dios puede hacerlo a
5 través del Corán. Es decir que los árabes se adelantan varios
siglos a la Europa moderna en discutir el problema de la relación
entre la revelación divina y la razón humana como medio de hallar
la verdad. Esta preocupación era el resultado de las dos influencias
que dominan su pensamiento y que ellos tratan de armonizar :
10 la filosofía griega y la religión mahometana. Aquélla les impulsa
a liberar la razón humana del fatalismo y del dogmatismo religioso del Corán, buscando la comunicación directa del individuo
con Dios. Las tres soluciones posibles que hallaron a ese conflicto entre la fe y la razón tuvieron gran repercusión en el
15 mundo cristiano y no han perdido aún su actualidad. Una es la
racionalista, que sacrifica la fe; otra la mística, que sacrifica la
razón; y otra la ecléctica, que trata de salvar ambas, armonizán-
dolas. La libertad y audacia heterodoxa de estas ideas explica
que los teólogos fanáticos las persiguiesen como peligrosas
20 herejías y que sus autores tuviesen a menudo que buscar
refugio en el exilio.

Los místicos hispano-árabes formaron sectas heréticas como la de los *sufíes,* que rechazan la intervención directa de Dios en los asuntos del mundo, tratando así de liberar al creyente musulmán de su fatalismo. El hombre necesita de la revelación divina para salvarse de sus imperfecciones terrenales, pero esa revelación sólo es posible por medio del éxtasis espiritual, el cual exige una vida de ascetismo y renuncia a todos los bienes mundanos. La figura más notable del sufismo es Abenarabi (1165-1240), de Murcia, que lleva el misticismo a sus formas más extremas, casi al nirvana budista, reconociendo la inspiración espiritual como única fuente del conocimiento y haciendo penetrantes análisis psicológicos de la experiencia mística. Su obra alcanzó gran difusión en Oriente y sus doctrinas se enseñan aún en las universidades árabes. En España los sufistas tuvieron una influencia significativa y paradójica en los místicos cristianos, y sus reglas sobre la vida ascética sirvieron para la educación monástica.

Frente a la solución mística, algunos pensadores árabes se inspiran en la filosofía racionalista de los griegos, especialmente Aristóteles, para hacer de la razón la base del conocimiento y de la moral. El principal representante de esta tendencia es Averroes (1126-1198), famoso médico, jurista y filósofo de Córdoba, elogiado por Dante en la *Divina comedia* como el sabio que « hizo el gran comentario ». En efecto, su comentario de Aristóteles tuvo mucha resonancia en todo el pensamiento medieval europeo por haber hecho accesible el racionalismo aristotélico, no en su forma original sino a través de las interpretaciones neoplatónicas que facilitaron su admisión en el mundo cristiano. Averroes busca una explicación racionalista de la realidad; pero como ella a menudo contradecía la explicación del Corán, resuelve el dilema entre la filosofía y la religión adoptando la fórmula de una doble verdad : la racional para los « verdaderos filósofos que buscan y encuentran, tras del texto religioso, la clara verdad que ilumina », y la religiosa para la

masa, única necesaria como freno de sus instintos animales. Para él toda religión encierra una verdad, pero sólo el filósofo es capaz de descubrirla interpretando racionalmente el sentido literal del texto sagrado. Así descubre que aunque en apariencia
5 se contradigan, la religión y la ciencia se complementan, y que se debe reservar al filósofo la tarea de cultivar libremente la razón para con ella salvar y fortalecer la religión.[4]

Se manifiesta aquí también en la esfera intelectual, el típico aristocratismo musulmán, bajo la influencia platónica, al consi-
10 derar que sólo el filósofo es capaz de emanciparse de los instintos y pasiones para vivir una vida racional, libre de compulsión externa. Al pueblo ignorante, en cambio, no se le deben comunicar unas verdades racionales que no comprendería y que sólo per- turbarían su fe religiosa sin tener el recurso de la razón para
15 guiarle en su vida.

El mismo problema de armonizar la fe y la razón, Aristóteles y los textos divinos, preocupó a los filósofos judaicos del Andalus, cuyo máximo representante es el cordobés Maimónides (1135- 1204), considerado por algunos como el principal filósofo his-
20 pánico (en todo caso es el único que ha creado en España un sistema filosófico completo). Su *Guía de los extraviados*, escrita en árabe, es el último esfuerzo importante por utilizar la lógica de Aristóteles como método científico y a la vez por conservar la revelación religiosa para las relaciones del hombre con el más
25 allá. Su repercusión en los teólogos cristianos fue muy notable por el deseo que éstos sienten de explicar también la estructura física del universo en armonía con las descripciones bíblicas de la creación y los atributos de la divinidad.

Ilustra Maimónides también el gran prestigio intelectual
30 alcanzado por los judíos bajo la protección del Califato cordobés, adonde hallan refugio los perseguidos y disidentes de Oriente. Se crean pueblos enteramente judíos y en las ciudades principales se erigen suntuosas sinagogas. La cooperación había sido fácil por la ayuda eficaz que los judíos prestaron a los árabes en la
35 ocupación de la Península, siendo a menudo encargados por éstos de la administración de las ciudades conquistadas. Dedi- cados al comercio y a las finanzas, llegan a adquirir grandes

---

[4] Esta tendencia intelectual a fortalecer la fe con un sistema racional de pruebas lógicas pasó a la *Summa theologica* de Santo Tomás de Aquino, base de la teología escolástica medieval, precisamente por el deseo de defender la fe cristiana frente a las religiones rivales empleando las mismas armas dialécticas que sus oponentes musulmanes y judaicos.

riquezas y a ocupar importantes puestos en la administración pública. Sólo con la reacción almohade empiezan a ser perseguidos y a refugiarse en los reinos cristianos del norte, a cuyo servicio pondrán sus habilidades financieras y su cultura.

La poesía. El género literario más cultivado por los hispano- 5 árabes fue la poesía lírica, especialmente en los reinos de Taifas, donde la decadencia política va acompañada de un brillante despliegue cultural. Cada reyezuelo procura proteger en su corte a los poetas famosos, no sólo por afición al arte, sino por el prestigio y valor propagandístico que ello supone en las constan- 10 tes rivalidades de estos príncipes. Es un ambiente cortesano de fiestas, voluptuosidad e intrigas, como el descrito por el rey-poeta Al-Mutámid de Sevilla, a quien los almorávides destronan y dejan morir en la prisión.

En contraste con el intelectualismo de la filosofía árabe, la 15 poesía tiene un valor decorativo y sensorial. Por medio de floridas imágenes que se suceden interminablemente, evoca la belleza sensual del arte oriental, mientras que sus sutilezas de ingenio y sus juegos de palabras parecen intrincados arabescos por los que la mente se pierde. Su objeto no es otro que contribuir al 20 goce de la vida, describiendo con bellas imágenes y ritmos melodiosos las delicias del ocio en la calma de un jardín, ante el agua de los surtidores y las ondulaciones de una bailarina. Poesía artificial y de temas limitados, repetidos con monotonía, a la que falta verdadera pasión. Por eso apenas ha sobrevivido toda 25 esta abundante poesía, salvándose del olvido tan sólo alguna obra maestra, como *El collar de la paloma*, del visir cordobés Abenházam (994-1064). Y se salva precisamente por la excepcional viveza de su sentimiento amoroso. Es la primera versión del amor platónico hecha en Europa, en forma de manual del 30 enamorado. Su fino análisis del proceso amatorio en sus diversas fases (miradas, celos, olvido, etc.) combina los detalles más sensuales con los deseos místicos del espíritu.

Lo más característicamente hispano de la poesía árabe fue el uso de la lengua popular en poemas ligeros de carácter juglaresco, 35 como el *zéjel*, que expresan libremente los sentimientos del poeta sin sujetarse a las rígidas formas estilísticas de la poesía culta, escrita en un árabe clásico, no hablado. Con esta innovación la expresión poética se hizo más natural y se popularizó en el Oriente, influyendo también en la primitiva poesía castellana. 40

El arte. Es en el arte donde los árabes han dejado su huella más visible en la Península, hasta el punto de seguir siendo la nota distintiva de las ciudades andaluzas. Pero tampoco fue, como hemos dicho, una creación original, sino una feliz combinación
5 de elementos decorativos de Oriente con otros estructurales encontrados en la Península, como el arco de herradura, las bóvedas y las columnas. Su contribución principal a la arquitectura consistió en resolver el problema de dar elegancia y delicadeza a sus edificios, sosteniéndolos con gráciles columnas.
10 Para ello se valen del ladrillo, a la vez sólido y ligero.

Lo que resalta en este arte árabe, ante todo, es su belleza decorativa, expresión también, como la poesía, del goce sensual de la vida. Prohibido por su religión el uso de imágenes, se desarrolla el elemento ornamental con arabescos geométricos y florales
15 sobre brillante fondo rojo o azul que cubren las paredes y techos, o con azulejos que hacen relucir los muros al sol. Modelo de este arte es la Mezquita de Córdoba, la mayor del Islam occidental, cuyo interior es un bosquecillo de ligeras columnas enlazadas por doble arquería que parecen prolongar las hileras de naranjos
20 del patio inmediato. Éste era el efecto buscado conforme al típico concepto árabe de la realidad : por fuera el jardín de los sentidos, por dentro el templo del espíritu, sutilmente enlazados por un laberinto de líneas que simbolizan la unidad esencial de toda la obra del Creador.

Columnas de la Mezquita de Córdoba

V La España cristiana medieval

LA RECONQUISTA

Su carácter y efectos.   El hecho de que los cristianos españoles luchasen varios siglos por reconquistar la Península tuvo gran importancia en la historia occidental. España se convierte en frontera protectora de Europa contra el Islam, de cuya amenaza la salva por el oeste, mientras que en el aspecto cultural la España 5 reconquistada trasmite a Europa el saber científico y filosófico de los árabes. Piénsese también cuán distinto hubiera sido el carácter de la civilización de Iberoamérica si los árabes hubieran islamizado totalmente la Península.

Para España la invasión representó un cambio radical en el 10 curso de su historia. La unidad política del Estado visigodo queda fragmentada en una serie de pequeños reinos independientes, al organizarse la resistencia de una manera espontánea y local a lo largo de la zona montañosa del norte, sin más lazos comunes que la fe cristiana y la amenaza musulmana. En vez 15 de unirse en la tarea colectiva, estos reinos cristianos rivalizarán en sus ambiciones expansivas, en forma no muy diferente a la de los reinos de Taifas, con el retardo inevitable de la Reconquista y de la reunificación nacional. Cuando ésta se logra al fin, quedará fuera Portugal como residuo de la disgregación 20 inicial.

Es significativo que se inicie la Reconquista entre los pueblos montañosos del norte, los más rudos y aislados, a quienes ni los romanos ni los visigodos habían logrado dominar del todo. En la fortaleza natural de Covadonga, al pie de los impo- 25 nentes Picos de Europa, un puñado de astures y de nobles godos refugiados rechazan por primera vez (c. 722) al invicto ejército musulmán. Su jefe Pelayo funda el diminuto reino de Asturias, que pronto inicia su expansión al unírsele los cántabros y luego los vascones, de suerte que a los 40 años de existencia lanzaba ya correrías devastadoras hasta el río Duero, y un siglo después extendía las fronteras del reino hasta Galicia por el oeste y el Duero por el sur. Más que a su poderío militar, ya hemos visto que esa rápida expansión se debió al desinterés de los árabes por un bolsillo de resistencia sin importancia al parecer, cuyas tierras pobres e inhóspitas no valían la pena de luchar. Así, el territorio al norte del Duero queda prácticamente desierto y sujeto a las devastaciones periódicas de moros y cristianos. En esa tierra de nadie se va extendiendo poco a poco el dominio de los montañeses cristianos, desplazándose el centro político hacia el sur a medida que la frontera avanza, y lo que era una dependencia feudal creada para extender los dominios de un reino cristiano a costa del Islam acaba convirtiéndose en reino independiente. Así nacerán por un proceso de independización gradual los tres principales Estados de la Península : Castilla en el centro, Portugal en el oeste y Aragón-Cataluña en el este. Cada uno se extiende por cuenta propia de norte a sur en líneas paralelas que forman zonas de influencia celosamente guardadas.

La duración multisecular de la Reconquista se explica porque ninguno de los dos pueblos rivales buscaba la exterminación del adversario, sino la adición de territorios para explotarlos a costa del vencido. A éste se le permite el privilegio de seguir viviendo en su tierra y en posesión de sus bienes a cambio de

Valle y Santuario de Covadonga

un tributo o *parias*. Tal había sido la política de los Califas y era natural que los reinos cristianos la adoptasen también por ser Estados pobres, de escasa población y menos recursos materiales que sus enemigos. Esa explotación económica del vencido exigía tratarle con la misma tolerancia religiosa y política que antes habían mostrado los moros con los cristianos. Tolerancia que no se comprende viendo en la Reconquista sólo una cruzada religiosa. Esencialmente ésta fue sentida como una guerra de revancha, y el impulso principal que animaba a los combatientes cristianos era el derecho a recuperar unas tierras usurpadas por el invasor musulmán.[1]

La defensa de la religión fue, desde luego, un factor eficaz para enardecer el espíritu combativo de la gente. Igual que los árabes habían usado la « guerra santa » como instrumento de conquista, así también los cristianos identifican su reconquista territorial y la existencia misma de su nación con la causa religiosa.[2] Por eso el catolicismo adquiere en España un carácter distinto al de otros países, más beligerante y rígido, con sacerdotes-soldados dispuestos a emplear las armas cuando no bastan las palabras para defender su fe. Y aunque en la Edad Media los reyes y la nobleza mantienen la tolerancia hacia los moros y judíos cuyos servicios necesitan, el clero alienta siempre la animosidad popular contra el infiel, hasta verla convertida en política oficial bajo los Reyes Católicos.

Su fase final El conflicto entre la España musulmana y la cristiana llega a su punto culminante en el siglo XIII, cuando la hegemonía peninsular pasa definitivamente a ésta y el poder árabe entra en lento descenso hacia su completa desaparición. El momento decisivo lo marca la batalla de Las Navas de Tolosa (1212), que detuvo el avance almohade y llevó la frontera hasta Sierra Morena, límite de Andalucía. Por vez primera se había organizado en España una cruzada internacional, bajo la iniciativa del rey

[1] Así lo dice claramente un conde de Coimbra en el siglo XI : « La España musulmana perteneció antes a los cristianos, hasta que fueron vencidos por los árabes...; ahora que les es posible, quieren recobrar lo que les fue arrebatado por la fuerza ». Y en el siglo XIV repetirá el infante Don Juan Manuel que ha habido y habrá guerra « hasta que hayan cobrado los cristianos las tierras que los moros les tienen forzadas ».

[2] Como réplica a Mahoma surge en el siglo IX el culto al apóstol Santiago que baja del cielo espada en mano y montado en blanco caballo para decidir las batallas en favor de los cristianos, necesitados de tal auxilio divino por su inferioridad numérica. Sobre su supuesta tumba se levantó la iglesia de Compostela (Galicia) que durante las cruzadas se convirtió en centro de peregrinación internacional, sustituyendo a la Jerusalén ocupada por los sarracenos.

de Castilla Alfonso VIII, salvando de nuevo a la Europa occidental del peligro sarraceno.

La Reconquista toma ahora un nuevo carácter, al buscar no la sumisión sino la eliminación de los Estados árabes. Es el nuevo ideal encarnado por dos reyes de gran valía como guerreros y como gobernantes que llevan a cabo extensas conquistas hacia el sur : uno es Fernando III *el Santo*, que reúne definitivamente las coronas de León y Castilla, y conquista las dos grandes capitales andaluzas de Córdoba (1236) y Sevilla (1248); el otro es el rey de Aragón, Jaime I *el Conquistador*, que toma las Baleares (1229-1235) y Valencia (1238).

En ese punto, sin embargo, la expansión de estos reinos convergía en el sudeste de la Península, y Castilla se opone a que los catalanes y aragoneses continúen extendiéndose por Murcia. El conflicto se resuelve pacíficamente gracias a la prudente renuncia de Jaime I, acto decisivo para el futuro de la Península. La tarea de reconquistar el resto de ésta queda a cargo de Castilla, contribuyendo a darle el papel hegemónico en la unificación nacional, mientras que Aragón busca su expansión por la Francia meridional, y luego, al fracasar, por el Mediterráneo, donde logra crear el primer imperio marítimo de la Península.

El principal efecto de este reparto de funciones fue la paralización de la Reconquista, cuando ésta parecía casi terminada. Castilla no prosigue la conquista de Granada, último reino árabe que queda, en vasallaje pero intacto. Débese ello por un lado a la falta de estímulo, ya que el enemigo árabe deja de ser un peligro y el rival aragonés ha renunciado a esa zona de expansión. Por otro lado se debe al estado de anarquía feudal y debilitación del poder central, resultado de las luchas de los nobles contra los reyes por mantener su supremacía política. Movidos de su ambición, estos magnates se alían a veces con príncipes árabes y extranjeros contra el propio monarca, y hasta hacen fracasar con sus deserciones algunos intentos de reconquista. Gracias a esta falta de ideal patriótico y religioso entre los nobles castellanos, el reino árabe de Granada, que se extiende desde Gibraltar hasta Almería, se mantiene en pie hasta que los Reyes Católicos restauran el poder real frente a la nobleza y pueden completar la Reconquista interrumpida por dos siglos.

Fernando III

El Cid, héroe de la Reconquista. La tradición ha hecho del Cid,[3] Rodrigo Díaz de Vivar, el héroe máximo de la Reconquista, inmortalizado en el primer poema épico de la lengua castellana. Sin embargo, el valor material de su conquista fue efímero. El reino moro de Valencia conquistado por él (1099) se perdió 5 poco después de su muerte ante el ataque almorávide. Pero el Cid fue el primer jefe cristiano que tuvo una amplia visión histórica de la Reconquista, como empresa nacional, con la cual identifica su ambición personal y a la cual servirá como campeón fiel y disciplinado. Él señaló con el ejemplo el carácter que debía 10 tener esa empresa para su éxito definitivo. En lugar de incursiones periódicas por territorio enemigo para imponerle vasallaje y tributo, y luego retirarse, como ambos lados venían haciendo, el Cid muestra la necesidad de lanzarse a una conquista permanente, empezando por Valencia para separar los reinos árabes 15 del norte y del sur. Claro que las circunstancias contribuyeron a imponer esta nueva visión militar al Cid. Desterrado de Castilla por el rey Alfonso VI, el Cid se ve forzado a « ganarse el pan » en tierra musulmana hasta conquistar el reino de Valencia y convertirse en uno de los más poderosos magnates de la época. 20 Pero a ese motivo práctico de ganar riquezas, se une el ideal patriótico de servir a la causa de la Reconquista y al engrandecimiento de Castilla, por lo que se mantiene siempre leal al rey que injustamente le desterró, aunque fácil le hubiera sido proclamarse rey independiente en Valencia. Al mismo tiempo, 25 su propósito no fue exterminar a los árabes sino someterlos y utilizarlos, reflejando con ello la actitud típica de ambos contendientes en esta lucha multisecular. Es la misma actitud que hacía a su rey Alfonso titularse con orgullo « Emperador de las dos religiones ».

30

[3] Nombre dado por los árabes (*sidi*, señor).

Ilustración de una Crónica del Cid

EL DESARROLLO DE LOS REINOS CRISTIANOS

Aunque cada uno de los nuevos reinos cristianos que se forjan durante la Reconquista sigue su propio camino y desarrolla un carácter diferente de los demás, hay dos fuerzas contrapuestas que influyeron en la formación de todos ellos. Una es la que
5 tendía a engrandecer el poderío del Estado por medio de conquistas armadas contra los vecinos (moros o cristianos indistintamente), o bien mediante alianzas matrimoniales entre las dinastías reinantes. Otra, la más fuerte, es la tendencia a la independencia local que hace surgir reinos nuevos en la zona fronteriza de los
10 viejos. A esta tendencia « fragmentarista » contribuían los mismos reyes cuando al morir repartían entre sus herederos el reino que tanto habían luchado por extender.[4] Tales repartos eran a su vez seguidos del nuevo afán del heredero más fuerte o ambicioso por aumentar su herencia a expensas de sus propios
15 hermanos, dando lugar a esas continuas luchas dinásticas que caracterizan la formación de los reinos cristianos. Mas pese a tales conflictos internos, la tendencia dominante fue hacia la consolidación de los tres Estados principales ya mencionados.

León y Castilla. La monarquía asturiana surge como continuadora
20 de la visigoda, pero conforme avanza la Reconquista hasta el Duero la preponderancia política se desplaza de Oviedo a León, que a mediados del siglo X forma un reino independiente y va a representar la tradición visigoda, el ideal conservador del pasado frente a las nuevas corrientes políticas que trae el feudalismo.
25 Así, el rey leonés encarna un poder supremo y absoluto, de origen divino, consagrado por la unción sacerdotal, como los reyes visigodos, en vez de basarse en el contrato feudal de vasallaje hecho con los nobles. Es el único rey peninsular que recibe

---

[4] Debido a la confusión feudal de origen germánico entre soberanía pública y propiedad privada del soberano.

esa consagración, lo que le coloca teóricamente en posición superior sobre los demás, con el título nominal de *Imperator* que viene a ser la expresión abstracta del sentimiento de unidad hispánica. Era sólo una ficción, pero sirvió para mantener vivo el ideal de una monarquía nacional frente a la tendencia separatista de los reinos. De momento es ésta la que prevalece por ser la tendencia del feudalismo europeo y por la debilidad de los reyes-emperadores de León para imponer su autoridad sobre los nuevos Estados que se van desarrollando al avanzar la Reconquista. León queda encerrado en su pequeño territorio del norte, cortada su expansión por los vecinos, con una economía rural primitiva, sin grandes ciudades ni actividad comercial. Hacia el siglo XII se ha afirmado ya la existencia de los llamados *Cinco reinos*, con Navarra, Castilla, Portugal y Aragón completamente independientes de León y dedicados a su reconquista particular.

Conviene observar las condiciones peculiares en que Castilla se forma para comprender su carácter futuro. La tradición jurídica de origen romano que prevalece en León otorgaba al rey la propiedad de las tierras yermas y sin dueño. Como los reyes leoneses se consideraban herederos de los visigodos, y por tanto soberanos de las tierras ocupadas por los árabes, hacen concesiones de esas tierras a los nobles que las conquisten como retribución de sus servicios militares. Estos nobles actúan, pues, en principio como delegados del rey, no como señores feudales, pero gradualmente se van haciendo permanentes y autónomos hasta convertir sus territorios en grandes señoríos ya de tipo feudal en la práctica, si no legalmente. Sin embargo, el rey se reservará siempre ciertas funciones exclusivas, como la justicia suprema, el reclutamiento de soldados y la acuñación de moneda, que en países más feudales correspondían a la nobleza.

Así aparece Castilla en el siglo IX como condado dependiente de la monarquía astur-leonesa con el fin de defender la zona fronteriza del Duero. Esto requería por un lado la construcción de castillos que dieron origen al nombre del país; por otro lado era necesario atraer hombres para repoblar estas tierras devastadas y expuestas al enemigo, ofreciéndoles el doble incentivo de la tierra conquistada al infiel y la posibilidad de vivir en municipios libres, llamados de *realengo* por depender directamente de la corona y no estar sujetos al vasallaje feudal.

Castilla resulta por ello un tipo de pueblo único en la Europa

feudal de entonces, constituido principalmente por labradores
libres que han de luchar como pioneros para defender sus pequeñas propiedades y que luego aspiran a conquistar las más fértiles
ocupadas por los árabes al sur. Junto a ellos, compartiendo sus
5 peligros, los condes de Castilla tienden a obrar con la libertad
que les da el tener enteramente a su cargo la tarea de la Reconquista y contar con el entusiasta apoyo de su pueblo. Hasta que
en el siglo X, el más célebre de todos ellos, Fernán González,
dirige la rebelión de los castellanos contra el reino de León y
10 funda la independencia de Castilla al proclamarse conde hereditario, después de haber unificado hábilmente en su persona
todos los condados castellanos. Desde entonces Castilla desempeña el primer papel en el progreso de la Reconquista. Un siglo
después, con la toma de Toledo (1085), la línea fronteriza se esta-
15 blece en el río Tajo, eje de Castilla la Nueva. Cuando el aristocrático León y la democrática Castilla se unen de nuevo en 1230,

España en tiempos del Cid (fines del siglo XI)

España a mediados del siglo XIII

ésta es el elemento dominante, pero a la vez hereda el prestigio
histórico de León como representante de la tradición hispánica,
identificándose más que los otros reinos con la totalidad de
España. A su dinamismo y progreso contribuyeron la mayor libertad personal de que gozan los castellanos, sin señores que los explo- 5
ten, y la autonomía local que permite a sus municipios florecer sin
trabas económicas y sostener ejércitos más poderosos que los
de los otros reinos.

A partir del siglo XIII Castilla sufre del mismo mal político
que antes la monarquía visigoda y en general toda la Europa 10
feudal : la pugna entre la nobleza y los reyes por el control
del poder. Aunque Alfonso X *el Sabio* había proclamado el
principio de la soberanía suprema del rey, conforme a la tradición
del Derecho Romano, en realidad esa autoridad era más nominal
que efectiva, dependiendo su eficacia del carácter del monarca. 15
Así, el propio Alfonso X, que incluso aspiró al trono del Sacro
Romano Imperio, se vio repudiado por su hijo Sancho, que se
alzó contra el rey con el apoyo de los nobles descontentos.
Y más tarde, mientras que Alfonso XI (1312-1350) logra afianzar
la autoridad real enfrentando hábilmente a unos nobles contra 20
otros y apoyándose en las ciudades, su hijo Pedro I *el Cruel*
(1350-1369) se gana la hostilidad de la nobleza al tratar de imponer
la autoridad real por la fuerza. El conflicto se convierte en
guerra civil. Los nobles apoyan al hermanastro del rey, Enrique
de Trastámara, como candidato más propicio a sus intereses. 25
Igual que en otras ocasiones, este conflicto interno se hace no
sólo peninsular, al apoyar Aragón la causa de Enrique y Navarra
y Granada la de Pedro, sino internacional, al quedar ligado con
la guerra de los Cien Años y luchar en la Península las Compañías
Blancas de los franceses contra las inglesas del Príncipe Negro. 30
Una dramática lucha cuerpo a cuerpo de los dos hermanos
en el campo de batalla (Montiel, 1369) decide la guerra
en favor de Enrique, pero el verdadero triunfo se lo lleva la
nobleza, a cuyo apoyo lo debe todo la nueva dinastía. Enrique
se ve obligado a conceder honores y donaciones de tierras reales 35

a los nobles (las famosas « mercedes enriqueñas »), y así la monarquía se debilita mientras la nobleza disfruta anárquicamente de su poderío feudal.[5] Resultado de esa debilidad es la derrota de Castilla por Portugal en Aljubarrota (1385) que asegura definitivamente la independencia de este reino.[6]

Cuando en el siglo siguiente, Álvaro de Luna, el brillante favorito de Juan II, trata de restaurar la autoridad del trono sometiendo con mano firme a la aristocracia en nombre del inepto rey, acaba siendo ejecutado bajo la presión rencorosa de los magnates. Su obra patriótica se anticipaba a la de los Reyes Católicos, que la realizarán con pleno éxito tras de luchar por cinco años contra parte de la nobleza opuesta al robustecimiento del poder real.

Aragón y Cataluña. El carácter diferente que tiene la Reconquista en la región pirenaica explica el distinto rumbo que toma aquí la organización política y social, especialmente en Aragón y Cataluña. Después de rechazar a los invasores árabes, Carlomagno

[5] Como dice una crónica de estos tiempos turbulentos, « en ninguna parte del reino se hacía justicia », ya que los nobles vivían « de robos y de tomas que hacían en la tierra ». Los ataques frecuentes de estos magnates hacían peligroso el viajar por los caminos y hasta el vivir en pueblos no fortificados, muchos de los cuales eran abandonados por sus habitantes.

[6] La independencia de Portugal se había debido a un azar histórico, sin que existiera un previo movimiento separatista como en Castilla. El rey leonés Alfonso VI, que asumía el título de « Emperador », entrega a sus dos yernos borgoñones los gobiernos de Galicia y Portugal, como condes feudatarios, y el hijo de uno de ellos (Alfonso Enríquez) se proclama rey independiente de Portugal (1140) y prosigue la Reconquista hacia el sur, con lo cual adquiere la fuerza necesaria para mantener su independencia frente a Castilla.

Carlomagno

intenta extender su dominio al sur de los Pirineos, pero su expedición a Zaragoza fracasa y la retaguardia de su ejército es aniquilada en la retirada famosa de Roncesvalles (777) por un ataque inesperado de los montañeses vascos, con probable ayuda de los musulmanes, contra el nuevo invasor.* La expansión de los francos tuvo éxito, sin embargo, en el Pirineo oriental, donde Carlomagno toma Gerona y Barcelona pocos años después, formando con este territorio fronterizo la Marca Hispánica bajo condes godos que gobiernan en nombre del emperador.

La finalidad de esta zona fronteriza era defender a Europa del peligro sarraceno, para lo cual se repetía el intento visigodo de crear un Estado franco-hispánico a caballo sobre los Pirineos. Pero el intento fracasa ahora también al afirmarse el espíritu de independencia local que dará nacimiento a nuevos reinos hispánicos. Este espíritu de independencia se manifiesta con tanta viveza contra los moros como contra los francos. Así, junto al Cid, héroe antisarraceno, se crea la figura legendaria de Bernardo del Carpio, héroe antifrancés que se contrapone al Roland carolingio. Incluso las zonas más influidas por el Imperio franco, como Cataluña y Aragón, acaban afirmando su independencia tras rebeliones en que a veces buscan la ayuda de los musulmanes.

Los creadores de la independencia catalana son los condes de Barcelona. La iniciativa la toma Vifredo *el Velloso*, quien reúne a fines del siglo IX varios condados bajo su mando y se convierte en el señor más poderoso de la Marca, como había hecho el conde Fernán González en Castilla. Aunque no es cierto, como dice la leyenda, que se proclamara independiente del emperador, de hecho y gradualmente sus sucesores afirman la autonomía, y bajo la dirección de los condes de Barcelona el principado de Cataluña se engrandece territorialmente a costa del Islam por el valle del Ebro, en avance paralelo al de Castilla pero independiente. Sólo en algún momento de grave peligro, como el ataque almohade, cooperan los dos Estados cristianos en la tarea común de la Reconquista. Pero el avance catalán hacia el sur es mucho más lento y menos ambicioso que el castellano. Desde la reconquista de Barcelona (801) a la de Tortosa en el río Ebro pasan tres siglos y medio, mientras que durante el mismo período Castilla extendía su frontera hasta Sierra Morena. En cambio surge en Cataluña una importante burguesía dedicada al comercio y la industria, mientras que en Castilla predomina la clase caballeresca que vive de la guerra y la propiedad territorial.

* Allí murió el célebre caballero Roldán, y el episodio sirvió después de base a la epopeya francesa *La Chanson de Roland*.

El íntimo contacto inicial con el imperio franco imprime un sello más feudal y europeo a la futura Cataluña que la distinguirá de los demás reinos peninsulares. Hasta su vida religiosa se organiza al margen del resto de España, bajo la jurisdicción eclesiástica de Narbona (Francia), no de Santiago, y conforme al rito franco en vez del visigodo.

Aragón no surge como reino independiente hasta 1035, cuando Sancho *el Mayor* de Navarra[7] reparte sus dominios entre los hijos y deja unos cuantos valles del Pirineo oriental a Ramiro con el título de rey. Por anexiones familiares y conquistas contra los musulmanes, el pequeño reino aragonés se va extendiendo hasta ocupar la capital árabe de Zaragoza (1118?). En esta época se produce la unión de Aragón y Cataluña, como reacción defensiva contra la tendencia expansiva de Castilla, que bajo el « Emperador » Alfonso VII intenta anexarse Aragón. El conde de Barcelona Ramón Berenguer IV lo impide y logra atraerse la alianza aragonesa mediante su enlace matrimonial con la heredera del rey de Aragón (1137).

Bajo la iniciativa de Cataluña se forma así la primera confederación política de la Península, con un fuerte Estado que rivaliza en poder con Castilla y logra mantener el equilibrio peninsular, impidiendo por siglos la unificación nacional. Pero aunque Cataluña fue el elemento predominante de la unión catalano-aragonesa, ésta llevó el título de Reino de Aragón, por tener superioridad jerárquica sobre los condes de Barcelona. Sin embargo, los monarcas siguieron siendo catalanes y la lengua oficial fue el catalán. Era una unión pacífica, basada en el respeto para las instituciones propias de cada Estado, respeto extendido después a los nuevos territorios reconquistados (Valencia y Baleares), con los que se forma una especie de federación de Estados autónomos bajo la corona de Aragón.

A partir del siglo XIII, mientras Castilla se disipa en luchas intestinas bajo reyes ineptos y abandona prácticamente la tarea reconquistadora, Aragón se lanza a conquistar un imperio por el Mediterráneo. Era la única ruta de expansión que le quedaba

---

[7] No se conocen bien los orígenes de Navarra, pero aparece ya como reino aparte a principios del siglo IX y se va extendiendo a costa de sus vecinos cristianos y musulmanes hasta que bajo Sancho *el Mayor* (1000-1035) llega a ser el reino más poderoso de la España cristiana, cuyo dominio abarca a Castilla, Aragón y Vasconia. Por su posición central y dominante, Navarra parecía destinada a rehacer la unidad nacional, pero al morir Sancho y dividir sus territorios con el usual concepto patrimonial del Estado, hace posible la expansión de Castilla y de Aragón como reinos independientes. Navarra queda, como León, separada de la frontera islámica y por tanto inmovilizada y reducida al papel de satélite de los reinos vecinos, hasta ser finalmente absorbida por Castilla en 1515.

al renunciar a la reconquista peninsular en favor de Castilla, y ante la firme oposición de Francia a su avance por el norte de los Pirineos. Durante esta época el centro de interés histórico se desplaza al reino de Aragón, que realiza el primer experimento imperial de la Península y se convierte en primera potencia europea, así como en uno de los centros principales del comercio internacional.

Sin embargo, también Aragón y Cataluña sufrieron de los usuales conflictos feudales, por haberse desarrollado aquí el feudalismo aun más completamente que en Castilla. Los nobles se unieron en defensa de sus privilegios frente al absolutismo real, y apoyados por la burguesía de algunas ciudades[8] obtienen el *Privilegio general* (1283), verdadera Magna Carta de Aragón que obligaba al rey a respetar las libertades tradicionales de la nobleza y la burguesía. Poco después llegan a proclamar el derecho feudal de deponer al rey que no respete esos privilegios, hasta que un rey enérgico, Pedro IV *el Ceremonioso* (1335-1387), logra limitar tales privilegios e imponer definitivamente la supremacía de la corona. Pero en vez de crear un despotismo real, aumenta

[8] A diferencia de Castilla, donde los municipios se colocaron siempre al lado del rey frente a la aristocracia.

Tierra de Aragón, cerca de los Pirineos (Jaca)

el poder del Justicia de Aragón, encargado de proteger a los súbditos frente a los abusos de la autoridad gubernativa y árbitro supremo entre el rey y los nobles. El mutuo respeto entre el soberano y los súbditos permite la colaboración de todas las
5 clases en la empresa de expansión exterior.

Esta expansión empieza en el siglo XIII con la reconquista de las Baleares y se extiende a Sicilia, Córcega y Cerdeña, donde Aragón entra en conflicto con Francia y el Papado sobre el control del Mediterráneo occidental. Esta rivalidad se prolongará
10 hasta el siglo XVI y será la base de las futuras guerras de España en Italia. La expansión toca la costa norteafricana (Túnez) y llega hasta Grecia, donde es establecido el ducado de Atenas (1326-1387) por soldados catalanes que fueron a defender al emperador de Constantinopla contra los turcos. Fue una efímera
15 pero típica empresa de un puñado de *conquistadores* como los que luego marcharán a América. La expansión imperial culmina finalmente con la ocupación de Nápoles (1442) por Alfonso V *el Magnánimo*, impuesta frente a la alianza internacional de franceses, italianos y del Papa. Nápoles se convierte en nuevo centro
20 del imperio aragonés y la corte en un foco brillante de cultura renacentista.

Este imperio mediterráneo, de carácter principalmente comercial, decae con la toma de Constantinopla por los turcos (1453), que cierra el comercio con Oriente, y con el descubrimiento de
25 América, que abre la nueva ruta del Oeste, pasando el monopolio marítimo a Sevilla.

TRES INSTITUCIONES FUNDAMENTALES

Los Municipios. La necesidad de atraer colonos para repoblar y defender las tierras recién conquistadas a los árabes hizo surgir en la zona castellana unos municipios independientes de toda jurisdicción feudal, con un sistema democrático de gobierno local
30 que no tiene equivalente en la Europa de entonces. Aparecen muy pronto (el de Burgos existe ya antes de 1073) y no son meramente mercados, como en otros países, sino centros de colonización y defensa, lo cual explica las mayores atribuciones adquiridas por estos municipios. Su base legal era la *carta-puebla*,
35 especie de constitución local otorgada por el rey al fundarse un municipio con la correspondiente asignación de tierras para el desarrollo del distrito. Un concejo municipal electivo repartía

esas propiedades entre los vecinos y reservaba una parte para el uso común, en régimen semicolectivista de la propiedad. Los siervos acogidos a estos municipios podían emanciparse y convertirse en pequeños propietarios, con voto en los asuntos locales. Para los plebeyos ya libres ofrecían una oportunidad de enriquecerse y ennoblecerse, luchando contra los moros, que no hubieran tenido en la cerrada sociedad feudal. La igualdad ante la ley es el principio básico de estos municipios fronterizos, cuya supervivencia depende del valor y esfuerzo bélico personal, no de títulos heredados. De aquí viene el sentido igualitario de los castellanos, para quienes la honra no es privilegio exclusivo de una clase, como en todas partes, sino patrimonio de altos y bajos como defensores de la comunidad. El típico orgullo con que estos plebeyos defenderán sus derechos frente a los magnates feudales proviene sin duda de esta función bélica que les tocó desempeñar como pioneros de la Reconquista.

Los municipios forman pequeños Estados autónomos, con amplias atribuciones feudales, semejantes a las de los señoríos feudales, por lo que representaban una de las principales limitaciones al feudalismo. Sus tres privilegios fundamentales eran la exención de tributos señoriales, la administración de justicia propia, y la organización de la milicia local. A fin de proteger o aumentar sus derechos y privilegios, los municipios obtienen del rey o del señor feudal (seglar o eclesiástico) el *fuero*[9] o ley exclusiva e inalterable que regula casi todos los aspectos de la vida local en provecho de los vecinos. Los *fueros* son por ello una preciosa fuente de información para la historia de la sociedad medieval.

A pesar de cierta semejanza con el municipio romano, como la existencia del concejo (derivado del *concilium*) y de los dos alcaldes (equivalentes a los *duumviros*), se trata de una institución nueva, sin relación de continuidad con la romana, que había desaparecido en la crisis del Imperio y que por ello no existe entre los visigodos ni los mozárabes. Es una creación espontánea del pueblo castellano, debida a las circunstancias de la Reconquista, que prueba su aptitud para gobernarse a sí mismo y defender sus derechos frente a la opresión feudal.

La prosperidad económica que alcanzaron los municipios en este régimen de libertad les permitió convertirse en uno de los pilares de la monarquía, la cual necesitará su ayuda material

---

[9] Nombre basado en el *Fuero Juzgo* (el antiguo *Liber judiciorum*), algunas de cuyas leyes generales de tradición visigoda se seguían aplicando en las ciudades.

y militar tanto contra los moros como contra los nobles. Pero por otro lado el estrecho espíritu localista y su mismo afán de no sacrificar ningún privilegio en favor de la corona para crear una fuerte monarquía nacional frente a los privilegios feudales 5 traerá su ruina al final. La decadencia municipal se inicia a mediados del siglo XIV con los abusos administrativos y desórdenes causados por las facciones oligárquicas que dominan y desprestigian la vida local. Para imponer orden, los reyes envían *corregidores* con funciones judiciales que gradualmente se extienden a la 10 administración y a la recaudación de impuestos, con lo que desaparece la base de la autonomía municipal. Bajo los Reyes Católicos los corregidores reemplazan a los alcaldes electivos y se crean nuevos cargos municipales que son puestos a la venta en beneficio del tesoro real.

15 La situación es distinta en Cataluña, donde la Reconquista más lenta no planteó el mismo problema de repoblación fronteriza que en Castilla. Hubo por ello menos propietarios libres, quedando la tierra en manos de la nobleza, y los campesinos o *payeses de remensa* son típicos siervos de la gleba que han de pagar 20 una redención (*remensa*) para poder abandonar la tierra. Viven más oprimidos que los campesinos castellanos, lo cual produce una serie de rebeliones en favor de la liberación de los siervos que no acaban hasta que Fernando el Católico los declara libres y hace un reparto de tierras entre los campesinos, creando así 25 la base de la futura prosperidad del campo catalán. En cambio los municipios catalanes, menos preocupados por las tareas bélicas que los castellanos, desarrollan una fuerte burguesía industrial y comercial que rivalizará en poder político con la nobleza.

30 **Las Cortes.** Las mismas necesidades de la Reconquista que determinaron el desarrollo de los municipios libres hicieron que los reyes empezasen muy pronto a convocar a los *procuradores* o representantes municipales para participar en los concilios de la nobleza y el clero, como medio de asegurarse mejor su 35 ayuda económica. El antiguo concilio visigodo queda así trasformado en verdadera asamblea nacional, con el nombre de Cortes, empleado ya por León en 1188. Es el primer parlamento con representación popular que aparece en Europa, más de un siglo antes que en Inglaterra. La razón es que los reyes hispanos 40 necesitaban imperiosamente la ayuda material de la clase popular para los gastos impuestos por las nuevas invasiones africanas y

para oponerse a la nobleza. Por eso la función principal de las Cortes será la de aprobar los *servicios* o subsidios del estado llano a la corona (la nobleza y el clero no tenían que contribuir). Pero a cambio de tales subsidios, los municipios adquieren el derecho de hacer *peticiones* al rey con el objeto de que se dicten leyes 5 favorables a sus intereses o se remedien abusos de los funcionarios reales y de las clases altas. Los municipios adquieren así considerable influencia política, especialmente en los siglos XIV y XV, época de apogeo de las Cortes. Pero el monarca sigue siendo la autoridad suprema, quien convoca las Cortes y dicta 10 las leyes.

La debilidad de las Cortes fue no imponer su derecho a legislar a cambio del pago de subsidios, exigiendo que sus peticiones fuesen de hecho cumplidas. La influencia de las Cortes dependía en realidad de la mayor o menor necesidad que los reyes tenían 15 de su apoyo, bien para la guerra o para defenderse de la nobleza, pero no llegaron nunca a consolidar su posición constitucional como parte integrante del gobierno. Y van decayendo a medida que el poder real se fortifica lo bastante para prescindir de ellas y obtener recursos fiscales por otros medios, como 20 empréstitos e impuestos. Desde el siglo XVI las Cortes se siguen reuniendo y solicitando reformas útiles, pero son ya impotentes para imponerlas. A esa decadencia contribuye la falta de solidaridad entre los tres brazos o estamentos de las Cortes. La nobleza y el clero dejaron de participar en la función financiera, pasando 25 ésta al estado llano, que por sí solo es demasiado débil para resistir las demandas de la corona. Hasta que cansados de la futilidad de sus peticiones e interesados en ahorrarse los gastos de sus procuradores, los mismos municipios piden a la corona que reduzca el número de ciudades representadas y que pague 30 a los representantes, perdiendo así el último vestigio de independencia.[10] Cuando en el siglo XVI se establece la monarquía absoluta, las Cortes no oponen ya resistencia, quedando en pie como representación simbólica de la nación más que como poder político efectivo.   35

Las Cortes de Aragón y Cataluña alcanzaron más poder frente al rey que en Castilla, reflejo del mayor desarrollo feudal en aquella región. En Aragón la aristocracia forma el elemento dominante, y a pesar de estar dividida en dos clases, la nobleza alta y baja,

---

[10] El número de ciudades representadas en Cortes, siempre limitado, baja en el siglo XVI a 18.

con representación separada en las Cortes, saben unirse para proteger sus « libertades » feudales ante la corona. Los municipios apoyan también a la nobleza para ganar sus privilegios. La fórmula de coronación empleada por las Cortes ilustra bien este carácter estrictamente feudal : « Nos que cada uno valemos tanto como Vos y todos juntos más que Vos ».

En Cataluña, en cambio, el papel dominante lo tiene la burguesía, que por su prosperidad económica se iguala en derechos a la nobleza. Su principal avance en la consolidación del poder de las Cortes es la creación de una *Generalidad* o delegación permanente que actúa cuando las Cortes no están reunidas. Su función inicial fue la recaudación de impuestos, pero luego sirvió para asegurar la observancia de las leyes y demás acuerdos políticos y militares por parte de los reyes. Esta garantía explica la mayor vitalidad y duración de las Cortes catalanas, aun después de establecida la monarquía absoluta por los Reyes Católicos.

La Iglesia. El aspecto religioso de la Reconquista contra los infieles trae por consecuencia un gran desarrollo del poder de la Iglesia, que tendrá importancia decisiva en toda la historia española. Como en la época visigoda, se mantiene la mutua ayuda del Estado y la Iglesia, pues los reyes necesitan el estímulo moral de la religión para su reconquista de España y el clero necesita de los reyes para recuperar sus posesiones y su influencia

Santiago, patrono de España

en la zona invadida. Es por ello una Iglesia militante en el sentido más literal de la palabra, que contribuye a la Reconquista con la espada tanto como con las bendiciones, y que se desarrolla paralelamente al Estado a medida que la frontera avanza. Por un lado, la necesidad de repoblar y cristianizar las tierras recu- 5 peradas hace aumentar el número de monasterios y abadías; por otro, la devoción religiosa exaltada por la « guerra santa » crea la costumbre de ofrecer donativos a la Iglesia, generalmente una quinta parte de la herencia (llamada « parte del alma »). Y como estas propiedades no se enajenaban por ser donativos 10 piadosos, la Iglesia fue acumulando vastas riquezas, especialmente en tierras, de suerte que el clero acaba convirtiéndose en una poderosa clase feudal, con vasallos propios para defender sus posesiones contra los infieles y a veces contra los mismos reyes. 15

Un momento decisivo en la historia de la Iglesia y de la cultura española se produce en el siglo XI con la reforma cluniacense. La Iglesia hasta entonces había conservado un fuerte carácter nacional con su tradición visigoda, casi independiente de Roma y hasta rivalizando con ella. (El obispo de Santiago asumía el 20 título papal.) En su deseo de aumentar el contacto con la Europa feudal y fortalecer su causa en la lucha contra un adversario superior material y culturalmente, los reyes cristianos traen a los monjes benedictinos de Cluny para aplicar las reformas hechas ya en el sistema feudal y en la vida eclesiástica de Francia. Era uno de 25 los varios planes de europeización que se efectuarán en España a lo largo de su historia, oponiéndola a una tradición nacional que se estima atrasada e inadecuada. La reforma de Cluny sometió el clero español a la rígida disciplina de Roma, suprimió el rito mozárabe o visigodo,[11] y transfirió al Papa importantes sumas 30 en pago de bulas y otros tributos eclesiásticos.

Pero junto con la reforma religiosa, los monjes cluniacenses contribuyen a difundir el sistema feudal, hasta entonces poco arraigado en el país, con su ideal de disciplina y jerarquía. Igualmente activan la propaganda en favor de la Reconquista, orga- 35 nizando la peregrinación a Santiago que servirá de vehículo a las ideas de Europa y sacará a España de su previo aislamiento cultural.

[11] Esta supresión no se realizó sin protestas de los españoles, que veían en ese rito un símbolo de su Iglesia nacional. Se conservó en algunas parroquias de Toledo hasta el s. XIX, y hoy todavía se usa en una capilla de la catedral. El obispo de Santiago fue, naturalmente, excomulgado.

LA CULTURA EN LA ALTA EDAD MEDIA (SIGLOS XI-XIII)

La escuela de traductores de Toledo. Durante los tres primeros
siglos de la Reconquista, la España cristiana dedica la mayor
parte de sus energías a la tarea de sobrevivir frente al poderío
musulmán, con escasa actividad cultural casi enteramente de
5 carácter religioso y basada en la tradición visigoda. La situación
cambia hacia el siglo XI con el avance de la Reconquista hasta
Toledo (1085), importante capital musulmana que ahora se
convierte en el principal centro de intercambio cultural entre
Oriente y Occidente. Al deseo de expansión militar se une ahora
10 el de expansión cultural, tratando los conquistadores de enriquecer
su naciente cultura con los conocimientos científicos y filosóficos
de los árabes. Su tolerancia intelectual era tal que chocaba a
los caballeros extranjeros venidos a luchar en la cruzada española.

A Toledo acuden los sabios de toda Europa que desean
15 conocer las versiones árabes de las obras griegas. El árabe era
la lengua científica de entonces, y bajo el estímulo de reyes y
prelados surgen equipos de traductores en que colaboran musulmanes, judíos y cristianos para verter al latín los textos árabes.[12]
Así se da a conocer la medicina de Hipócrates y Galeno, se divulga
20 el sistema de Ptolomeo, se desarrolla el álgebra moderna, y en

[12] El papel de los judíos bilingües fue muy valioso por su familiaridad con las dos
culturas, árabe y cristiana. Al ser perseguidos por los fanáticos africanos que
invaden al-Andalus son acogidos por los reyes cristianos, a cuyo servicio ponen sus
conocimientos y experiencia.

La Catedral de Santiago de Compostela

general se estimula el uso de la razón frente al dogmatismo
tradicional como medio de conocer la realidad. Algunas de
estas traducciones, como las del teólogo y científico Gundisalvo
(s. XII), con su compilación metódica de las ciencias helénicas
y orientales, fueron textos favoritos de la Edad Media. Incluso ₅

la filosofía árabe y judaica será utilizada por los teólogos cristianos, como al desarrollar Santo Tomás la tendencia ecléctica a armonizar la razón y la fe, base del sistema escolástico adoptado por la Iglesia.

5 *El camino de Santiago y la influencia francesa.* Junto a esta influencia oriental se difunden por la España cristiana, bajo la iniciativa de la orden de Cluny, las ideas, el arte y la literatura del norte europeo, especialmente franceses, sirviéndoles de vehículo las peregrinaciones internacionales a Santiago. Se refuerza así el
10 sentimiento patriótico de los nuevos reinos cristianos, que ahora empiezan a rivalizar con los árabes. Y ese sentimiento se manifiesta principalmente en la formación de una literatura propia, comenzando a usarse el dialecto romance en vez del latín. Surge así en Galicia la primera escuela poética, inspirada en la lírica
15 provenzal que traen los juglares por el camino de Santiago, la cual refina artísticamente las canciones tradicionales del país. La moda literaria impuso el dialecto gallego-portugués como lengua poética convencional, lo cual retrasó la aparición de una lírica castellana culta hasta el siglo XV.

20 Más profunda aún fue la influencia provenzal en Cataluña, por su íntima relación histórica y semejanza lingüística con el Mediodía francés. Los primeros poetas catalanes conocidos escriben en provenzal y los trovadores catalanes se destacan entre los principales de Provenza. Es una poesía cortesana y satírica,
25 dedicada a realzar el prestigio de los grandes señores que retribuían espléndidamente a los mejores trovadores, igual que ocurría en las cortes musulmanas de Taifas.

La épica castellana. Si Castilla no desarrolló una lírica de estilo europeo, como Galicia y Cataluña, produjo en cambio la única
30 épica de la Península, basada en las hazañas de los héroes de la independencia castellana y de la Reconquista. La primera epopeya conservada en romance castellano es el *Poema del Cid* que también refleja la influencia de las *chansons de geste* francesas llegadas a España por el camino de Santiago. Pero a diferencia de la poesía
35 gallega y catalana, que es un arte de imitación, la épica castellana muestra ya una fuerte originalidad, tanto por los temas locales como por la forma de tratarlos. Compuesto unos 40 años después de la muerte del Cid (c. 1140), el poema tiene un realismo histórico que lo distingue de la epopeya europea en general. Aunque
40 el juglar simbolice en el Cid el tipo perfecto del caballero medieval y los ideales colectivos del pueblo castellano, el héroe no pierde

por ello el carácter de hombre real. Ni se introducen en el poema hazañas sobrehumanas o elementos sobrenaturales, al estilo de la epopeya francesa que en algunos detalles le sirve de modelo. En un estilo sobrio y algo seco, con versos irregulares que atienden al ritmo más que a la rima, al contenido más que a la forma (como poema para ser recitado ante el pueblo en caminos y plazas), el autor nos presenta un cuadro de la Reconquista como era en realidad : una expedición armada de hombres ordinarios pero valientes, que dejan su patria pobre para ganar riquezas y honores en la guerra contra el moro. En las relaciones del Cid con sus seguidores, el poema refleja el espíritu demo- crático al que Castilla debía su desarrollo como nación; y en sus relaciones con los vasallos árabes, la tolerancia característica de la Reconquista dirigida a utilizar los servicios del enemigo y no a exterminarle u oprimirle. El Cid está visto, finalmente, con los ojos del pueblo, no de la aristocracia, como representante de una nación fronteriza que debe su existencia al esfuerzo de la voluntad de todos, sin ayuda directa del rey ni de la alta nobleza.

El arte románico. Entre las muchas ideas y reformas que los monjes de Cluny trajeron a España en el siglo XI, figura el arte románico como expresión estética de la civilización cristiano- romana que por entonces empezaba a afirmar su vitalidad frente al Islam. Es principalmente en la arquitectura eclesiástica donde el nuevo arte crea una de las principales manifestaciones artísticas del espíritu occidental. Por toda la España nórdica empiezan a levantarse iglesias y monasterios de pequeñas dimensiones cuyo aire de fortaleza nos recuerda el carácter guerrero de la época. El uso de bóvedas de piedra en vez de madera, para evitar los incendios, fue la gran innovación técnica del románico ; de ahí los gruesos muros sólidos y sin ventanas que dan a estas construcciones un aspecto pesado y sombrío.

La obra culminante del románico español y una de las prin- cipales del arte universal es la catedral de Santiago, comenzada a fines del siglo XI pero no terminada hasta cien años después. Fue concebida como un gran santuario de peregrinación, ade- cuado para acoger muchedumbres de fieles. Su *Pórtico de la Gloria* es además un soberbio ejemplo de la escultura románica, arte que ahora también adquiere gran desarrollo con las estatuas religiosas de piedra que adornan los templos y claustros.

La corte de Alfonso X el Sabio. Si políticamente el siglo XIII
representa la culminación de la Reconquista al ser ocupada casi
toda Andalucía, es también decisivo en la formación cultural de
la nación española. Al impulso conquistador sigue un ávido
5 deseo de asimilarse el saber de la época, tanto musulmán como
europeo. La corte de reyes como Alfonso X *el Sabio* (1252-1284)
se convierte en centro de estudios científicos y de actividad literaria que dan a España un lugar prominente en la cultura europea. Su valor consistirá esencialmente en continuar la difusión
10 de ideas del mundo oriental por el Oeste. Alfonso X se rodea de
sabios y traductores de las tres religiones para proseguir y ampliar
la labor de la escuela toledana. Su aspiración es crear una vasta
enciclopedia del saber humano que exaltase el valor de Castilla
y de su monarca, obra que representa el mayor esfuerzo cultural de
15 la Edad Media.

Una importante novedad de esta empresa fue el uso del castellano por vez primera como lengua de cultura, en lugar del latín,
lo que contribuye a la futura hegemonía del castellano sobre
los otros dialectos peninsulares. Se atribuye al propio rey la
20 tarea de corregir el estilo, lo que se explicaría por ser generalmente
judíos los traductores, con un dominio imperfecto del romance.

Las obras publicadas bajo la dirección editorial del rey « sabio »
tienen un carácter práctico más que teórico; son divulgadoras
más que creadoras. Su esfera de interés es el conocimiento del

destino humano : en la historia, para saber lo que los hombres han hecho en el pasado; en la astronomía, para saber lo que harán en el futuro fijado por las estrellas; y en el Derecho para declarar lo que deben hacer en el presente.

El ideal nacional e imperial de Alfonso X se refleja en la *Crónica General de España*, significativa por ser la historia de una nación que políticamente no existía todavía, pero que representaba la aspiración a la hegemonía peninsular. Por primera vez también se presenta la historia social y cultural de un pueblo, en vez de hablar sólo de reyes y batallas.

El interés por engrandecer la monarquía dándole un carácter más absolutista que feudal inspira la redacción de obras jurídicas basadas en el Derecho Romano. La más famosa es *Las Siete Partidas* (1256-1265), primer esfuerzo europeo por unificar el Estado bajo una ley común para todos y una autoridad real suprema. Aunque adopta la forma de una codificación de leyes al estilo romano,[13] es en realidad una serie de principios generales sobre la organización social como guía de conducta para los distintos miembros de la sociedad feudal. Su interés principal está en el vivo cuadro de las costumbres de la época y en el expresivo idioma que utiliza.

En el campo científico interesó al Rey Sabio especialmente la astronomía por su utilidad para predecir el destino humano, sacándola así del olvido en que la tenían los sabios cristianos, que no consideraban los fenómenos celestes materia de investigación racional, sino de revelación divina. Así, en los *Libros del Saber de Astronomía* se recoge todo el conocimiento acumulado por los árabes sobre la materia, con unas Tablas astronómicas que revisaban por completo el sistema de Ptolomeo y que fueron muy usadas por todos los navegantes hasta el siglo XVI.

En literatura se observa la misma intención utilitaria al traducir apólogos y fábulas morales de Oriente, como *Calila y Dimna*, que enseñaban normas prácticas para triunfar en esta vida, en vez de preocuparse sólo de la salvación del alma en la otra, como la literatura didáctica cristiana. Con estas traducciones de cuentos orientales puede decirse que empieza el arte novelesco medieval, imitándose no sólo los temas sino la forma misma de la narración, como una serie de cuentos insertos en el marco general de la narración; o sea, el método de la ficción dentro de la ficción.

[13] Sus siete partes tratan de la religión, la monarquía, la justicia, el matrimonio, los contratos, los testamentos, los delitos y penas.

La única obra original atribuida a Alfonso X son las *Cantigas de Santa María*, una colección de poesías en el convencional dialecto gallego-portugués que contrasta con el uso del castellano en la prosa, acompañadas de la música correspondiente, y dedi-
5 cadas a la Virgen y sus milagros. Es una adaptación de la poesía amorosa trovadoresca al tema religioso, muy típica de la literatura española. La tendencia realista se observa también al españolizar algunas leyendas milagrosas de la tradición latina y utilizar otras de carácter local y hasta personal del autor.

Ilustración de las « Cantigas de Santa María »

10 ***Las universidades.*** La aparición de las universidades en el siglo XIII es otro reflejo de la expansión cultural y la avidez de saber que caracteriza a esta época. Refleja también la mayor seguridad que trae consigo el triunfo sobre Islam y el desarrollo de las ciudades, que inician ahora su período de mayor prosperidad e influencia.
15 Estas universidades son de las primeras que surgen en Europa. La de Salamanca se funda hacia 1215, siendo declarada por el Papa a mediados del siglo como una de las cuatro universidades del mundo y reconociendo validez internacional a sus grados. Los *Estudios Generales*, como estas universidades eran llamadas,
20 tenían un régimen autónomo, con recursos propios derivados de donaciones, y en ellos se enseñaba el *trivium* (gramática, lógica y retórica) y el *quadrivium* (aritmética, geometría, astronomía y música), como estudios preparatorios antes de pasar a los estudios superiores de Medicina, Derecho y Teología. Estos

últimos fueron por muchos siglos los campos principales de
interés intelectual, relacionados con tres aspectos básicos de la
vida humana : el cuerpo, la propiedad y el alma, respectivamente.
También en las universidades se produjo la confluencia de las
dos culturas, al utilizarse de un lado las obras científicas traducidas 5
del árabe, y de otro las obras de los clásicos latinos y de los
Padres de la Iglesia. Aunque el clero siguió suministrando la
mayor parte del profesorado, las universidades podían ser fun-
dadas por los reyes, dándose el primer paso hacia una enseñanza
secular frente al monopolio tradicional de la Iglesia. 10

El mester de clerecía. Todo este entusiasmo intelectual tiene su
expresión literaria en un nuevo tipo de poesía erudita, llamada
mester de clerecía (« ministerio u ocupación de hombres cultos »)
en contraste con el *mester de juglaría*, o poesía épica cantada por
los juglares ante el pueblo con fines de puro entretenimiento. 15
Bajo la influencia francesa principalmente, los clérigos desean
componer una poesía didáctica que sea tan popular como la
juglaresca pero que tenga una forma métrica más cuidada y un
contenido más erudito o edificante. En vez del latín usan ahora el
« roman paladino » o habla común, pero demuestran ser hombres 20
letrados empleando estrofas uniformes de cuatro versos monorri-
mos (la *cuaderna vía*) con « sílabas contadas », a diferencia de la
versificación irregular y rítmica de los juglares. Además, estos
poetas gustan de mostrar sus conocimientos universitarios con digre-
siones sobre historia, geografía, ciencias naturales, etc. Por el 25
mismo orgullo intelectual, tales autores ya no son anónimos
como los juglares populares, sino que hacen alusión a sí mismos
y hablan en primera persona.

Claustro de Santo Domingo de Silos

El más antiguo y principal de estos poetas es Gonzalo de Berceo (nacido a fines del s. XIII), hermano lego de un monasterio benedictino, cuyos versos reflejan la influencia francesa de su orden. Son poemas narrativos de tema religioso, sobre la vida de santos locales, como Santo Domingo de Silos, cuya proximidad permite al autor presentarlos con un realismo parecido al del *Poema del Cid*, y que nos dan una buena idea de la vida monacal de entonces. Otros, como los *Milagros de Nuestra Señora*, son un ejemplo más del ferviente culto a la Virgen María tan popular todavía en España. Es interesante notar ya en este primer poeta castellano la típica tendencia española a mezclar lo divino con lo humano y a tratar ambos elementos con la misma naturalidad.

LA CULTURA EN LA BAJA EDAD MEDIA (SIGLOS XIV-XV)

La literatura. La literatura de esta época refleja bien la crisis que atraviesa la sociedad feudal en su última fase, sobre todo por ser a menudo obra de aristócratas y hombres públicos preocupados por el estado moral y político del país. Ante el dominante desorden social, la literatura busca ordenar un poco el sentido de la vida y el valor de las cosas humanas. Sigue teniendo un fin didáctico, pero adquiere ahora un mayor refinamiento artístico.

El influjo oriental se manifiesta especialmente en ese aspecto didáctico y moralizador que pasa a los autores españoles, mientras que dejan a un lado el elemento fantástico y exótico, nunca muy atractivo para la mentalidad española. Caso típico del magnate-escritor, más interesado en la enseñanza moral que en la acción novelesca, es el infante Don Juan Manuel (1282-1348), sobrino del rey Alfonso *el Sabio* y autor de una serie de obras didácticas sobre una variedad enciclopédica de asuntos. Es el gran señor de agitada vida política y militar, en rebeldía a veces con el rey, que en sus ratos de ocio compone libros como manuales de conducta llenos de útiles consejos para el mejor vivir en los distintos estados sociales, y especialmente para la educación del joven aristócrata. Su obra más popular y significativa es *El Conde Lucanor* (1335), una colección de cuentos breves que ilustran la lección moral dada a un joven conde por su ayo. Tanto la forma de cuentos insertados en un marco general como la mayoría de los temas son de origen árabe y representan la primera manifestación del arte novelístico en lengua vulgar. Su finalidad es, como en casi todas las obras del autor, muy práctica y muy oriental : conocer el carácter humano y los móviles de la conducta para evitar ser víctima de engaños ajenos 5 o defectos propios. En cuanto a su estilo, el realismo con que presenta escenas vividas le hace figurar entre los primeros creadores de la prosa literaria castellana.

El genio literario del siglo XIV es un clérigo alegre y mujeriego, Juan Ruiz, Arcipreste de Hita (muerto hacia 1350), que 10 compuso la mejor y más amena pintura costumbrista de la vida contemporánea en su *Libro de buen amor*. Aunque su propósito es convencionalmente moralista (mostrar que no hay más amor bueno que el divino), describe con gran fruición los placeres de la vida amorosa que él aconseja evitar. En forma autobiográfica 15 (sea o no verdad lo que cuenta de sí mismo), Hita nos presenta en torno suyo un cuadro realista de la vida medieval y una sátira de las relajadas costumbres, especialmente del clero, poniéndose él mismo como mal ejemplo con deliciosa ironía. Representa la nueva literatura burguesa frente a la aristocrática 20 tradicional, y su inspiración está en la vida real de esas ciudades que ahora habían alcanzado tanta importancia social. De aquí la caricatura que él hace de ciertos temas literarios convencionales e idealizados, como el del amor platónico de la poesía trovadoresca, al cual él opone el amor según realmente es, una 25 mezcla de sensualidad y espiritualidad; o bien el de las pastoras artificiales de la lírica provenzal que él trasforma en serranas monstruosamente feas y agresivas. En toda su obra se respira un aire de vitalidad y de goce del vivir que la preocupación medieval por el pecado y la muerte no logran reprimir, aunque 30 el autor dedique las acostumbradas oraciones de arrepentimiento a la Virgen.

Un género literario muy desarrollado en esta época es el histórico, propio de tiempos críticos como éste en que el orden feudal se descomponía en la anarquía. Aparecen escritores que 35 son a la vez actores eminentes de esa turbulenta vida pública y que la reflejan en sus *Crónicas* de los reinados contemporáneos. Su interés se dirige hacia los individuos sobresalientes, de cuyo carácter y ambiciones parece depender el curso de los hechos, más que de unas instituciones feudales desprestigiadas. Era un 40 indicio del nuevo valor que el individuo tomará con el Renaci-

miento. Así el cortesano Fernán Pérez de Guzmán (1376?-1460?) presenta en sus *Generaciones y semblanzas* una excelente galería de retratos de personajes contemporáneos, tomados directamente de la realidad y descritos como seres humanos, no en la forma
5 fría e impersonal de las historias medievales.

La corte de Juan II de Castilla y la literatura cortesana.   En medio de la desintegración del orden feudal y ante la lamentable realidad de guerras, anarquía y desmoralización social, surge como
10 reacción en el siglo XV una literatura cortesana que busca disfrazar esa realidad con bellos colores, exaltando la forma artística para suplir la falta de contenido social o moral. El símbolo literario más frecuentemente usado es la Fortuna, diosa arbitraria que guía caprichosamente los destinos humanos y cuyos
15 cambios son la única cosa segura en tales tiempos de inseguridad.

La corte castellana de Juan II (1419-1454) se convierte en centro literario donde se cultiva sobre todo la poesía trovadoresca, que ahora por vez primera tiene expresión en castellano. Es una poesía artificiosa y conceptual, con más virtuosismo
20 técnico que sentimiento auténtico, medio de lucir el ingenio en los torneos poéticos de la corte ante elegantes damas y caballeros. Sus numerosas poesías empiezan a ser recogidas en antologías poéticas, como la del *Cancionero de Baena* (1445), cuyo principal interés está en representar la primera escuela poética

Ilustración de las « Coplas de Mingo Revulgo »

culta de Castilla (frente a la poesía tradicional de carácter popular).[14]

En contraste con esta poesía aristocrática se escriben también versos satíricos de estilo popular y soez contra el lujo cortesano y la corrupción moral del ambiente, incluso con ataques personales a altos personajes. Tales son las célebres *Coplas del Provincial* y *Coplas de Mingo Revulgo*, en las que se oía la protesta de la clase popular que sufría los abusos y desórdenes de la nobleza. Literariamente la mejor de estas sátiras sociales es la del Arcipreste de Talavera, conocida bajo el título apócrifo del *Corbacho* (1438), en que se atacan los vicios y defectos de las mujeres. Pero su verdadero interés está en el fuerte realismo y humor del cuadro de costumbres que presenta, contribuyendo a la tradición realista que culminará en Cervantes.

La Catedral de León

Arte gótico y mudéjar. A partir del siglo XIII se desarrolla en España el arte gótico, coincidiendo con el avance triunfal de la causa cristiana en la Reconquista y con el resurgimiento de la vida urbana. Entonces se comienzan las grandes catedrales de Burgos, León y Toledo, con sus bóvedas espaciosas para dar cabida al crecido número de fieles que ahora habitan en las ciudades. Era un arte traído de Francia por iniciativa de los reyes y prelados con el deseo de enriquecer la naciente cultura local. Técnicamente, la arquitectura gótica venía a resolver el problema de dar más espaciosidad y luminosidad al interior de los templos por medio de nervaduras y contrafuertes volantes que sostienen las altas bóvedas y permiten aligerar los muros, abriendo en ellos grandes ventanales. Con sus arcos ojivales o apuntados y sus líneas verticales que se elevan al cielo, las nuevas catedrales adquieren una esbeltez y majestuosidad que contrastan con lo reducido y pesado de las construcciones románicas. Pero como suele ocurrir en España con las influencias extranjeras, el gótico adquiere aquí una forma original al ser asimilado por el genio hispánico. Más que en otros países tiende a resaltar lo ornamental, con una exuberancia que parece expresar tanto el fervor religioso como el orgullo en sí misma de la nación que sostenía una lucha multisecular contra el Islam. Aunque se opone al arte árabe, tan delicado y sensual, por su imponente solidez, los

---

[14] Sólo un poeta de este grupo debe recordarse aquí, Jorge Manrique, por haber compuesto uno de los mejores poemas de la lengua castellana, las *Coplas por la muerte de su padre* (1476), elegía que refleja no sólo un dolor personal sino el sentimiento de la época ante la fugacidad de la vida y las vanidades cortesanas.

La Catedral de Burgos

dos artes peninsulares comparten el mismo gusto por la riqueza ornamental. El gótico tiende a trabajar la piedra y el hierro al estilo de los orfebres, con efectos de filigrana, lo que traerá a partir del siglo XV su degeneración con el llamado gótico 5 *florido*, en que la exagerada ornamentación hace olvidar la severa estructura original.

Alhambra: el Mirador de Lindaraja

Alhambra: sala de los Baños

Lo más original del arte medieval español es, sin embargo, la combinación del estilo ojival y árabe que se llama *mudejarismo*, por haberlo creado los mudéjares o musulmanes que quedaron bajo la dominación cristiana al extenderse la Reconquista. Cuando
5 se construyen edificios civiles y religiosos en la zona recuperada, se suele emplear a los moros, que eran buenos constructores y se contentaban con salarios bajos a cambio de la protección de sus nuevos señores. Se usan también los materiales propios del arte musulmán (ladrillo, madera y yeso) que resultaban más económi-
10 cos, con lo cual estas construcciones tienen algo de la ligereza típica del arte musulmán y de su riqueza ornamental, con peque-ños arcos de herradura, azulejos en las paredes y artesonados (techos de madera en forma de artesa invertida), a veces dorados y con profusa labor de lacería.
15 Surgen así iglesias de estructura gótica pero ejecutadas por musulmanes, que les superponen su propio sentido decorativo, empleando incluso frases arábigas en honor de Alá y de su pro-feta como adorno de las paredes, según era su costumbre, y acaso para tranquilizar un poco su conciencia al construir tem-
20 plos cristianos.[15] Un fuerte influjo ejerció en esta moda mudéjar el arte suntuoso y ornamental de la Alhambra de Granada (siglo XIV), cuyo brillante interior parecía evocar el ambiente de *Las mil y una noches*, y que ha sido descrito como « la más sorprendente escenografía que hayan nunca dispuesto los hom-
25 bres ». Los reyes y magnates quieren imitar en sus palacios ese

[15] Hay ejemplos de mudejarismo por toda España, pero particularmente en los primeros reinos árabes ocupados, como Toledo y Zaragoza. Uno de los mejores es la sinagoga de Santa María la Blanca (Toledo).

arte que representa el máximo lujo de la época, encargando a los artífices mudéjares su construcción.[16] El predominio que este arte mudéjar ejerce en esta época final de la Edad Media contribuye poderosamente al gusto por lo ornamental en el arte español, que en el Renacimiento producirá el estilo plateresco, con sus fachadas clásicas cubiertas de adornos florales y geométricos, y más tarde culminará en la orgía decorativa del barroco.

[16] Como el Alcázar de Sevilla, mandado construir y decorar al estilo árabe por Pedro I *el Cruel* en 1364.

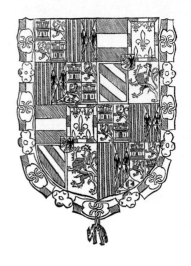

Segunda parte

ESPAÑA COMO NACIÓN

VI La época de los Reyes Católicos

[1479-1517]

HACIA LA UNIFICACIÓN NACIONAL

La unión personal de Castilla y Aragón.   El reinado de los Reyes
Católicos es sin duda el más decisivo en la historia de España.
El enlace matrimonial de Isabel de Castilla y Fernando de Aragón
trae consigo el enlace político de los dos principales reinos de
la Península, primer paso hacia la unificación de la nación espa- 5
ñola, y la creación del más fuerte Estado nacional de Europa.
En esa tarea unificadora los Reyes se enfrentaron con ciertos
problemas parecidos a los de los demás Estados europeos y con
otros peculiares de la Península.

  La unión de Castilla y Aragón por este enlace de Fernando e 10
Isabel no fue accidente casual, sino la culminación de una tendencia a unir los reinos peninsulares mediante alianzas dinásticas
iniciada por la dinastía castellana de Trastámara. Isabel y Fernando
eran primos, como resultado de esas alianzas matrimoniales, y
el primer obstáculo que encontró su casamiento fue la oposición 15
del rey de Castilla, hermano de Isabel, por su rivalidad con Aragón, y la del Papa, que por ser aliado del rey niega la dispensa
de parentesco a los príncipes y luego los excomulga por casarse
sin ella. Su firme determinación, sin embargo, superará estos
obstáculos iniciales que hubieran hecho vacilar a personas menos 20
enérgicas, y al fin verán su matrimonio legitimado y ellos pre-
miados por el Papa con el título de *Reyes Católicos.* Cuando, tras

la muerte del hermano, Isabel ocupa el trono de Castilla (1474), una parte de la nobleza se alza en armas y provoca una de las típicas guerras civiles españolas en apoyo del candidato al trono que los nobles esperaban poder dominar mejor.

5 El efecto que toda esta oposición inicial tuvo en los Reyes fue un ardiente deseo de robustecer la autoridad real, que será el objectivo básico de su política. Sólo ahora, con la acción combinada del rey de Aragón y la reina de Castilla, se hace una realidad el poder teórico de la corona, y en unos treinta años se crea una 10 monarquía fuerte que trasforma el caótico y débil Estado feudal en un Estado absolutista moderno. Su plan consistió, ante todo, en aumentar el poder de la corona como medio de imponer orden y hacer justicia, pero indirectamente se fue también forjando la unidad política nacional, aunque ésta no viene hasta después 15 de los Reyes Católicos. Lo que éstos construyen es un Estado autoritario, no unitario. Su símbolo, el yugo y las flechas, indica que buscaban la unión dentro de la diversidad. Es una unión personal de los dos reinos, pero conservando sus lenguas, leyes y administración separadas. Ni siquiera existe una ciudadanía 20 común, y los súbditos de un reino son extranjeros en el otro, donde no pueden ejercer cargos públicos. Aragón siguió poseyendo a Nápoles, y es Castilla la que adquiere Granada y más tarde las Indias. El lema que preside esa unión de dos Estados iguales es « Tanto monta, monta tanto, Isabel como Fernando ».

Todo lo cual indica lo difícil que era unificar estos reinos peninsulares después de varios siglos de separación y aun rivalidad. Y la fórmula federal que se adopta es la que ya existía en el reino de Aragón, formado por Estados autónomos (Aragón, Cataluña, Valencia) bajo una corona común.

La hegemonía castellana. A pesar de esta igualdad jurídica, de hecho el centro político de la federación se desplaza pronto hacia Castilla, que asume así la hegemonía en la unificación nacional. La causa principal de esto, aparte de su posición central y de su mayor población,[1] está en que Castilla poseía la tradición monárquica más fuerte por haber mantenido, al menos en teoría, el principio romano de la supremacía del soberano, mientras que en Aragón el sistema feudal más desarrollado ofrecía mayor resistencia al poder real. Por otro lado, la tarea de liquidar la anarquía feudal era más urgente en Castilla, como la reciente guerra civil había demostrado. Por eso, al crearse una monarquía absoluta como base del Estado nacional es Castilla la que primero queda sometida al poder de la corona y convertida en base político-militar de la federación presidida por los Reyes Católicos, y más tarde del Imperio. El posible conflicto entre Aragón y Castilla por la supremacía queda resuelto pacíficamente porque ambos soberanos tenían la misma aspiración común de engrandecer el poder real y Castilla ofrecía el camino más fácil de conseguirlo. No fue el espíritu ambicioso ni centralista de los castellanos quien impuso por la fuerza la unificación peninsular, sino que Castilla fue utilizada como instrumento pasivo por la nueva monarquía absoluta para afirmar y extender su poder.[2]

La reorganización del Estado bajo el poder real. El plan de fortalecer la autoridad real exigía una serie de medidas prácticas que limitasen el poder de los distintos elementos feudales para concentrarlo en la monarquía. Según el nuevo concepto renacentista del Estado, el monarca representa la soberanía de la nación, y su misión esencial es mantener el orden y proteger a todos los súbditos por igual. Éste fue el ideal que encarnaron los Reyes Católicos mejor que nadie y que hizo tan popular la causa monár-

[1] Calcúlase en unos 7 millones, o 2/3 de la población peninsular.
[2] Es significativo que Fernando de Aragón tomase desde el principio una actitud castellanizante, comprometiéndose a residir siempre en Castilla, usando a veces el castellano hasta en su correspondencia con los súbditos catalanes, y llevando tropas principalmente castellanas a defender en Italia los intereses tradicionales de Aragón.

quica en su lucha antifeudal. Lo típico de estas reformas políticas fue, sin embargo, su respeto a las formas legales y a las instituciones tradicionales. La supremacía real no se empleó para crear un Estado centralista, como en Francia o Inglaterra.

5   La primera y más urgente tarea era restablecer el orden y la justicia, reprimiendo el poder de la nobleza que mantenía al país en estado de perturbación continua. La guerra civil justificó algunas medidas radicales, como la destrucción de castillos feudales y la subordinación a la corona de las poderosas Órdenes

10 Militares,[3] pero en general los reyes se limitaron a castigar los delitos de la nobleza sin respetar privilegios. Al mismo tiempo les ofrecen honores y cargos palatinos, incluso con sueldo, trasformando así a los magnates feudales en cortesanos. Las funciones de gobierno, en cambio, se encomendaban a los letra-

15 dos y soldados de la clase media, fieles servidores de la corona a la que todo lo debían.

    Un problema parecido de orden público presentaba la vida de los municipios, regidos por facciones oligárquicas de hidalgos que perturbaban la paz con sus rivalidades y perjudicaban la

20 economía local con su corrupción y mala administración. Los Reyes no tienen por ello dificultad en aumentar el control central para restablecer el orden y suprimir una autonomía municipal que estaba ya en decadencia. El método empleado fue enviar a las ciudades castellanas funcionarios reales, como los *corregidores*,

25 con amplios poderes para controlar a las autoridades locales, hacer justicia imparcial y velar por los ingresos de la corona. En esto también los intereses del absolutismo real coincidían con los del pueblo, que podía vivir y trabajar más tranquilo. Pero tales reformas centralizadoras se hicieron cautelosamente como

30 simples mejoras del sistema municipal, dejando en pie las instituciones tradicionales, ya muy desvitalizadas.

    Igualmente las Cortes son utilizadas primero para someter con su apoyo a los nobles, pero más tarde los reyes las convocan sólo cuando necesitan subsidios extraordinarios para la guerra

35 o buscan el reconocimiento solemne del heredero al trono. Aunque siguen existiendo, pues, pierden de hecho toda influencia política.

    Una de las debilidades del monarca medieval había sido la falta de un ejército propio que oponer a las fuerzas armadas de

40 la nobleza que en la teoría feudal debían estar al servicio del

---

[3] Creadas durante la Reconquista para luchar contra los moros, habían acumulado grandes territorios y riquezas que empleaban para influir en la vida política.

rey. Los Reyes Católicos organizan por ello el primer ejército nacional, con servicio militar obligatorio y dependiente del Estado, no de los nobles o de los municipios. Su mando se concede a soldados profesionales, como el Gran Capitán Gonzalo de Córdoba, quien revoluciona el armamento y la táctica susti- 5 tuyendo la pesada caballería feudal por una infantería de mayor movilidad, apoyada por el fuego de una poderosa artillería. Ésta es la fuerza militar que servirá de instrumento a la expansión imperial y llegará a ser la más temida de Europa en el siglo XVI.

Una reforma indispensable para hacer efectiva la hegemonía 10 real y desarrollar las demás empresas de la monarquía era la reorganización de la Hacienda, a fin de remediar la tradicional pobreza del tesoro real. Se empezó por recuperar las tierras y rentas cedidas por los reyes anteriores a la nobleza; se suprimieron muchas exenciones fiscales de los nobles, que por primera 15 vez tienen que pagar impuestos; se hizo más eficaz la recaudación de los tributos ya existentes, en vez de crear otros nuevos (cosa siempre impopular). El éxito de esta discreta reforma fiscal fue tal que en 40 años aumentan los ingresos del Tesoro de menos de un millón a 26 millones de reales. 20

El desarrollo de la economía nacional también formó parte del programa renovador de los Reyes. Las mejoras sociales en favor de los campesinos, liberándolos de su estado semiservil, y protegiéndolos contra los abusos de los señores feudales, respondían ante todo al deseo de favorecer la producción agrícola, 25 aunque de paso aumentase también la popularidad de la monarquía. Sin embargo, en el conflicto entre la agricultura y la ganadería fue ésta la que salió ganando. Siguiendo la tradición castellana que había convertido la Mesta o asociación feudal de ganaderos en la principal fuerza económica del país, los Reyes la 30 protegen por ser la venta y exportación de la lana una de las mejores fuentes de ingresos del Tesoro. Pero a cambio de esa protección los Reyes ponen la poderosa Mesta bajo su control y reciben de ella valiosa ayuda financiera.

La misma protección real se aplica a la industria y al comercio, 35 que alcanzan ahora su máxima prosperidad en Castilla. Se suprimen las barreras aduaneras dentro del país, se mejoran los caminos, se conceden subsidios a los navieros y privilegios especiales para las ferias y mercados, todo lo cual hace progresar al comercio y contribuye a unificar económicamente al país. 40

La industria más importante fue la de tejidos de lana, basada

en la abundante ganadería de la Mesta, que podría haber sido
la base de una gran industria nacional si se hubiera mantenido
la necesaria protección contra la competencia extranjera. Pero
el Estado no quería perder los amplios ingresos arancelarios
5 que la exportación de la lana reportaba y la economía española
siguió basándose en la exportación de materias primas y en la
importación de manufacturas. Por otro lado el exceso de regla-
mentación con que el Estado quiso evitar fraudes y deficiencias
dificultó también la libre expansión de la industria local.
10 En Cataluña se acentúa ahora la decadencia económica al
perder los mercados de Levante con los ataques turcos en el
Mediterráneo y el descubrimiento de América, que desplaza el
centro comercial y marítimo al Atlántico. Por ser el descubrimiento y la colonización empresa de Castilla, es ésta la que
15 monopoliza el comercio de América desde Sevilla, a expensas
de Barcelona.

La unificación espiritual. En todas las reformas anteriores los Reyes Católicos siguieron una política parecida a la de Francia e Inglaterra con el propósito de transformar la débil estructura feudal en un fuerte Estado moderno bajo el poder absoluto de la monarquía. Sin embargo, no crearon un Estado único y centralizado sino una federación de Estados autónomos, con instituciones y leyes separadas pero unidos por la corona. Era una solución moderada al problema de la integración política, impuesta por la formación independiente de los reinos peninsulares durante la Reconquista y su fuerte espíritu regional. En cambio, como compensación a esta falta de unidad política, los Reyes Católicos tratarán de unificar el espíritu colectivo ofreciendo a los súbditos de todos sus reinos una empresa común, una misión histórica capaz de despertar el entusiasmo general. Se revive ahora el espíritu de la Reconquista al imponer la unidad de fe y completar la unificación territorial, eliminando el reducto musulmán de Granada, y después continuando la expansión fuera de la Península. Las conquistas territoriales servían para canalizar las energías nacionales en una causa común, en vez de disiparlas en luchas civiles. Y al apelar al espíritu de sacrificio y al orgullo de la raza para acometer tales empresas se iban consolidando los lazos de unión entre todos los españoles. En esta tarea colectiva Castilla tiene el papel dominante, en gran parte porque el carácter idealista y fanáticamente católico de Isabel reflejó fielmente el sentimiento popular. Para ella la unificación religiosa era tan importante como el fortalecimiento de la monarquía y se dedicará a conseguirla con la misma energía y mano firme.[4] (En contraste con su esposo Fernando de Aragón, a quien no movía el ideal religioso, sino sólo la expansión del poder político de la monarquía.) El resultado será la rápida unificación espiritual de los españoles, creando un estado de unanimidad nacional basada en la defensa de la fe, la patria y el rey.

La Inquisición. Ésta fue uno de los instrumentos más eficaces de esa unificación religiosa y al mismo tiempo de la extensión del control real al campo eclesiástico. Porque aunque la Inquisición había sido establecida por Roma en el siglo XIII para

---

[4] En su famoso testamento se revela bien ese aspecto de su personalidad al recomendar a sus sucesores la defensa de la fe, apoyando siempre a la Iglesia, y la continuación de la Reconquista luchando contra los infieles en África del Norte. Con ella se inicia la idea de propagar el catolicismo como misión nacional.

perseguir herejías, su novedad ahora es que se reorganiza a petición de los Reyes (1478) como organismo dependiente directamente de la corona y no del Papa. Como en los demás organismos estatales, los reyes asumen el nombramiento de los cargos de este Tribunal del Santo Oficio, desde el de Inquisidor General hasta el más bajo empleado, regulando sus atribuciones y salarios. Con ello la corona adquiere un poderoso órgano judicial para reprimir la herejía, que pronto será considerado, al aparecer el protestantismo, tanto delito de traición al Estado como a la Iglesia.

El motivo inicial de la Inquisición española había sido defender la fe católica contra los falsos conversos, principalmente los *marranos* o judíos que habían simulado aceptar el catolicismo para protegerse del creciente odio popular. No fue una institución opresora impuesta al pueblo por el fanatismo de la Iglesia, sino una expresión de la voluntad del pueblo (que acude a los *autos de fe* como a un gran espectáculo público). Satisfacía el resentimiento tradicional contra los moros y los judíos que seguían prosperando en la tierra española, protegidos por los poderosos. Y cuando las víctimas son protestantes, el pueblo no considera que la Inquisición extermina a cristianos disidentes, mártires de la libertad espiritual, sino a falsos cristianos que además eran o podían ser traidores a la patria. Es el mismo espíritu de intolerancia y persecución que se extiende a toda la cristiandad en esta época de guerras religiosas, especialmente a partir de la Reforma.[5] No se pretende con ello justificar la Inquisición, que moral y cristianamente es indefendible, sino entenderla históricamente y con la mentalidad de su época. Así, no fue característica exclusiva suya, como suele pensarse, el uso del tormento, sino que éste era el método común de hacer confesar al acusado en todos los tribunales europeos. Pero la propaganda de los enemigos de la Iglesia católica y del Estado español, cuando éste se convierte en una amenaza para el resto de Europa, utiliza la Inquisición como una de las bases de la « leyenda negra » antiespañola.

Uno de los temas más debatidos de la historia del pueblo español es el de los efectos de la Inquisición en su desarrollo cultural. Mientras que sus defensores la justifican como un

---

[5] Baste recordar la condena de sabios como Giordano Bruno y Galileo en Italia, la matanza de hugonotes en París, la persecución de católicos y puritanos en Inglaterra, o el detalle significativo de que el hereje español Miguel Servet fuese quemado en la hoguera, no por la Inquisición sino por los calvinistas de Ginebra.

La Virgen de los Reyes Católicos (anónimo)

remedio duro pero necesario para salvar a España de las desastrosas guerras religiosas que sufrieron otros países, sus detractores le atribuyen la asfixia del pensamiento libre y la paralización y decadencia de la cultura española. Un examen objetivo de la cuestión obliga a reconocer que si la Inquisición salvó a España de las guerras religiosas, también mantuvo el espíritu de intolerancia cuando éste fue sustituido por la convivencia de credos en los demás Estados modernos. Y aunque la Inquisición no impidió el cultivo de las ciencias ni demás disciplinas ajenas al tema religioso, sí debilitó el espíritu crítico y la indagación de nuevas ideas, apagando la curiosidad intelectual por un vago temor a hacerse sospechoso de herético y tener que defenderse de acusaciones que, aunque infundadas, podían suponer molestias y aun largos encarcelamientos hasta probar su falsedad. La decadencia intelectual sobrevendrá más tarde, no tanto por la persecución de ideas nuevas como por la falta de ellas, ahogadas en una atmósfera poco favorable al pensamiento libre.[6] La Inquisición no fue realmente la causa, sino más bien el síntoma de un estado colectivo del espíritu nacional que venía a ser la culminación triunfal de la Reconquista y que, como ésta, tenía por base la defensa de la religión nacional, deber patriótico y hasta personal de todo « buen » español, al cual se subordinan otros intereses materiales y culturales.

[6] Así, p.ej., las matemáticas y las ciencias físicas, todavía cultivadas en el s. XVI, decaen después bajo el estigma de ser *novedades* de los países protestantes.

Desde el punto de vista político, la Inquisición tuvo también un papel importante como medio legal de extender la autoridad real. Era el único órgano judicial común a todos los reinos hispánicos y por tanto utilísimo para perseguir, so pretexto de
5 herejía, a cualquier vasallo rebelde dondequiera que se hallase, sin tropezar con las barreras jurisdiccionales que limitaban la acción de la justicia ordinaria. De ahí la breve pero firme oposición que halla la Inquisición en Aragón, por temor a perder su autonomía judicial, temor que tendrá su más resonante confirmación
10 cuando Felipe II quiere perseguir a su secretario Antonio Pérez (1585), refugiado en territorio aragonés, y tiene que recurrir al Santo Oficio para quebrantar su santuario legal.

La conquista de Granada y la expulsión de moros y judíos.   La unificación nacional no podía completarse sin resolver el viejo pro-
15 blema de las dos minorías raciales y religiosas que subsistían en la Península : los musulmanes y los judíos. El primer paso fue terminar la interrumpida Reconquista sometiendo el reino moro de Granada a la corona de Castilla. Tras una guerra de once años, en que los moros defendieron bravamente el último reducto
20 de su patria española, la sitiada capital se rindió sin asalto, por un acuerdo de capitulación que respetaba la religión, libertad y costumbres de los vencidos como « buenos vasallos y servidores » del nuevo monarca, a cambio sólo de un tributo. Se seguía así la política tradicional de la Reconquista, sometiendo al
25 moro pero sin exterminarle, y confiando en lograr su conversión por la persuasión pacífica. Pero los moros siguieron siendo rebeldes, abierta o secretamente, y estaban dispuestos a cooperar con los turcos en una nueva invasión musulmana de la Península. Para evitar tal peligro y acelerar su asimilación, el cardenal
30 Cisneros les impuso la conversión forzosa, con bautizos colectivos

El cardenal Cisneros

y quema de libros mahometanos, rompiendo así la promesa de tolerancia y provocando una sublevación general en las montañas de las Alpujarras. Ante tal rebeldía los Reyes Católicos adoptan su típica política autoritaria y en 1502 obligan a salir de España a todos los que rehusan la conversión.[7] Surge así la clase de los *moriscos*, conversos insinceros en su mayoría, a los que la Inquisición debe descubrir y castigar. Pero la política asimilista fue un fracaso, y todo el siglo siguiente se siente el peligro de mantener esta minoría hostil (cerca de un millón) que era un potencial aliado de los enemigos de España, especialmente de los turcos y africanos que atacaban continuamente las costas españolas; hasta que la expulsión de todos los moriscos se impuso en 1609 como inevitable medida de seguridad interior.[8] En buena lógica política y militar, lo extraño es que la expulsión no se hubiese hecho mucho antes,[9] pero ello se explica por los desastrosos efectos económicos que tendría para el país, al perder con los moriscos gran número de campesinos, artesanos y pequeños comerciantes.

Con el mismo fin de completar la unificación religiosa se dispuso la expulsión de los judíos que no quisiesen convertirse

[7] Medida que no se aplicó todavía a Aragón, donde los señores se oponían a perder los vasallos moros que cultivaban sus tierras.

[8] Durante la sublevación de las Alpujarras, los moros granadinos reciben ayuda del sultán de Egipto, y más tarde los moriscos de Aragón ofrecen un ejército de 80.000 hombres al rey de Francia contra Felipe II.

[9] Recuérdese que Francia e Inglaterra habían expulsado ya a sus judíos dos siglos antes.

Bautismo de moros

Expulsión de los moriscos

al catolicismo, hecho ocurrido a los tres meses de conquistada
Granada (1492). La relación de fechas es significativa, pues
hasta la conquista los Reyes habían recibido tributos especiales
de los judíos en su papel tradicional de ricos proveedores del
5 Tesoro. Al fin los Reyes cedían al odio popular y eclesiástico
contra los judíos que ahora coincidía con el nuevo ideal de unificación política y religiosa. Se abandona así la antigua tolerancia
racial de los reyes y magnates de España hacia una minoría tan
útil como eran los cultos y prósperos *sefarditas* españoles, entre
10 los que había un alto porcentaje de comerciantes y financieros
que cubrían las necesidades del Estado, bien pagando crecidos
impuestos o recaudándolos como agentes fiscales. Incluso la
Iglesia les encomendaba a veces el cobro de sus diezmos y rentas.
Como recaudadores de impuestos podían denunciar y multar a los
15 que no pagasen a tiempo; como prestamistas podían cobrar
intereses usurarios que estaban prohibidos por la Iglesia a los
cristianos. Todo lo cual explica el antisemitismo popular que tuvo
su más violenta explosión en las matanzas de 1391, mientras que
los reyes y la nobleza protegen a unos judíos cuyo dinero y ser-
20 vicios les son indispensables.[10] Por iniciativa de Isabel, que recoge
ese sentimiento antisemita del pueblo e impone a su esposo la
idea de la Inquisición y de la expulsión, ésta se dicta contra
todos los que rechacen la conversión, por el peligro de proseli-
tismo que los judíos representan para la fe católica, según el

[10] Todavía en 1481 el rey Fernando de Aragón protesta contra los ataques de
cierto clérigo a los judíos, los « cofres nuestros », como él los llama.

decreto oficial. La persecución tuvo, pues, un carácter religioso y social, no racial, y muchos de los conversos y sus descendientes llegaron a ser figuras prominentes del Estado e incluso de la Iglesia.[11] Calcúlase en unos 165.000 los sefarditas que prefirieron el destierro a la conversión, llevándose consigo el recuerdo orgulloso de una patria donde tanto poder y prestigio habían alcanzado, y diseminándose por los Balcanes, Grecia, Turquía y África del Norte, donde todavía conservan el castellano arcaico y los romances populares del siglo XV.

HACIA LA EXPANSIÓN IMPERIAL

La política africana y europea. La política básica de los Reyes Católicos fue, como hemos visto, robustecer el poder del Estado, representado por la monarquía. En el orden interno esto representó los primeros pasos hacia la unificación nacional; en el orden externo, las bases de la futura expansión imperial al tratar por todos los medios posibles, diplomáticos y militares, de proteger al Estado contra sus rivales de fuera. Y así como la reina Isabel fue el espíritu dominante en la unificación interior, es el rey Fernando quien, siguiendo la tradición imperial de Aragón, dirige la política exterior y quien representa la ambición de fortalecer el Estado a costa de sus vecinos hasta convertirlo en gran potencia europea.

Los dos principales obstáculos a la integridad territorial de la nación y su expansión exterior eran el Islam por el sur y Francia por el norte. De aquí la conquista de Granada, seguida de la campaña para ocupar la costa norteafricana, como medio de protegerse contra futuros ataques musulmanes. Esta política africana tampoco era nueva, sino continuación natural de la Reconquista, y tenía ya sus precedentes en los intentos de los visigodos y de los árabes por mantener su dominio en ambos lados del Estrecho de Gibraltar. El resultado de la campaña fue ocupar plazas estratégicas tan importantes como Melilla, Orán y Argel, la primera permanentemente. Su inspirador fue el cardenal Cisneros, quien la concibe como una cruzada de expansión por el interior de África en engrandecimiento tanto del Estado español como de la cristiandad. Mas a Fernando no le interesaba tal cruzada, sino sólo el control de la costa enemiga

---

[11] Como Fray Hernando de Talavera, confesor de la reina Isabel y arzobispo de Granada, y el propio inquisidor Torquemada.

El cardenal Cisneros y las tropas desembarcan en Africa para ir a la conquista de Orán

como medida de seguridad nacional y punto de apoyo contra sus rivales europeos. Por eso Cisneros se retira, abandonando su grandioso plan, y la expansión africana es sustituida por las empresas militares de Europa y América.

5 El principal rival europeo de España era Francia, contra la cual se orienta directa o indirectamente toda la política exterior de Fernando el Católico. Era también una continuación de la rivalidad secular entre las monarquías francesa y aragonesa, que en este momento se disputaban el control de Rosellón y 10 Cerdaña (al norte de los Pirineos), de Nápoles y de Navarra. Con la conquista de esta última (1512) se completa la unificación territorial, quedando Navarra bajo la hegemonía de Castilla pero conservando sus instituciones y completa autonomía regional; es decir, aplicándole el mismo principio federativo 15 que regía en los demás reinos peninsulares, sin centralismo opresor.

Para aislar a Francia, Fernando usa primero intrigas y combinaciones diplomáticas, como los matrimonios dinásticos, mientras se ocupa de consolidar su poder interior. Uno de esos 20 enlaces fue con Portugal, para completar la unidad peninsular; otro con la casa imperial de Habsburgo, que traería la unión de España y el Imperio; otro con Inglaterra, casando a Catalina

111

de Aragón con el príncipe Arthur. Cuando al fin Francia trata de romper este aislamiento apoderándose de Italia, España luchará allí durante casi un siglo para mantener su hegemonía europea; hasta que en el siglo XVII la supremacía pasa a Francia, acompañada de la decadencia política de España.   5

El irónico destino quiso, sin embargo, que toda la hábil labor diplomática de los Reyes Católicos peligrase a última hora por la muerte de sus herederos. Solamente quedó Juana *la Loca,* incapaz de reinar, casada con Felipe *el Hermoso*, hijo del emperador de Austria. La muerte prematura de Felipe hizo pasar la corona 10 española a su hijo Carlos de Gante, el futuro emperador de Alemania, con el riesgo de que subordinase los intereses del Estado español a los del Imperio.

 ***La conquista y colonización de América.***   La más impresionante adición al futuro Imperio español no provino de ningún calculado 15 plan político, sino del inesperado descubrimiento de América, hecho que había de revolucionar el curso de la historia mundial. La conquista y la colonización de las Indias representan, sin duda, la empresa más grande del pueblo español, y como tal debemos fijarnos un poco en su significación esencial.   20

En primer lugar no fue un accidente que sólo los Reyes Católicos apoyasen la iniciativa del descubrimiento, propuesta antes por Colón a otros reyes europeos. La Península estaba reviviendo en ese momento el espíritu de la Reconquista, combinando el fervor de la cruzada religiosa con el sueño de la 25 grandeza imperial, y el plan colombino ofrecía la posibilidad de atacar al Islam por detrás, en alianza con un mítico Gran Kan, a quien se creía cristiano, y de propagar el cristianismo en Oriente junto con el provechoso comercio de oro y especias, cortado por los turcos en Constantinopla. Colón tuvo la habilidad de 30 presentar su proyecto como la cruzada final contra el enemigo tradicional de España y de la cristiandad, y eso más que nada sedujo a los Reyes Católicos. A ningún otro país hubiera interesado entonces ese aspecto religioso de la empresa como a España.[12]

[12] Por eso fueron los frailes y misioneros quienes más contribuyeron a persuadir a la reina Isabel en favor de Colón frente a las objeciones técnicas de los profesores de Salamanca que estimaban el plan utópico. Igualmente significativa es la influencia que tuvo el judío converso Luis de Santángel, como Contador Mayor del Tesoro, en convencer al práctico rey Fernando de las posibles ventajas materiales que ofrecía el proyecto.

A este propósito religioso con que se concibe la conquista de
las Indias se añade pronto el mercenario de enriquecerse, pero
aquél siguió imprimiendo a la empresa un carácter único que
no tuvo la colonización de ningún otro imperio europeo, y que
5 se anticipa en muchos aspectos al concepto moderno sobre
el trato de los pueblos coloniales. Esa doble motivación de salvar
almas para la fe y de ganar riquezas para uno mismo como
recompensa al esfuerzo individual es un reflejo del espíritu de
la Reconquista, que se continúa en la conquista de América y
10 nos da la clave para entender el verdadero significado de ésta.
Fue en efecto una conquista militar y religiosa a la vez. Junto
a los soldados va siempre la cruz de los frailes. Como en la
Reconquista, se ofrecían muchas oportunidades de enriquecerse
a costa de los indígenas, tomándoles las tierras y sirviéndose
15 de su trabajo, pero también corriendo serios peligros y sufriendo
grandes privaciones. Para ello la codicia del oro no era el único
estímulo, sino también el orgullo de sacrificarse por la patria
y la religión. Con la misma indomable voluntad con que sus
antepasados habían reconquistado la Península contra un enemigo
20 muy superior, hacen ahora paso a paso la conquista de un continente estos hidalgos y campesinos ambiciosos de gloria y riquezas.
Fue la obra de hombres sólo, no de familias colonizadoras, y
por iniciativa individual, no como empresa organizada por
el gobierno.

Dominios de Felipe II

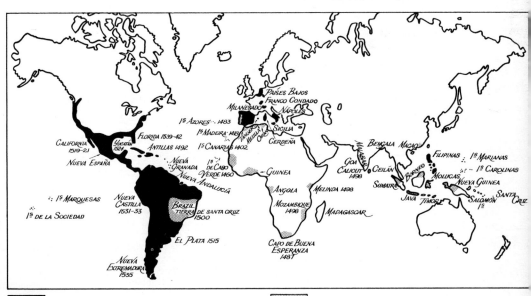

ESPAÑOLES   PORTUGUESES

Ilustración de la Carta de Colón sobre el descubrimiento de América (1493)

Consecuencia importante de este carácter de la conquista como prolongación de la Reconquista medieval fue el hecho de tratar a los indios como súbditos libres de la Corona y no como esclavos, según la práctica usual entonces. Colón mismo empezó haciendo esclavos a los indios, pero la reina prohibió tal esclavitud (por vez primera en Europa) y los puso bajo la protección real. Este trato tenía el precedente de los moros conquistados que pasaban a ser vasallos del rey, pero sobre todo obedecía al concepto cristiano según el cual todos los hombres son esencialmente iguales como hijos del mismo Dios.[13] Uno de los resultados más notables de este sentido igualitario del español fue la mezcla de razas que había de formar la población mestiza hoy predominante en Iberoamérica, resolviendo así el problema racial. Claro que hubo también crueles abusos por parte de los conquistadores que trataron de enriquecerse explotando a los indios; pero ello representaba un defecto del sistema, no el

[13] La declaración dirigida a los indios por el conquistador Alonso de Ojeda al desembarcar en las Antillas (1509) expresa claramente esa actitud igualitaria de los españoles, tan en contraste con la superioridad racial sentida por los demás europeos colonizadores : « Dios nuestro Señor, que es único y eterno, creó el cielo y la tierra, y un hombre y una mujer de los cuales vosotros, yo y todos los hombres que han sido y serán en el mundo, descendemos » Esto no lo decía un fraile, sino un soldado, obligado por la ley a enseñar a rezar a los indios.

sistema mismo, y fue duramente condenado por los misioneros españoles, como el Padre Bartolomé de las Casas, « Apóstol de las Indias », que con su campaña logró poner límite a ciertos abusos.[14]

5 El mismo espíritu humanitario inspiró las Leyes de Indias que desde 1500 habían proclamado la libertad del indio y que llegaron a constituir el código colonial más adelantado que ha existido hasta nuestros tiempos. Con una actitud tutelar hacia el indio, considerándole como menor de edad necesitado de protección,
10 las leyes establecen condiciones humanitarias de trabajo que no existían en la legislación de ningún otro país. En la práctica, sin embargo, hubo dificultad para aplicar estas excelentes disposiciones por la falta de un sistema eficaz de supervisión oficial a tan gran distancia y, sobre todo, por la necesidad económica de
15 un trabajo manual que no era posible obtener voluntariamente de los indios. El mismo gobierno que deseaba abolir la explotación por motivos religiosos contribuía a mantenerla por motivos económicos al exigir la quinta parte de las rentas producidas por los indios. Incluso el humanitario Las Casas hubo de proponer
20 la importación de esclavos negros (usual entonces) como medio de resolver el problema de la producción y salvar a los indios, de constitución menos robusta. Tampoco era fácil tolerar unas costumbres indígenas que incluían el canibalismo y la idolatría de dioses sanguinarios, a los que se ofrecían sacrificios humanos
25 en masa. Para los españoles la alternativa no era entre dos civilizaciones, sino entre la civilización suya, por la que habían luchado varios siglos en la Reconquista, y la barbarie. Dada la base religiosa de la conquista, hubiera sido además impío tolerar tal idolatría.

30 La colonización española tuvo un carácter propio y original que la distingue de otras colonizaciones posteriores, como la inglesa o la holandesa. No se propuso, como éstas, explotar las colonias en beneficio de la metrópoli, preservando las culturas indígenas sin mezclarse con ellas, sino crear nuevas Españas.
35 Las Indias no fueron nunca colonias, sino provincias consideradas como una extensión del territorio peninsular, con igual sistema

---

[14] Como el de las *encomiendas*, institución medieval por la que el rey concedía a un conquistador tierras con un cierto número de indios para trabajarlas, a condición de protegerlos y convertirlos, sistema que degeneró al querer sacar el máximo provecho del indio. Muchas de las críticas de Las Casas se sabe hoy que eran exageraciones de un propagandista apasionado aunque bien intencionado, pero formaron otra de las bases de la « leyenda negra » utilizada por los enemigos de España.

administrativo que la metrópoli. En esto se parece más a la colonización romana, que también contribuyó con su civilización a crear las nuevas provincias del Imperio. España llevó a América toda la civilización que ella tenía, con sus defectos, como la Inquisición, y con sus virtudes, como la cultura universitaria, con la diferencia que aquélla no se aplicó a los indios y ésta sí. Lo característico es que no se establecen dos clases de cultura, una para los dominados y otra para los dominadores, sino que desde el principio trata el clero de educar a los niños indios en escuelas iguales a las españolas, y en 1538 se funda ya la primera universidad en Santo Domingo, seguida pocos años después por las de Méjico y Lima, conforme al modelo del *alma mater* salmantina. El territorio colonial llegó a contar con 11 universidades, desde Méjico a la Argentina. Un arzobispo establece la imprenta en Méjico en 1536, contribuyendo a la gran difusión de libros científicos y de los clásicos greco-latinos. Los españoles traen también su arte, al servicio de la obra evangelizadora, que los indios desarrollan con su gusto por lo ornamental en un estilo colonial característico, construyéndose magníficos templos y palacios comparables a los de la metrópoli. Y no sólo traen los españoles su cultura, sino que estudian la de los indígenas, aprendiendo sus dialectos y componiendo gramáticas y diccionarios con que enseñar castellano y latín a los indios. Se recogen las tradiciones históricas y las costumbres de los indios en obras monumentales como la *Historia general del Nuevo Mundo*, del Padre Sahagún, todavía hoy indispensable para conocer la cultura precolombina de Hispanoamérica. Esta cultura es por ello mucho mejor conocida que la de otras partes del continente, a cuyos colonizadores europeos no interesaron tales estudios indígenas.

El valor de la colonización española no fue crear una organización política justa ni una economía próspera, cosas que España misma no poseía, sino dar su propio espíritu nacional para crear en corto tiempo una nueva civilización hispanoamericana que combina lo occidental y lo indígena en un producto original. Y si al llegar la Independencia se afirmó el particularismo español, con desórdenes políticos y luchas civiles que rompieron la unidad nacional, como en la España medieval, para crear 20 repúblicas independientes, en cambio subsistió la unidad de fe y de cultura con sorprendente firmeza, dando a la América hispana su carácter distintivo.

EL RENACIMIENTO ESPAÑOL

La cultura humanista. Con el reinado de los Reyes Católicos se puede decir que el espíritu del Renacimiento se aclimata y empieza a producir frutos originales en España, inaugurando también la Edad Moderna en la esfera cultural. Los mismos monarcas dan apoyo a este entusiasmo intelectual creando en 5 la corte una *Schola Palatina* para el estudio de humanidades, en la que la propia Isabel participa con los príncipes y a la que se traen prestigiosos maestros del país y del extranjero. El ejemplo es imitado por los nobles, que se rodean de eruditos clásicos, escritores y artistas en sus palacios. Así en el del duque de Alba, 10 cerca de Salamanca, se representan las primeras obras dramáticas de Juan del Encina, el « padre del teatro español ». La invención de la imprenta sirve de estímulo a la difusión de conocimientos y de la literatura.[15] Al propio tiempo se fundaban por iniciativa de la nobleza y del clero nuevos colegios universitarios y cátedras, 15 donde a menudo enseñan profesores extranjeros, y no sólo las letras clásicas sino también las ciencias empíricas. Este espíritu abierto y europeo caracteriza la fase inicial del Renacimiento español, en contraste con la España cerrada y aislada de la segunda época, bajo la Contrarreforma. 20

A pesar de toda esta avidez de conocimientos propia del espíritu humanista, se ha negado por algunos eruditos que España llegase a tener un verdadero Renacimiento, dando como razón que España no se liberó de la tradición medieval, encadenada como estuvo primero por la Inquisición y luego por la 25 Contrarreforma al dogma católico y a la rutina escolástica. Igualmente faltó en España, se dice, el entusiasmo por revivir la antigüedad clásica y el culto de la razón y la naturaleza. Pero esto sólo significa que el Renacimiento tuvo en España un carácter diferente, que consistió precisamente en adoptar los 30 nuevos ideales renacentistas sin romper con sus propios ideales del pasado medieval, especialmente el religioso, con los cuales se había forjado su espíritu colectivo durante la Reconquista.

---

[15] El primer libro impreso parece ser de 1474 (en Valencia), y aunque producido por técnicos extranjeros, como de costumbre, su tema es muy español y medieval : unas poesías en loor de la Virgen María. A fines del siglo XV se había impreso ya doble número de libros que en Inglaterra.

El resultado fue un Renacimiento a la española, de signo religioso y patriótico, que se asimila las corrientes humanistas, pero sin renunciar a su genio propio, y crea por ello en la madurez de su Siglo de Oro una de las culturas más fecundas y originales de Occidente.

En 1492 el humanista Antonio de Nebrija publica su *Arte de la lengua castellana*, que es la primera gramática dedicada a una lengua europea moderna, y un descubrimiento tan importante para el futuro del idioma como el de América para el futuro de la nación. Una de sus reformas se propone, por ejemplo, hacer la lengua fonética, tendencia seguida siempre después. Pero lo más significativo es el ideal patriótico que inspira a este erudito al publicar su obra, expuesto en la dedicatoria a la reina Isabel. Cuando ésta preguntó qué utilidad podía tener tal gramática de una lengua vulgar, Nebrija contesta que « siempre la lengua fue compañera del Imperio », mostrando su certera visión del castellano como instrumento auxiliar del naciente imperio español, « para enseñar la lengua a los muchos pueblos bárbaros que serán vencidos y regidos por las leyes del vencedor...» Esa intuición genial de la futura expansión imperial, que por la fecha no podía referirse a América sino a África, revela la íntima relación con que se veía el desarrollo nacional y el cultural.

Igual que Nebrija pone su erudición humanista al servicio del ideal nacionalista, contribuirá al ideal religioso otra gran obra cultural de esta época : la *Biblia Políglota Complutense*, compuesta en la nueva Universidad de Alcalá de Henares[16] que el

---

[16] De cuyo nombre latino, *Complutum*, se deriva « complutense ».

cardenal Cisneros había fundado en 1508, precisamente para desarrollar los estudios humanísticos, pero como auxiliares de la Teología. Era la primera vez que se imprimían juntos los textos originales de las Escrituras en hebreo, caldeo, griego y latín, enorme tarea para la que fueron reunidos filólogos clásicos y orientalistas que compulsaron manuscritos traídos de toda Europa para establecer los textos auténticos sobre una base científica. La labor, que exigió fundir especialmente muchos de los tipos de imprenta empleados, duró 15 años, y el primer tomo, aparecido en 1514, fue la primera edición que se hacía en griego del Nuevo Testamento[17]. En conjunto, la Biblia complutense representa, como se ha dicho bien, « el mayor monumento del humanismo español y la contribución más valiosa de España al Renacimiento cristiano ».

Una literatura entre medieval y moderna. La literatura de esta época ofrece la misma característica de renovar temas y géneros medievales, vivificados y enriquecidos por el nuevo espíritu renacentista. Ejemplo típico son los *libros de caballerías* que vienen a resucitar el culto por una imaginaria vida caballeresca en que se exalta el honor personal y el sacrificio por un ideal. El héroe es un caballero enamorado en quien se mezclan el heroísmo guerrero de las cruzadas y el amor platónico de la poesía trovadoresca. Es un conquistador de la gloria, cuyas empresas inverosímiles satisfacen el espíritu de aventura y la admiración por el valor individual propios del Renacimiento, pero en un ambiente medieval. El descubrimiento de este género se debe sobre todo a la refundición de una vieja versión de *Amadís de Gaula* hecha en 1508 por un burgués castellano, Garci Rodríguez de Montalvo, con el propósito de resucitar el « arte de la caballería » medieval. Es decir, que cuando la épica ya había desaparecido como género arcaico, resurge ahora su espíritu en estas novelas de aventuras heroicas y galantes que adquieren enorme popularidad en toda Europa (hasta que la sátira hecha por Cervantes contra ellas en el *Quijote* liquida definitivamente el género).[18]

El mismo significado tiene el resurgimiento de los romances medievales en esta época renacentista. Estas canciones tradicio-

---

[17] El texto hebreo se siguió copiando en Europa, sin ser superado, hasta el s. XIX.
[18] El influjo de las novelas de caballerías se extendía a la vida misma, como cuando Carlos V desafiaba a Francisco I de Francia a resolver sus disputas en singular combate al estilo caballeresco, o los conquistadores daban a California un nombre leído en esas novelas cuyas aventuras ellos parecían revivir en la realidad.

nales eran generalmente fragmentos de los viejos cantares de
gesta que se habían trasmitido oralmente de generación en generación, como poesía del pueblo, que ahora se empiezan a imprimir
y se convierten en el cancionero de moda, tanto en la calle como
5 en la corte. Más tarde los poetas cultos los imitan y crean un
nuevo tipo de romance «artístico», más refinado y artificioso,
junto al tradicional. Así surgen los romances *fronterizos* y *moriscos*,
sobre escenas bélico-amorosas de la fase final de la Reconquista,
con tendencia a idealizar la vida y costumbres de los moros de
10 Granada, cuyos sentimientos son los convencionales de los
caballeros y damas de la corte. De esta forma el Romancero
medieval se adaptaba al nuevo gusto renacentista como expresión
directa del espíritu popular que sirve de inspiración a los poetas
cultos para elaborarlo artísticamente. Es una tendencia que se
15 repite en épocas posteriores hasta nuestros días y que representa
una de las características más singulares de la literatura española.

121

Ilustración de « La Celestina »

La obra cumbre de este Renacimiento inicial y la que mejor refleja su espíritu mitad medieval, mitad moderno es *La Celestina*, compuesta a fines del siglo XV por el judío converso Fernando de Rojas. Con ella se inaugura tanto la novela realista como el drama del Siglo de Oro, pues se trata de una tragicomedia en 5 prosa, con una acción y diálogo muy dramáticos, pero desarrollada con tal extensión (21 actos en la última edición de 1502) y con tal crudeza de detalles que no pudo ser concebida como drama representable sino como novela dialogada. Lo que nos presenta es un cuadro naturalista de la vida humana, vista como 10 un juego de pasiones que llevan a la destrucción de los que no saben resistirlas, lo mismo la pareja de jóvenes arrastrados por la pasión amorosa, que la alcahueta y los criados que les sirven de auxiliares, movidos por la codicia. La tradición medieval está visible en el fin moralizador de la obra, escrita como « repre- 15 hensión de los locos enamorados » y « aviso de los engaños de las alcahuetas y malos y lisonjeros criados »; pero lo nuevo y distintivo es la falta de toda referencia religiosa a la vida eterna, como contraste de esta vida terrenal, o a una ley divina que castigue a los pecadores. Es una visión típicamente renacentista 20 y pagana de la existencia humana, como un complejo de impulsos naturales, unos nobles y generosos, otros bajos y egoístas, que se entrecruzan en mezcla confusa de comedia y tragedia, de idealismo y materialismo, sin obedecer a ningún orden moral. En este cuadro pesimista de la vida, cuyos goces acaban en dolor, 25 no hay siquiera el consuelo de la fe en otra existencia mejor. Al sustituir así el sentido religioso de la vida por la observación naturalista de las pasiones humanas, Rojas crea la primera obra literaria española de resonancia universal (se traduce ya al inglés en 1530). Pero por ese mismo carácter pagano y amoral, la obra quedará como algo aislado en España, mirada con esa mezcla de admiración y reserva que Cervantes expresa al describirla como « libro en mi opinión divino, si encubriera más lo humano ». Ese aspecto pagano es lo único que España rechaza del Renacimiento.

El arte renacentista. También en el arte (la arquitectura sobre todo) hallamos la tendencia a combinar la tradición nacional con las nuevas influencias extranjeras. España se abre a los artistas europeos igual que a los eruditos, para aprender de ellos la técnica y estilo modernos, que pronto se asimila dando frutos originales en el Siglo de Oro. El gusto local se impone incluso en los artistas de fuera. Así, al estilo gótico que éstos traían del norte se mezcla el elemento ornamental mudéjar, dando por resultado el llamado estilo *isabelino*, un gótico florido en el que se adorna la severa estructura gótica con cresterías retorcidas, escudos de armas y ornamentos florales. Ejemplos notables de este estilo son los Colegios de San Gregorio y San Pablo (Valladolid), y la Cartuja de Miraflores.

Colegio de San Pablo (Valladolid)

Lo mismo ocurre con el arte clasicista que viene de Italia y que en España aparece tardíamente. Cuando al fin se establece aquí, no es en forma pura sino superponiéndole muchos de esos elementos decorativos del gótico español. Esto será el estilo *plateresco*, así llamado porque la exuberante ornamentación de 5 las fachadas parece imitar la filigrana de los plateros. Modelo de este estilo es la Universidad de Salamanca, cuya fachada de piedra semeja un lujoso tapiz lleno de ricos bordados.

Ambos estilos son la expresión plástica del espíritu. aristocrático y fastuoso del Renacimiento, con la típica tendencia española 10 a imponer la riqueza ornamental, de origen mudéjar, sobre las líneas severas y desnudas del arte importado, tanto gótico como clásico. España tuvo, pues, su arte renacentista, pero no fue mera imitación clasicista sino que le dio un distintivo efecto ornamental. 15

Fachada de la Universidad de Salamanca

VII Auge y ocaso del Imperio español
[1517-1700]

LA POLÍTICA IMPERIAL DE CARLOS V

Una monarquía única y absoluta. Con la inesperada reunión de las
coronas de España y del Imperio en Carlos V (1519) queda formado de pronto el más vasto dominio hasta entonces conocido
en Occidente, integrado por las posesiones de España en América,
5 África del Norte e Italia (herencia materna) y los estados del
Imperio alemán, Flandes y Borgoña (herencia paterna). España
se convierte en gran potencia mundial, bajo un solo monarca,
pero su interés nacional será subordinado a la política imperial.
Carlos llega a España como un joven extranjero, nacido en Flan-
10 des y educado en la corte austriaca, sin saber español y rodeado
de cortesanos flamencos, que reciben los principales cargos
públicos y tratan a España como país explotable. Más tarde
Carlos rectifica tales errores y empieza a españolizarse, identificándose con el pueblo castellano que tan fielmente le sirve en sus
15 empresas imperiales, adoptando el español como lengua preferida
incluso en las reuniones internacionales, y acabando sus días
retirado en un monasterio (Yuste, Extremadura) con un gesto
muy español de dejar los negocios de este mundo para preparar
la salvación del alma en el otro. Sin embargo, la característica
20 de su reinado será el predominio de los asuntos exteriores del

125

Imperio sobre los internos de España, lo cual no quiere decir que los españoles no apoyasen con fervor al Emperador, pues si éste se españolizó ellos también se « imperializaron », adquiriendo muy pronto el sentimiento orgulloso de su misión imperial, como continuación natural de la Reconquista. 5

Al comienzo del reinado Carlos se enfrentó, como sus abuelos los Reyes Católicos, con una sublevación de los vasallos opuestos al nuevo absolutismo real. Fue la guerra de las Comunidades de Castilla, en la que los municipios por última vez intentan defender sus tradicionales fueros y privilegios feudales e influir en la 10 política central a través de las Cortes. Su alzamiento fue una protesta nacionalista en defensa de los intereses materiales del reino ante las exacciones de unos funcionarios extranjeros que le sacan el dinero para su provecho personal y para cubrir necesidades imperiales, no españolas. Fue un gesto de digna indepen- 15 dencia castellana, pero condenado al fracaso por representar un ideal medieval de limitación del poder real frente a la tendencia a fortificarlo, como base del Estado moderno. La alta nobleza se opuso a este alzamiento de carácter popular, dirigido por los hidalgos de las ciudades castellanas, únicas que se sublevan. 20 Esta falta de solidaridad contra el despotismo central, frecuente en tales movimientos populares en España, explica la rápida derrota de los Comuneros, con la cual se completa la concentración del poder en el trono. El pueblo castellano pierde todo control sobre los tributos que se le imponen y sobre la política 25 de sus gobernantes. Las quejas de las Cortes contra los crecientes gastos de guerras ajenas a la defensa nacional no tienen efecto alguno. De aquí que Castilla fuera el sostén principal de las empresas imperiales, y que el Emperador viese en ella « su tesoro y su espada ».[1] 30

Aunque bajo la monarquía de Carlos V aumentó la tendencia absolutista, el sistema político siguió siendo básicamente el mismo. No hubo centralización ni unificación de instituciones, sino que cada reino conservó las suyas propias (Cortes, justicia, administración) y excluyó a los funcionarios de los otros reinos. 35 Fue un sistema popular que dura sin protestas toda la época imperial por equilibrar en forma práctica el autoritarismo del

[1] En Aragón las Cortes pudieron proteger al pueblo frente a la Corona, impidiendo la creación de nuevos tributos y sentando el principio de que las guerras imperiales no eran asunto nacional y debían ser pagadas por el rey, no por el pueblo. En el siglo XVII, cuando los reyes tratan de violar esos privilegios, resistirán con las armas.

El Castillo inexpugnable defensorio d'la fee y concionatorio admirable para vencer a todos enemigos espirituales y corporales. Y verdadera relació delas cosas marauillosas antiguas y modernas. Y exortacion para yr contra el turco: y le vencer: y anichilar la seta de mahoma. Y toda infidelidad: y ganar la tierra sancta con famoso y bienauenturado triumpho.∴

Cum priuillegio Real.∴

Estado y el individualismo del súbdito, quien conserva un amplio margen de libertad personal y local, a veces incluso para no cumplir la ley en su caso particular.[2]

La política exterior. Apaciguada la Península y consolidado el
5 poder real, los asuntos exteriores absorben casi toda la atención de Carlos V, quien vive en un constante viajar y pelear por Europa. Son problemas esencialmente europeos, pero que afectaron hondamente a España porque ésta aportó sus recursos para solucionarlos, y con sacrificio de sus propias necesidades.
10 La aspiración básica de la política imperial de Carlos y sus sucesores no fue crear una monarquía universal, como se dice a menudo, ni dominar al mundo entero, sino mantener la unidad de la cristiandad mediante una « confederación contra los infieles », según él mismo dice al Papa. Así como los Reyes Católicos
15 lucharon por la unificación espiritual de la Península, así Carlos

---

[2] Conforme a la fórmula legal que permitía, p. ej., a los conquistadores evadir el cumplimiento de una ley que consideraban inaplicable o indeseable poniéndose el decreto sobre la cabeza y declarando solemnemente : « se acata, pero no se cumple ».

lucha por la unidad espiritual de una Europa dividida por el cisma protestante y el nuevo nacionalismo, no imponiendo un dominio directo sobre los demás Estados sino conservando la igualdad y autonomía de éstos bajo la dinastía imperial de Habsburgo. Pero en esto Carlos representaba el viejo ideal medieval de una comunidad occidental bajo la doble autoridad del Imperio y el Papado frente al espíritu nacionalista moderno, y por ello su fracaso era inevitable. Solamente los españoles apoyaron con entusiasmo ese ideal europeo y se sacrificaron más que nadie en defensa de la unidad católica frente a los países protestantes, y de la seguridad continental frente a los turcos.[3]

Ante el creciente peligro turco que amenazaba al continente por tierra, a lo largo del Danubio, y por mar desde las costas africanas, los españoles apoyan al Emperador en una guerra que seguía la tradición nacional de la Reconquista y que realmente servía el interés local al proteger las costas españolas. Por eso fue la más popular de las guerras imperiales. Pero a pesar de algunas efímeras victorias, el empeño de eliminar el peligro musulmán en el Mediterráneo fracasa y el Emperador abandona la ofensiva dejando al turco la supremacía naval y las costas españolas en mayor peligro que antes, para atender a los problemas europeos que eran más vitales para el Imperio.

Uno de éstos era la rivalidad con Francia sobre la hegemonía europea, y Carlos logra aislarla por completo con una cadena de territorios que va desde los Países Bajos hasta Italia. Es significativo que sea Castilla y no Aragón quien hace la contribución principal a esta conquista de Italia, a pesar de su falta de entusiasmo inicial por una guerra que no representaba ningún interés básico de España.

Acabadas las guerras con Francia (1544-1545), el Emperador trató de resolver con las armas el problema del luteranismo en el Imperio, y en ello también halló el apoyo entusiasta de los españoles, inspirados por su celo tradicional en defensa de la religión católica. Pero era una causa dinástica para mantener el poder de los Habsburgos más que una causa española, e incluso el Papa Paulo III se opone a ella, celoso del poder imperial. En cambio la Iglesia española apoya sin reservas esta cruzada antiluterana, cuyos éxitos se deben casi exclusivamente a los soldados

---

[3] En contraste con otros Estados católicos, como Francia, que no vacilaron en aliarse con los protestantes e incluso con los turcos cuando convenía a su interés nacional.

y al dinero de España. De nuevo, sin embargo, el resultado fue
un fracaso de la política imperial. La autoridad del Emperador
sobre los príncipes alemanes desaparece de hecho y Carlos,
desilusionado, abdica la doble corona, separando otra vez el
5 Imperio y España: ésta, junto con Flandes, Italia y Sicilia, para
su hijo Felipe (1556), y aquél para su hermano Fernando (1558).

EL REINADO DE FELIPE II

El rey burócrata.   Con la separación de las coronas imperial y
española hubiera sido lógico esperar que España abandonase
muchas de esas empresas exteriores que tan poco provecho le
10 traían. El nuevo rey era y se sentía español, y en él culmina la
política nacionalista de los Reyes Católicos al dedicar su vida
entera, con alto sentido del deber, al doble objetivo de afirmar
el poder real y defender la fe católica. Pero mientras que aquéllos
se preocuparon principalmente de la reconstrucción interna, el
15 reinado de Felipe sigue dominado por los problemas y las guerras
exteriores. A ello le forzó su firme aspiración de preservar la
obra de su padre y servir los mismos ideales. Por ello España
asume sola ahora el papel de primera potencia imperial y defensora
del catolicismo frente a los países protestantes.

20   Siguiendo las instrucciones paternas de no confiar en nadie
más que en sí mismo, Felipe asume completo control personal
del gobierno, perfeccionando el poder absoluto del Estado con
un aparato burocrático del que él es cabeza suprema. La figura
del REY, fuente de toda autoridad y todo honor, alcanza con él
25 su máximo prestigio, como personificación del gran Imperio
español. Ahora se crea por primera vez una capital fija en Madrid
(1561), como centro geográfico y administrativo de la Península.
Ahora también empieza a usarse el título de Majestad, ante cuya
presencia el pueblo se siente deslumbrado con reverencia casi
30 religiosa. No es temor a un rey despótico, sino profundo respeto
y lealtad a una autoridad todopoderosa, símbolo de la justicia
severa que había liquidado la anarquía feudal y creado una
nación unida y fuerte. Esa veneración popular de los monarcas
se mantendrá por tres siglos (sin un solo atentado contra ellos,
35 como los habrá en Inglaterra y Francia), y será la principal base
de cohesión del Imperio cuando éste es demasiado débil para
sostenerse por las armas. Sin embargo, Felipe tampoco introdujo

Felipe II

Vista de Madrid (siglo XVI)

cambios importantes en el sistema de gobierno. El poder real
se impone de hecho, pero sin alterar la estructura autonómica
de los distintos reinos. No hay todavía centralización ni unifor-
midad de instituciones como habrá en el siglo XVIII con los
Borbones, lo que prueba la fuerza que aún conservaba la tradición   5
localista a pesar de la presión unificadora de la monarquía.

Es indudable que la personalidad de Felipe II tuvo una influencia decisiva en los destinos de España en este momento culminante de su poderío. Tan odiado por sus adversarios políticos
y religiosos como admirado por los españoles de su época y los   10
partidarios del autoritarismo católico después, en realidad no
fue ni « el demonio del Mediodía », como le llamó la reina
Elizabeth de Inglaterra, ni un « santo » como dijo Santa Teresa
de Ávila, sino un buen burócrata, reservado y austero, aficionado
al arte y a las ciencias. Su alto sentido de justicia lo mismo le   15
hace revisar escrupulosamente las sentencias de los jueces que
exterminar sin vacilación al culpable una vez convencido de su
delito o de su peligro para el Estado, sin atender a consideraciones
personales. Su mayor defecto político fue la manía de controlar
personalmente los vastos negocios del Imperio en sus menores   20
detalles y emplear la procrastinación como medio normal de
resolver los problemas del Estado, demorándolos por considerar
que « el tiempo ayuda a hacer justicia ». La administración
española se convierte en un régimen de papeleo, cuya proverbial
lentitud, motivada por el deseo de ser justo, hizo corriente en el   25
extranjero la frase « que venga la muerte de España ». Era el
sistema propio de un rey más aficionado a la pluma que a la
espada, quien a diferencia de su padre, no tomó parte en batalla
alguna.

En defensa de la fe y del Imperio. Sin embargo, el reinado
de Felipe II fue una serie continua de guerras que arruinaron el Tesoro e hicieron aparecer al rey como el agresor
número uno de Europa. Paradoja explicable por el otro aspecto
5 de su personalidad : la ferviente religiosidad que le hizo convertirse en campeón del catolicismo contra protestantes e infieles.
Todas sus guerras tienen, en efecto, un signo religioso, junto
a otros motivos políticos. Y si tuvo conflictos con Roma, fue
porque ésta se alió con algún rival de España. Como católico,
10 Felipe defiende siempre a la Iglesia, pero como rey no se somete
nunca al Papado, y hasta llega a crear un consejo especial presidido
por el arzobispo de Toledo para sustituir al Papa cuando estaban
rotas las relaciones diplomáticas.

La preocupación de defender el catolicismo contra la herejía
15 que amenazaba extenderse a sus dominios fue la nota característica de su política. A ella subordina los intereses materiales del
país, porque según declara con firmeza « antes perderé todos
mis estados y cien vidas que tuviere que ser señor de herejes ».
Su idiosincrasia personal, el temor a condenarse si no cumplía
20 su deber de católico, contribuyó más que nada a arruinar a
España en largas y futiles guerras europeas.

Dentro de España se exterminan rápidamente los brotes del
protestantismo que habían empezado a aparecer incluso entre
la nobleza y el clero. Se prohibe a los españoles el estudio en las
25 universidades extranjeras para evitar posibles contagios heréticos
y aumenta notablemente el número de libros incluidos en el
Index librorum prohibitorum (Índice de libros prohibidos) o *Índice expurgatorio.* La Inquisición actúa más intensamente, incluso
contra religiosos tan ilustres como el erudito y poeta Fray Luis
de León, encarcelado varios años por acusaciones infundadas.

INDEX ET CATA-
LOGVS LIBRORVM
prohibitorum.

Libros que se prohiben en Latin.

A

B D I Æ Liberini, ope
ra omnia.
Abdiæ Prætorij, opera
omnia.
Abydeni Coralli, opera
omnia.
Achillis Priminij Gaſſa
rij, opera omnia.
Acta Huremberghæ: videlicet, Oſiandriſmus.
Acta Synodi Bernenſis.
Actiones dua Secretarij Pontificij.
Adami Schuberts, opera omnia.
Adami Siberi, poëmatũ ſacrorũ libri decĕ & ſex.
Admonitio miniſtrorum verbi Argentinenſium.
Adolphi Clarembach, opera omnia.
Adriani Barlandi, inſtitutio hominis Chriſtiani.

Ænea

Se imponen tales restricciones a los moriscos que éstos se sublevan en Granada, y tras una dura guerra de tres años son deportados en masa al interior del país, hasta su expulsión final en 1609.

Fuera de España, la guerra contra los turcos para acabar con su amenaza constante a la navegación del Mediterráneo, a las ⁵ costas de España y sus posesiones en Italia y África, siguió siendo la única en que el interés nacional coincidía con la cruzada religiosa. La acción aislada de España contra la piratería musulmana no bastaba mientras no fuese destruida la fuerza naval de Turquía, suprema entonces por su disciplina y eficiencia técnica. ¹⁰ Por fin se forma la liga con Venecia y el Papado para la defensa de Occidente, en la que Felipe II tiene un papel preponderante, dando el mando de la escuadra a su hermano Don Juan de Austria y asumiendo la mitad del coste de la empresa. El resultado fue la victoria naval de Lepanto (1571), la primera de importancia que ¹⁵ la cristiandad alcanzaba contra el Imperio otomano. Pero aunque se logró detener el avance del Islam, tampoco esa victoria acabó con el peligro turco en el Mediterráneo por la falta de solidaridad entre los aliados para proseguir la ofensiva. Felipe ha de aceptar una paz precaria con el Sultán, y España sigue ²⁰ amenazada como antes por la piratería musulmana. Esta paz con el turco representaba el abandono definitivo de la cruzada anti-musulmana iniciada ocho siglos antes, y no por falta de fervor religioso sino por una impotencia militar que anuncia ya el la ordenó contra la opinión de sus principales consejeros militares, encargando del mando a un general, el duque de Medina Sidonia, que no tenía experiencia naval alguna y que trató en vano de evitar el nombramiento. Convencido de la justicia de su causa, Felipe confiaba más en la ayuda de Dios que en la competencia de sus subordinados para el éxito.

La contribución más positiva de la política exterior de Felipe II fue la anexión de Portugal (1580), completando por vez primera la unidad peninsular rota por la invasión árabe. Fue una anexión legal, resultado de los enlaces dinásticos hechos por los Reyes Católicos. Felipe era el pretendiente con mejor derecho al trono vacante de Portugal y así lo reconocieron las Cortes portuguesas. Aunque el espíritu nacionalista típico de la época se alzó contra el rey extranjero, y Felipe tuvo que defender su derecho por la fuerza, Portugal fue tratado con tolerancia y respeto para sus instituciones (aquí no había problema religioso), convirtiéndose en un reino más, dentro del sistema federativo de Estados autónomos bajo la corona común. España no obtuvo beneficio material de la unión; al contrario, se comprometió a defender las colonias y la flota de Portugal contra los ataques enemigos. La principal consecuencia fue la expansión del Brasil hacia el interior al desaparecer la barrera que separaba esta colonia portuguesa de los territorios españoles. La unión subsistió mientras duró el respeto a la autonomía local, pero acabó para siempre en 1640, cuando el gobierno español trató de extender a Portugal el régimen centralista de Castilla e imponerle cargas fiscales.

En conjunto puede decirse que la política de Felipe II tuvo éxito en su objetivo religioso, que fue la defensa del catolicismo frente a la expansión protestante, pudiéndosele atribuir a él más que a nadie su subsistencia en el mundo latino. Mas el resultado político de las guerras que sostuvo fue negativo para España, cuyos enormes esfuerzos la arruinaron sin liberarla de sus enemigos tradicionales — los franceses y los turcos—, y le crearon dos nuevos—los holandeses y los ingleses— que la privarán del monopolio colonial.

El Conde-Duque de Olivares, por Velázquez

comienzo de la decadencia bajo la fachada imponente del Imperio español.

Esa debilitación se hace evidente en la guerra de Flandes, donde Felipe sacrificó cuantos recursos tenía para impedir que el contagio protestante llegara a las posesiones españolas. Aunque estaba dispuesto a hacer concesiones políticas para satisfacer las aspiraciones autonómicas de los Países Bajos, se mantuvo inflexible en la cuestión religiosa. La rebelión protestante provoca una dura represión (1561), tratando a los flamencos no sólo como herejes sino como traidores al rey, y por tanto con toda la severidad exterminadora que entonces se consideraba justificada por la razón de Estado. Pero el terror no acabó con la rebeldía, y las guerras de Flandes siguieron por treinta años agotando los recursos de España hasta el punto de provocar motines de los soldados por falta de paga. Al fin Felipe no pudo impedir la independencia de Holanda, pero sí logró conservar el sur de Flandes, contribuyendo así a la creación de Bélgica, como nación católica.

El mismo resultado negativo tuvo la empresa naval contra Inglaterra, con el fracaso de la Armada Invencible (1588),[4] cuyo propósito era esencialmente defensivo : cortar la ayuda de Elizabeth a los rebeldes flamencos y proteger el comercio de Indias contra la piratería inglesa. Con esta derrota España pierde definitivamente el control marítimo y el monopolio colonial, que será compartido con las dos nuevas potencias rivales, Inglaterra y Holanda. El fracaso de esta empresa revela uno de los graves defectos que tuvo el gobierno personalista de Felipe II, quien

[4] Así llamada irónicamente, no por los contemporáneos, sino más tarde por los propagadores de la "leyenda negra" contra España y por los liberales españoles del siglo XIX, como críticos del absolutismo de Felipe II.

El Escorial

Gobierno de favoritos. Con la muerte de Felipe II (1598) se produce un cambio radical en el sistema de gobierno que trae consigo su gradual degeneración y finalmente su colapso, junto con el de la dinastía austriaca. Es irónico que todo el poder personal
5 del monarca acumulado desde los Reyes Católicos a expensas de las demás fuerzas políticas del país, pase sucesivamente a tres reyes sin voluntad ni capacidad de mando: Felipe III (1598-1621), piadoso pero abúlico; Felipe IV (1621-1665), más amante del placer que del deber; y Carlos II (1665-1700), un deficiente
10 mental a quien se llamó el *Hechizado*, cuya degeneración personal, producto de varias generaciones de matrimonios consanguíneos, simboliza la decadencia de la dinastía. Estos reyes ineptos dejan sus vastos poderes en manos de cortesanos que saben ganarse su favor y hacerles la vida agradable. El gobierno por favoritos
15 sustituye así al gobierno personal de los reyes anteriores; y el favoritismo sustituye al mérito, como medio de seleccionar a los gobernantes, con resultados funestos para el país. El poder tiende a concentrarse aun más en la persona del favorito; pero como su duración depende sólo del favor real aumentan los
20 gastos públicos en fiestas cortesanas para tener contento al monarca, y la corrupción, al ofrecer cargos y mercedes para ganarse partidarios en la corte. La preocupación principal del *valido* o favorito será enriquecerse mientras ocupa el poder, no simplemente por codicia sino como medio necesario de con-
25 servarlo. Lo cual trae el agotamiento crónico del Tesoro y mayores cargas fiscales sobre un pueblo ya empobrecido, sin instituciones como las Cortes que defiendan sus intereses. El resultado será la creciente ruina económica en el interior y el desprestigio en el exterior. La duración de los validos se hace cada vez más breve,[5]
30 y al final apenas si gobiernan ya, mal ni bien. La monarquía en descomposición deja de dirigir el país, y al morir su último representante quedan los extensos dominios del Imperio a merced de las potencias europeas, ávidas de repartirse el botín.

El intento centralizador del Conde-Duque de Olivares. De todos
35 estos favoritos hay uno sólo, el Conde-Duque de Olivares, que posee condiciones de gobernante y una clara visión del problema nacional, aunque su plan para resolverlo fracasa de momento. Ese

[5] El primero de ellos, el duque de Lerma, dura veinte años; el último, D. Juan José de Austria, dos.

plan consistía en hacer efectiva la unificación política de la nación por medio de una completa centralización administrativa a fin de que todas las regiones contribuyesen por igual a los gastos y defensa del Imperio, en vez de hacerlo casi exclusivamente Castilla. Con ello se buscaba fortalecer al Estado, como estaban 5 haciendo Richelieu en Francia y Cromwell en Inglaterra; pero si el objetivo era acertado, el medio fue inhábil al querer imponer por la fuerza una centralización contraria a la autonomía de los viejos reinos peninsulares. El resultado fue una explosión separatista (1640) que devolvió a Portugal su independencia, 10 y que en Cataluña fue reprimida sólo tras una larga guerra civil. La lucha fue un síntoma de la desintegración interna del Estado que coincide con la derrota definitiva del poder español en Europa (Rocroi, 1643). Así, el primer intento de imponer una centralización completa en el país fracasaba, e incluso Cataluña, aunque 15 sometida, sigue disfrutando sus antiguos privilegios. En el exterior, se abandona finalmente la política militarista, reconociendo la independencia de Holanda (Paz de Westfalia, 1648) y buscando una alianza con Francia (matrimonio de la hija de Felipe IV con Luis XIV y Paz de los Pirineos, 1659). Era una 20 paz indispensable para la agotada España, falta ya de recursos materiales y de fe en su antigua misión imperial y religiosa. Con ella se cierra el conflicto por la hegemonía europea entre Habsburgos y Borbones que domina la historia del siglo XVII, y se prepara la implantación de la dinastía francesa en España. 25

LA CRISIS ECONÓMICA

Una de las paradojas más significativas del Imperio español es el estado crónico de crisis económica en que vive bajo su grandioso esplendor. A pesar del oro y la plata de las Indias, la Hacienda está siempre en deuda con los banqueros extranjeros y la economía nacional se hace cada vez menos productiva. 30 Las obligaciones militares del Imperio traen consigo un aumento de gastos en exceso de los ingresos fiscales, por lo que la preocupación del gobierno será la de obtener dinero a toda costa, con medidas de urgencia que a la larga arruinan el comercio y la industria, sin comprender que la verdadera cura del mal econó- 35 mico estaba en fomentar la producción nacional. Fue el precio pagado por España al convertirse en monarquía imperial y quedar sus intereses materiales subordinados a fines no siempre nacionales.

Las dificultades financieras empiezan ya bajo Carlos V y se van agravando en los reinados siguientes, viéndose obligado Felipe II a declararse en bancarrota tres veces. El proteccionismo económico iniciado con tanto éxito por los Reyes Católicos se tiene que abandonar para satisfacer a los capitalistas extranjeros que facilitan préstamos al Emperador, dándoles de garantía tanto el cobro de los impuestos futuros como el privilegio de comprar materias primas (lana, hierro, etc.) y de vender productos manufacturados a España. Con esa competencia de fuera, el comercio y la industria local dejan de desarrollarse como en los demás países europeos.

El otro factor que más contribuyó a debilitar la economía española fue precisamente el oro y la plata tan providencialmente descubiertos en las Indias al formarse el Imperio, pero que sólo sirvieron para pagar a los extranjeros que prestaban dinero a la Corona o que vendían manufacturas a los españoles. La súbita llegada de esos metales preciosos produjo una inflación que revolucionó los precios en toda Europa, al aumentar el dinero circulante en mayor proporción que la cantidad de bienes disponibles. Pero el alza de precios surgió primero y se elevó más en España, al convertirse en un país de balanza desfavorable que importa más que exporta, porque hay dinero para pagar bien, pero donde los precios son demasiado altos para poder exportar sus productos. Con lo cual se dificulta aún más el desarrollo de la naciente industria española.[6] Incluso el comercio de Indias, el principal de los españoles, va disminuyendo desde la segunda mitad del siglo XVI y pasando a manos extranjeras, en forma legal o de contrabando, hasta que el supuesto monopolio español del comercio colonial representó sólo un 5 % del comercio de Indias a fines del siglo XVII. Por lo mismo, la mayor parte del tesoro americano deja de entrar en España, bajando en poco más de medio siglo de 35 millones de pesos a 3 millones (1660).

En el siglo XVII se buscan otros remedios financieros, ante el fracaso de los anteriores. En vez de nuevos préstamos que sólo aumentan la deuda nacional y que son más difíciles de obtener por el descrédito del Estado, o de imponer nuevos tributos a una población ya tasada al máximo, se recurre al expediente de devaluar el dinero, dando a las monedas de vellón (cobre)

[6] Los salarios eran dobles que en Francia e Inglaterra, de modo que los productos extranjeros se podían vender más baratos que los españoles, favoreciendo así también el desarrollo industrial de aquellos países a costa de España.

el valor de las antiguas de plata. El Tesoro gana más del 100%
con esta operación, pero el oro y la plata desaparecen de la
circulación y la economía sufre con la nueva inflación que hace
subir el costo de la producción. Y cuando para contrarrestar la
inflación se baja el valor nominal de la moneda, sólo se logra ⁵
aumentar el desorden económico. La inseguridad ante tales
fluctuaciones en el valor del dinero tiende a paralizar más todavía
la economía, hasta que hacia 1680 hay un colapso completo de
precios y una depresión que deja a los comerciantes « sin mercancías ni dinero », y a la familia real sin recursos para salir de ¹⁰
veraneo. El gobierno acaba entonces por no hacer nada, lo
cual resulta la mejor política posible pues al menos no perturba
la vida económica.

Finalmente no hay que olvidar lo que la mentalidad española
contribuyó a esta decadencia económica. Como observaba un ¹⁵
embajador florentino a principios del siglo XVI, los españoles
« no se dedican al comercio, considerándolo vergonzoso, porque

todos tienen en la cabeza ciertos humos de hidalgos ». Este
prejuicio contra el trabajo mercantil o industrial no se limitaba
a la nobleza, como en otras naciones, sino que contagiaba al
estado llano, particularmente en Castilla. El burgués ve en el
5 noble su ideal social y procura obtener títulos nobiliarios para
sus hijos (no sólo por vanidad sino por la exención de tributos y
otros privilegios). Como indica la frase proverbial de entonces,
« Iglesia, mar o casa real », el español aspira a ser sacerdote,
conquistador o burócrata, no comerciante o fabricante. Es decir,
10 que prefiere ganar riquezas y honores por el esfuerzo de su
espada, como en la Reconquista, o vivir de un sueldo que,
aunque sea modesto, dé prestigio. A fines del siglo XVII el
gobierno, alarmado por la disminución de las industrias, trata de
rehabilitar el concepto social del trabajo, declarando que la
15 fabricación de tejidos no era incompatible con la nobleza; pero
tan revolucionaria idea no empezará a producir efectos hasta
un siglo más tarde, bajo el nuevo régimen borbónico.

Contrastes de la España feudal

VIII La cultura del Siglo de Oro

SU CARÁCTER GENERAL

El mismo dinamismo del genio español que trajo la expansión imperial produjo sus máximas creaciones en el campo de la cultura, que tiene su culminación en el llamado Siglo de Oro, aunque en realidad abarca por lo menos un siglo y medio (desde el reinado de Carlos V hasta la muerte de Felipe IV en 1665). 5 Es ahora cuando el Renacimiento queda completamente asimilado y produce sus frutos típicamente españoles, sobre todo en arte y literatura, donde el genio hispano halla su más notable expresión. Pero no se trata de un movimiento cultural uniforme, sino que bajo la política contrarreformista de Felipe II se produce 10 un cambio de clima intelectual que decide el futuro desarrollo de la cultura española. En el primer período, llamado a veces « primer Renacimiento », España se abre a las corrientes culturales europeas bajo el signo imperial de Carlos V; en el segundo, a partir de Felipe II, se aísla ideológicamente para protegerse 15 del contagio protestante, y la cultura renacentista adquiere un carácter más nacional y religioso. En esta atmósfera cerrada y sospechosa de desviaciones heréticas, el espíritu crítico y la especulación racionalista se van debilitando. En cambio el genio hispano encuentra libre expresión en la creación literaria y 20 artística, donde refleja su visión intuitiva de la vida humana en obras de valor universal.

Bajo la Contrarreforma se intensifica el espíritu de la cruzada tradicional en defensa del cristianismo, evitando la tendencia humanista del Renacimiento europeo a separar la ciencia y la 25 religión. El pensamiento español prefiere seguir interpretando la Naturaleza dentro del sistema teológico medieval, sin susti-

tuirlo por otras explicaciones racionalistas que debiliten la fe tradicional con la que el espíritu nacional se ha identificado y que forma su razón histórica de existir. Frente a la objectividad científica que exige someter el intelecto a los hechos, el espíritu
5 español prefiere creer en su propia idea de las cosas (como hace Don Quijote). Su lema es que « la Naturaleza debe obedecer al hombre, como éste a Dios ». Por ello sólo le interesa conocerla en cuanto puede servirle de algo práctico, y cultiva las ciencias aplicadas más que las teóricas. Como en la Edad Media, las tres
10 ramas fundamentales del saber seguirán siendo la Teología, la Medicina y el Derecho.

La religión. La religión tiene un papel decisivo tanto en la vida como en la cultura del Siglo de Oro. Primero como fuerza espiritual que da a los españoles su concepto teocéntrico de la vida,
15 más medieval que moderno, y que hallará en los místicos y ascetas su más elevada expresión. Pero también como el poderoso ideal colectivo que une a todos los españoles en una causa común, por la que están siempre dispuestos a luchar y sacrificarse, como prolongación del espíritu religioso de la Reconquista. Ni el
20 pueblo está oprimido por una Iglesia inquisitorial y oscurantista, ni el Estado está dominado por el clero, sino que el pueblo siente esa fe católica con entusiasmo genuino y la Iglesia está sujeta al control real, funcionando con casi completa independencia de Roma.[1]
25 La Contrarreforma imprimió un sello militante a la cultura española, como defensora del catolicismo frente a la ofensiva protestante. Fueron los teólogos y los reyes españoles quienes se distinguieron en esta defensa del dogma y la disciplina de la Iglesia, aún más que el mismo Papado. Así, el Concilio de Trento
30 (1545-1564) se convoca a petición de Carlos V y se celebra gracias a la insistencia española y a pesar de las intrigas papales para cerrarlo o trasladarlo. La razón es que los españoles veían con más ardor que los demás la necesidad de depurar la vida eclesiástica desde dentro, como réplica a la expansión protestante,
35 y siguiendo la obra regeneradora iniciada en España por Cisneros, por los misioneros de Indias, que sacrifican la vida por salvar almas paganas, y por los fundadores de monasterios y órdenes religiosas, como Santa Teresa y San Ignacio de Loyola, bajo rígidos preceptos de austeridad y disciplina.

[1] Como dice Don Quijote, « Los españoles somos los representantes de Dios sobre la tierra y el brazo ejecutor de su justicia ».

Las llaves de San Pedro, por El Greco

Pero no fue sólo el fervor ascético de los españoles lo que se impuso en Trento, sino también su calibre intelectual. Los grandes teólogos, como los dominicos Domingo de Soto y Melchor Cano, o los jesuitas Laínez y Salmerón, tienen un destacado papel en el establecimiento de la doctrina oficial en materia de sacramentos, justificación por las obras, autoridad de las Escrituras, etc., frente a las ideas protestantes. En general, el pensamiento teológico español era una neoescolástica que aspiraba a regenerar la lógica verbalista medieval con ayuda del racionalismo renacentista. Tampoco se quiere aquí renunciar a las ideas tradicionales, sino revisarlas y robustecerlas, convirtiendo la Teología en una especie de ciencia divina para el conocimiento de la realidad sobrenatural, con el mismo rigor metódico y crítico que las ciencias físicas. Se distingue así entre los argumentos de fe y de razón, considerando que no hay oposición entre éstas (como Lutero creía), sino que se complementan, sirviendo la razón para dar mayor claridad y profundidad a la fe. El descubrimiento humanista del juicio racional no se usa, pues, para crear una filosofía racionalista al margen de la fe cristiana, como hacían otros pensadores europeos. Lo que se hace es elevar la teología católica al nivel del nuevo pensamiento científico. Tal es el valor del principal filósofo de esta escuela teológica española, Francisco Suárez (1548-1617). Sus *Disputationes metaphysicae* son el comentario más original a Santo Tomás y un completo sistema metafísico en el que todas las proposiciones se someten al más riguroso análisis crítico, sin aceptar nada por autoridad, ni siquiera la del propio Aquino. Prueba del valor de su método científico es que Descartes y Leibnitz lo hallaron útil.

El concepto político del Estado. Una de las aplicaciones más significativas del pensamiento teológico español fue la teoría política del Estado, basada en el ideal del « príncipe cristiano » frente a Maquiavelo, que ponía la razón de Estado por encima de la moral, y frente a Lutero, que justificaba la autoridad absoluta del príncipe como jefe del Estado-Iglesia. Los teólogos españoles ponen límites a la soberanía del monarca en nombre de las leyes morales y divinas. En esto también recogían el concepto medieval de la monarquía limitada y lo trataban de adaptar al nuevo concepto renacentista del absolutismo. Sus argumentos parecen tan racionales y « democráticos » como los de un defensor del Estado constitucional moderno. Así, sobre la base de que los hombres nacen libres y nadie recibe de Dios el derecho a mandar sobre los demás, sientan el principio de que el poder emana de la comunidad, la cual lo delega en un rey para que éste lo ejerza en interés del bien común, de acuerdo con las leyes y la moral. La ley está siempre por encima del rey, y cuando éste la infringe se convierte en tirano, justificándose entonces la insurrección de los súbditos e incluso el tiranicidio.[2] Estas ideas se respetaban como doctrina oficial de la Iglesia, la cual procesó en cierta ocasión a un predicador que proclamó desde el púlpito ante Felipe II que « los Reyes tenían poder absoluto sobre las personas de sus vasallos y sobre sus bienes ». Por ello se ha llamado « democracia frailuna » a esta sociedad española, presidida por un monarca que se considera el primer servidor del bien común y de la fe nacional. Aunque éste obrase injustamente, lo hacía siempre creyendo cumplir con un deber moral o religioso y no por mero interés personal o político, como un príncipe maquiavélico.[3]

Por la misma razón religiosa, otro gran teólogo, Francisco de Vitoria, justificaba la objeción de conciencia a participar en la guerra si el súbdito la considera injusta. Y fue al aplicar la tesis del poder limitado del monarca al campo de las relaciones entre Estados cuando Vitoria creó las bases del Derecho Internacional moderno, sobre el principio de que el poder de cada soberano está sujeto a la ley natural establecida por la razón para el bien común de la humanidad.

El misticismo. La más alta expresión del sentimiento religioso dominante en esta época es el misticismo. Fue también una explosión de dinamismo espiritual dirigido al examen interior y al perfeccionamiento del alma como medio de llegar hasta Dios ya en esta vida. No es una obra de especulación filosófica, producto de la razón, sino expresión de la experiencia emocional de sentirse unido a la divinidad, es decir, de sentir el gozo de ser puro espíritu, tras un largo y penoso esfuerzo por desligarse de cuanto nos une a este mundo. Nuevamente estamos ante una actitud típicamente medieval, que ve en la salvación del

---

[2] Tal fue la tesis del jesuita Mariana en su *De rege et regis institutiones* (1559), libro que causó tanta sensación en Europa y fue quemado públicamente en Francia, no en España.

[3] El fuerte sentimiento religioso de la vida explica esta singular doctrina anti-absolutista en España, como expresa elocuentemente el Alcalde de Zalamea en el drama de Calderón :

> *Al rey, la hacienda y la vida*
> *se han de dar, mas el honor*
> *es patrimonio del alma,*
> *y el alma sólo es de Dios.*

alma el problema básico de la existencia y la única felicidad verdadera, frente a la nueva actitud del Renacimiento que se preocupa menos de la otra vida y más del conocimiento racional de la realidad terrenal y del goce de esta vida como fuente de felicidad. Sólo España produce ya místicos de importancia, como Santa Teresa (1515-1582) y San Juan de la Cruz (1542-1591); pero este misticismo tardío no es una simple supervivencia del medieval, sino que está también vivificado por el espíritu renacentista.

Santa Teresa

No es un misticismo meramente contemplativo que se desentiende de la vida práctica y hasta del uso de las facultades mentales. Es un misticismo activista y práctico, dedicado por un lado a reformar y fundar centros monásticos, frente a las críticas y persecuciones de algunos religiosos afectados por tales reformas; y por otro, al análisis psicológico del alma propia con un método riguroso de introspección sutil que se adelanta a la moderna psicología experimental. Era la exploración de otro nuevo continente, el del espíritu, como sede de la divinidad, a la que se puede llegar por un proceso de depuración interior.

Igual que el protestantismo, este misticismo español revela el ideal renacentista de dignificar al individuo y hacer de la religión una experiencia íntima, una comunicación directa con la divinidad, sin intermediarios eclesiásticos ni culto exterior, pero siempre dentro del dogma católico tradicional. Rasgo muy español y muy renacentista de este misticismo es que no tiende a disolver la personalidad del individuo en la realidad divina, al estilo del *nirvana* oriental, sino que el místico está obsesionado por el perfeccionamiento y auto-análisis de su *yo*, puesto que sólo dentro del alma puede llegar hasta Dios. En vez de entregarse a Dios, es más bien el místico quien encarna a la divinidad.

Para expresar estas nuevas experiencias espirituales, los místicos crean también un lenguaje nuevo, realista y popular a veces, simbólico y culto otras, pero siempre preciso y claro. Sus escritos alcanzan gran valor literario por ser expresión intensa de una experiencia vivida y profunda. La *Vida* de Santa Teresa y las poesías de San Juan de la Cruz se cuentan entre las primeras obras de la literatura española. Mientras la santa logra explicar los inefables misterios de la gracia o de la unión mística en una prosa jugosa y sencilla, el santo emplea símbolos poéticos de una belleza insuperada en la lírica española.

En el siglo XVII este misticismo tan puro y elevado empieza a degenerar, como el resto de la vida nacional. Sólo quedan sectas seudomísticas, como los *iluminados* o *alumbrados*, que en el siglo anterior habían sido un movimiento de reforma espiritual parecido al protestantismo, basado en la infalibilidad del juicio individual, pero que ahora usan este principio para prescindir de toda ley moral y cometer actos licenciosos en nombre de la « luz divina » que los inspira. Eran en su mayoría seres anormales o impostores a quienes la Inquisición persiguió con energía, pero es significativo que el fenómeno se extiende ahora, en el momento de desmoralización nacional, como una especie de epidemia mental.

El pensamiento humanista y científico.   Uno de los movimientos más interesantes, aunque de corta duración, producidos por el Renacimiento en España fue el erasmismo, movimiento que aspira a regenerar la vida cristiana volviendo al espíritu del Evangelio y concediendo más valor a la religiosidad íntima que al culto externo. Las ideas de Erasmo de Rotterdam se difundieron por España al calor de la unión política con los Países Bajos que trajo Carlos V, despertando más entusiasmo que en ningún otro país europeo. Entre los primeros admiradores de Erasmo figuran prominentes eclesiásticos y dignatarios de la corte imperial, cuyas ideas influyen en la política religiosa del Emperador.[4] La gran popularidad de Erasmo se debió a que sus ideas hallaban el terreno propicio en España por el carácter cristiano que el humanismo toma aquí, y porque desde Cisneros se venía desarrollando el mismo ideal de reformar la vida religiosa desde dentro, sin romper la unidad de la Iglesia. Aprobadas las

---

[4] Así, Alfonso de Valdés, secretario de Carlos V, escribe unos diálogos en defensa de la política contra el Papa, basándose en la corrupción de Roma, tan contraria al verdadero cristianismo.

Luis Vives

obras erasmistas al principio por la Inquisición, más tarde serán perseguidas bajo la Contrarreforma, como peligrosamente afines al protestantismo.

Pero aunque el erasmismo fue un movimiento esencialmente religioso, representó también el nuevo espíritu humanista del Renacimiento, con su defensa de la libertad intelectual y del rigor científico contra las verdades basadas en el principio de autoridad.[5] Uno de los más notables representantes de este humanismo español es Luis Vives (1492-1540), expatriado a consecuencia de su origen judaico y sus ideas erasmistas, que alcanza renombre europeo como profesor en Lovaina (Bélgica) y Oxford y París. Amigo y continuador de Erasmo, defiende un cristianismo piadoso, en cuyo nombre aboga por la tolerancia religiosa y la armonía internacional. Es un típico pensador español a quien más que la especulación filosófica interesa la aplicación práctica a la vida diaria de los principios de la razón y la moral ya descubiertos por los grandes filósofos. Por ello dedicará sus esfuerzos a revolucionar el sistema pedagógico, concibiéndolo como un proceso integral para el perfeccionamiento intelectual, moral y físico del individuo, cuyo objeto final es alcanzar la felicidad. Frente a la escolástica medieval, estéril para adquirir nuevos conocimientos, es el primer pensador europeo, anterior

[5] Un ejemplo curioso de creencias infundadas que se rechazan con la crítica racional y el sentido común es la famosa leyenda religiosa de las 11.000 Vírgenes, que el Brocense, un profesor de lenguas clásicas, mostró basarse en el error de interpretar la M que seguía al número 11 como *mil* en vez de *mártires*.

a Bacon o Descartes, que expone los requisitos necesarios para llegar al conocimiento de la realidad por medio de observaciones experimentales controladas por la razón. Y como aplicación práctica de ese método hace estudios de psicología para com-
5 prender mejor cómo trabaja la mente, observándola especialmente en el aprendizaje de los niños, labor por la que ha sido llamado « padre de la psicología moderna ».

El mismo interés por el saber práctico hará que se desarrollen ahora las ciencias aplicadas y sociales, pero no la ciencia pura,
10 considerada superflua. A la larga esto traería (como en el caso de los árabes) la decadencia científica por falta de principios teóricos que aplicar. Esto y no la represión clerical ni la incapacidad intelectual del español, como a veces se dice, fue la causa principal de la escasa labor científica en España. Aunque la
15 Inquisición crea un ambiente desfavorable al espíritu de libre investigación y a las ideas nuevas,[6] aquélla no hubiera podido impedir el desarrollo de la ciencia pura de haber existido verdadero interés, como no lo impidió en Italia. Lo que España dio fue buenos investigadores que hacen contribuciones originales
20 y valiosas a las ciencias naturales y sociales. Basten para muestra los descubrimientos en materia de astronomía y navegación, como el *nonius*, aparato para medir ángulos; o la distinción entre el polo magnético y el geográfico que explicaba la desviación de la brújula; o los descubrimientos en medicina, como la circulación
25 pulmonar por Miguel Servet (adelantándose a Harvey) y la cirujía de campaña que acaba con la costumbre de rematar a los heridos graves; o el invento de los anteojos modernos por Daza de Valdés; o los muchos hallazgos en medicina tropical, mineralogía y metalurgia, favorecidos por la experiencia colonial
30 de los españoles. En cuanto a las ciencias sociales, baste recordar que Vitoria crea las bases del Derecho Internacional; que en Historia se inicia el método de investigación objetiva basado en pruebas documentales, para lo que se crea en Simancas el primer archivo de Europa; que se hacen los primeros ensayos
35 de historia social con descripciones de la vida y costumbres de los indios; que en Economía se enuncia por primera vez la « teoría cuantitativa del dinero », indicando la relación entre la cantidad de dinero circulante y el nivel de los precios.

---

[6] Mientras en Europa la « novedad » es algo deseable, en España el famoso diccionario de Covarrubias (1611) define la palabra como « cosa... peligrosa por traer consigo mudanza de uso antiguo ». Y solía decirse también que *novedad — no verdad*.

LA LITERATURA Y LAS ARTES :

DEL RENACIMIENTO AL BARROCO

Es en el arte y la literatura donde el genio español produjo su creación más original y la que más influencia tuvo en otros países. En vez de crear abstractos sistemas filosóficos o explicaciones racionalistas y científicas de la realidad, producen obras de arte que encierran su intuición directa de la vida, la total experiencia humana con lo que tiene de racional e irracional. Y sus hallazgos en el terreno estético serán no menos valiosos que los de otros pueblos en el terreno científico y filosófico. Veámoslo primero en los tres géneros literarios más destacados de la época : la poesía, el teatro y la novela.

5

10

La poesía. Bajo la influencia italiana se produce en el siglo XVI una revolución poética, cuyo principal inspirador es Garcilaso de la Vega (1501?-1536). No sólo se introducen nuevas formas de versificación, a base del endecasílabo (verso de 11 sílabas), 5 sino que cambia el espíritu mismo de la poesía. Frente a la poesía cortesana anterior, con sus sutilezas conceptuales y su artificio verbal, se expresan ahora verdaderas experiencias emotivas. Y frente al estilo realista de tipo popular se tiende a idealizar la realidad visible, por medio de imágenes, en busca del ideal 10 platónico de belleza. El estilo se hace más suave y armonioso, abandonando el ritmo enfático tradicional de la poesía castellana. La importancia de esta nueva poesía clasicista está en crear un mundo ideal que sirve de refugio espiritual y de goce estético frente a las imperfecciones y frustraciones del mundo real. Por 15 eso se emplean temas pastoriles y mitológicos, como medio de escapar de la prosaica realidad a un plano más ideal y artístico. Faltan en cambio, en esta primera fase del Renacimiento italianizante, los temas épicos y religiosos, que luego se harán más frecuentes al hispanizarse el espíritu renacentista.

20 Bajo la Contrarreforma, el paganismo estético procedente de Italia es sustituido por el sentimiento religioso, como fuerza inspiradora de toda la cultura hispánica. En este segundo Renacimiento, el ideal de belleza se combina con el ideal de santidad, y la influencia de los clásicos greco-latinos con la influencia 25 bíblica. La poesía bucólica de Garcilaso se pone al servicio de la contemplación divina y produce en Fray Luis de León (1528-1591) y San Juan de la Cruz dos de los más grandes poetas de la lengua castellana. Es una poesía que sirve también al espíritu para evadirse de las miserias de esta vida hacia un mundo de 30 pureza celestial, a través de un perfeccionamiento interior inspirado por el amor divino. Así, la teoría platónica de la belleza y del amor, divulgada sobre todo por los famosos *Diálogos de amor* (1535) de León Hebreo, judío español emigrado a Italia, fue adaptada a la religión cristiana, identificando a Dios con la 35 idea platónica de belleza hacia la cual va el alma impulsada por el amor y que sólo se satisface plenamente por la unión espiritual con la divinidad.

Junto a este tipo de poesía que expresa las más hondas experiencias espirituales con un lenguaje sobrio y simple, se desarrolla 40 otro estilo poético, representado por Fernando de Herrera (1534-1597), también derivado del Renacimiento pero que tiende a cultivar más la belleza formal del verso que la idea o la emoción íntima, empleando imágenes brillantes y palabras sonoras. Se aspira a convertir el castellano en una lengua poética tan espléndida como el latín, digna del glorioso Imperio español. Con ello se inicia la tendencia a cultivar elementos retóricos que hacen la poesía artificiosa y difícil, tendencia que tiene su más completa expresión en el *culteranismo* del siglo XVII, cuyo máximo representante es Luis de Góngora (1561-1627). Llámase « culto » a este estilo porque acude al latín, como madre del español, en busca de palabras nuevas y de una sintaxis más complicada que la ordinaria. La metáfora se convierte en el método normal de nombrar los objetos, idealizando así la realidad ordinaria.[7] La acumulación y exageración de tales elementos retóricos y su efecto decorativo producen un estilo barroco que es todo lo contrario al clasicismo inicial del Renacimiento. Es la expresión literaria de una reacción general en la cultura europea contra los ideales del Renacimiento, en los que ya no se cree (el amor platónico, las empresas caballerescas). Lo importante no son ya los temas sino la forma artística de elaborarlos, la creación del « ingenio », como significativamente se llama ahora a los poetas. No interesa reflejar natural y armoniosamente la realidad, sino trasformarla en visión artística, dejando en plena libertad la fantasía. Con todas sus extravagancias, el culteranismo muestra el grado de madurez a que había llegado el idioma, capaz ahora de toda clase de audacias verbales en busca del máximo efecto expresivo. El descubrimiento de tales posibilidades de expresión produjo una especie de intoxicación lingüística que cayó inevitablemente en el abuso y la afectación.

La novela.   Bajo el Renacimiento del siglo XVI siguió predominando la novela idealista, que busca escapar de la realidad cotidiana bien con aventuras fantásticas y heroicas, como en la novela de caballerías, o bien cultivando los sentimientos íntimos, especialmente los amorosos, como en la novela pastoril. Ésta es un género más aristocrático y culto, inspirada en modelos italianos y dedicada a evocar un mundo poético donde damas y caballeros, disfrazados de pastores, tratan de sus amores y celos, o discuten temas culturales de actualidad, como la teoría del amor platónico. Modelo del género es *La Diana* (1559?) del portugués Jorge de Montemayor.

El más típicamente español de estos géneros de novela idealista

[7] Los cabellos rubios son siempre *oro*; la piel femenina, *nácar* o *nieve*, etc.

fue el *morisco*, inspirado en las últimas guerras fronterizas de
Granada. Es una mezcla de las hazañas heroicas de los libros de
caballerías y los sentimientos amorosos de la novela pastoril,
en la que las crudezas de la guerra real se trasforman en cuadros
5 refinados de costumbres galantes y combates caballerescos.

El descubrimiento más importante y original del genio literario
español se realizó, sin embargo, en la novela realista, que va a
predominar en el siglo XVII. Frente a la visión idealizada de la
vida que presentaba la novela renacentista anterior, aparece
10 en la novela picaresca un cuadro de la vida real que se complace
en resaltar sus aspectos más sórdidos con sombrío humorismo.
El género se inicia con una novelita anónima, *El Lazarillo de
Tormes* (1554), que logra inmediata popularidad y revoluciona el
arte de novelar. Es un cuadro satírico de las costumbres y clases
15 sociales, basado en la lucha por la vida de un joven *pícaro*. Forma
el reverso de la novela idealista, con una especie de antihéroe
por protagonista, cuyo móvil es el hambre en vez del amor o
la gloria, el instinto en vez de la fantasía. Pero esta primera
sátira contiene una nota anticlerical y un tono alegre en medio
20 de la pobreza que desaparecen en la picaresca posterior, bajo
la influencia de la Contrarreforma. Modelo de esta última es
Guzmán de Alfarache (1599), de Mateo Alemán, que presenta

Góngora, pintura de Velázquez

una caricatura pesimista del ambiente social junto con sermones morales sobre los vicios del mundo. Se combina así una vez más la tradición moralista de la literatura medieval con la invención de una nueva fórmula novelística, base de la novela moderna europea.

La aparición de esta clase de novela social en España no fue una casualidad, sino reflejo del empobrecimiento de la vida y del fracaso de los ideales españoles en el mundo, después de tantos sacrificios. Ante esta realidad dura y hostil, se reacciona, no idealizándola con la fantasía poética (como el culteranismo), sino caricaturizándola. Nadie satirizó esa decadente sociedad española del siglo XVII tan brillantemente como Francisco de Quevedo (1588-1645), un idealista frustrado que siente hondamente los males de su patria y en su desengaño lanza mordaces sarcasmos contra todo. Su novela picaresca, *Historia de la vida del Buscón llamado don Pablos* (1608) y otros cuadros satíricos, como los *Sueños* (1627), son caricaturas grotescas de tipos y costumbres contemporáneos. Como crítica social es más bien superficial, atacando los síntomas más que las causas de la decadencia. Y es que estos críticos siguen creyendo con fe inquebrantable en los valores fundamentales de su sociedad (su Dios, su patria y su rey). El gran pesimista Quevedo es también un gran patriota y exaltado católico en sus escritos de doctrina político-moral, como *La política de Dios* (1617-1626). En esta falta de una crítica básica del sistema mismo radica sin duda una de las explicaciones de la decadencia.

Tanto en la prosa como en el verso de Quevedo hallamos buenas muestras del *conceptismo*, la otra manifestación literaria del espíritu barroco, paralela al culteranismo pero diferente en su esencia y propósito. Es un juego ingenioso y sutil de *conceptos* para revelar aspectos esenciales o inusitados de las cosas empleando un mínimo de palabras con un máximo de expresividad. En vez de un estilo ampuloso y decorativo, como en el culteranismo, se usan expresiones concisas y sentenciosas. Su base es el ingenio más que la fantasía. El principal representante de esta tendencia y uno de los principales pensadores españoles es el jesuita Baltasar Gracián (1601-1658), quien no sólo critica el ambiente social sino que trata de hallar nuevos ideales de conducta en aquella época de confusión y crisis.[8] Su *Héroe* (1637) no es ni el caballero

---

[8] Expuso la teoría y práctica del conceptismo en su *Agudeza o Arte de ingenio* (1642), obra capital de crítica literaria en la que se define el *concepto* como « un acto del entendimiento que exprime la correspondencia que se halla entre los objetos ».

andante ni el pícaro, sino un arquetipo abstracto de perfección humana, en el que se destaca el valor del talento y la sabiduría práctica para prosperar en esta vida frente al ascetismo negativo de la época; es decir, unos valores más conformes con el nuevo espíritu europeo, que luego traerá a España el siglo XVIII.

Aunque sea brevemente hay que destacar la significación especial de la primera gran novela moderna, *El ingenioso hidalgo don Quijote de la Mancha* (1605-1615). La originalidad genial de Miguel de Cervantes estuvo en saber combinar la tendencia idealista y la realista, que hasta entonces iban separadas (con la novela pastoril y de caballerías por un lado y la novela picaresca por otro), en una sola obra que ofrece una visión integral de la vida humana. Además de reproducir la realidad cotidiana con fidelidad cinematográfica, con lo que tiene de bello y feo, de elevado y sórdido, nos da una profunda interpretación de esa

153

Cervantes

realidad y un penetrante análisis de la compleja personalidad humana. No es simplemente que Don Quijote simbolice el idealismo y Sancho Panza el materialismo, sino que ambos son a la vez, como ocurre en la vida misma, idealistas y realistas, y cada uno influye gradualmente en el otro de modo que sus caracteres evolucionan ante nuestros ojos. Esta exploración del carácter es uno de los nuevos y más fecundos campos que Cervantes abre al arte de la novela moderna. Otro es el de contemplar la realidad como algo relativo, variable según el punto de vista y la mentalidad del personaje. La realidad que ve Don Quijote es la misma que ven Sancho y el lector, pero aquél la interpreta a su manera, tal como él quiere que sea, y por ello sufre resultados desastrosos. Al introducir esta doble perspectiva en la novela, la del lector y la del personaje, Cervantes descubre la manera de aumentar el efecto realista de la ficción, haciéndonos sentir que la realidad que vemos, como lectores, es más real que la imaginada por el personaje. Pero aunque el *Quijote* tenga por ello un valor universal, como visión del contraste entre la realidad y la fantasía, entre las aspiraciones ideales y los fracasos de la vida, tiene también hondo significado como reflejo de su época. Cervantes encarnó irónicamente el fracaso de sus nobles ilusiones como héroe de Lepanto frustrado en una patria que no supo dar digno empleo a su talento e idealismo. Y al hacerlo expresó también sin proponérselo la experiencia colectiva del pueblo español, cuando éste empezaba a darse cuenta del fracaso de sus ideales en un mundo hostil, por « haber querido demasiado », como Don Quijote, sin medir las limitaciones de sus fuerzas y viéndose cada vez más débil y maltrecho.

Campo de Criptana, La Mancha

Sevilla, patio típico de un palacio

El teatro. El mismo deseo de representar la vida en toda su variedad y dinamismo produce un nuevo tipo de teatro que se basa en la combinación feliz de realismo e idealismo, de comedia y tragedia. Es la fórmula dramática que se debe sobre todo a Lope
5 de Vega (1562-1635), el creador de un teatro nacional que todo el pueblo, desde el rey al modesto artesano, disfruta por igual, y que refleja tanto la vida y costumbres de la época como los sentimientos colectivos del honor, la religión, el patriotismo. Es un teatro lleno de movimiento, en el que la acción predomina
10 sobre la meditación o la caracterización, en el cual entra todo como materia escenificable : las vidas de los santos y de los pícaros, la mitología pagana y la Biblia, las últimas batallas españolas y la historia antigua y medieval, las costumbres aristocráticas y las plebeyas, los misterios teológicos y las frivolidades corte-
15 sanas. Fue una verdadera revolución en el « arte de hacer comedias » que rechazaba las tres unidades y demás preceptos clasicistas en nombre de la libertad artística del autor y del gusto público. Lo extraordinario es que a pesar de este carácter popular como medio de entretenimiento general y de una vasta produc-
20 ción (sólo Lope de Vega excedió en cantidad la totalidad del drama isabelino) el teatro español conserva siempre cierta dignidad literaria, con algunas obras maestras y originales, como *Fuenteovejuna*, de Lope de Vega, con su protagonista colectivo que anuncia el moderno teatro de masas; *El Burlador de Sevilla*, de
25 Tirso de Molina (1584?-1648), que crea por primera vez la figura inmortal de Don Juan; o *La verdad sospechosa*, de Juan Ruiz de Alarcón (1581?-1639), que imitará Corneille en Francia diciendo que hubiera dado la mejor de sus obras por haberla escrito.

Fue Calderón de la Barca (1600-1681) quien perfeccionó la nueva fórmula dramática y produjo dos de los más famosos dramas españoles. Uno es *El alcalde de Zalamea*, que defiende la honra de un plebeyo frente a los abusos de un noble, expresando el típico sentimiento español de la dignidad humana en el que 5 participan los altos y bajos por igual, y que da su sello de grandeza al Siglo de Oro. El otro drama es *La vida es sueño*, de tema filosófico, en el que Calderón plantea el problema de la vida misma, viéndola como una realidad ilusoria y efímera en contraste con la vida eterna. Esta existencia terrenal es un sueño 10 del que sólo al morir despertamos. Es el concepto medieval que ahora resurge aquí con más fuerza que en otras partes por reflejar el espíritu religioso de la época. El pueblo cansado y desilusionado duda del valor de una realidad que le ha defraudado y busca en el más allá algo sólido en que creer. Sólo la fe 15 le salva de la desesperación, aceptando esta vida transitoria como medio de ganar la otra, obrando bien siempre por depender de ello nuestra salvación eterna. Más interesante que esta solución dogmática y convencional es, sin embargo, el planteamiento dramático del problema mismo, como conflicto íntimo del 20 hombre que se siente vivir sin saber por qué ni para qué vive, ni si esta vida es realmente algo más sólido que sus sueños.

Un género típicamente medieval que se cultiva ahora en España solamente son los *autos sacramentales*, cuyo asunto es la representación alegórica del sacramento de la Eucaristía y otros 25 dogmas católicos con fines de edificación moral y en defensa de la fe frente a la herejía protestante. Pero no son una mera repetición de los *misterios* medievales, sino que el tema religioso se desarrolla conforme al nuevo espíritu renacentista, con razonamientos filosóficos, análisis de las pasiones y refinamientos 30 poéticos. Eran en realidad un gran espectáculo al aire libre, montado sobre carros movibles, en el que se combinan la teología, la poesía, la música, el baile y la decoración escénica para producir un conjunto barroco de gran efecto artístico.

La *zarzuela* es otra manifestación típica de esta tendencia 35 barroca a convertir el drama en una fiesta teatral donde la música y el baile se combinan con el diálogo dramático. Su nombre deriva de la residencia real al norte de Madrid, en cuyos jardines Felipe IV hizo construir un teatro para gozar de su pasatiempo favorito. Nace como espectáculo cortesano, especie de comedia musical sobre temas pastoriles y mitológicos que viene a ser el 40 equivalente español de la ópera. Se distingue de ésta, sin embargo, por la importancia de la acción dramática, a la cual la música sirve sólo de complemento.[9]

Las artes plásticas. Tanto como la literatura florecen en el Siglo
5 de Oro las artes plásticas de todas clases, desde los finos bordados hasta los espléndidos templos. Como en las demás ramas de la cultura, las influencias renacentistas de fuera son pronto asimiladas y producen un arte original, revelador del genio nacional, en el que el fervor religioso tiene un papel principal. La Contrarre-
10 forma estimuló este desarrollo artístico al resaltar el valor de las imágenes y el esplendor del culto, convirtiéndose la Iglesia en uno de los más importantes mecenas del arte. El otro fueron los reyes, que tomaron un interés muy personal en las artes y se rodearon de los mejores artistas europeos. El espléndido Museo
15 del Prado será el fruto de ese entusiasmo artístico por parte de los monarcas españoles.

La arquitectura clásica del Renacimiento, que en un principio se trasformó en el decorativo arte plateresco al llegar a España, produce bajo Felipe II un estilo más severo, de sencillas líneas
20 geométricas y sin adornos. Es el estilo llamado *herreriano*, por Juan de Herrera (1536-1597), cuya obra representativa es El Escorial, acabado en 1584. Ideado por Felipe II para servir de monasterio, palacio, biblioteca, y tumba real, su sobriedad y majestuosa solemnidad revelan bien el espíritu del monarca y de
25 la época a la que éste imprimió el sello de su personalidad. Aunque el estilo es clásico, produce un efecto más bien de fuerza y pesadez, sin la gracia airosa de un templo helénico. Y su propósito es, como siempre, exaltar la causa del catolicismo, habiendo sido

[9] De aquí que haya zarzuelas de verdadero mérito literario escritas por los principales dramaturgos, como Lope de Vega, el iniciador del género (con la égloga *La selva sin amor*, 1629) y Calderón, su perfeccionador, con obras de gran belleza lírica (como *La púrpura de la rosa*, 1659, sobre los amores de Adonis y Venus).

construido en forma de parrilla, en memoria del martirio de
San Lorenzo.

Sin embargo, este severo clasicismo duró poco en España.
Igual que la literatura clasicista de la época, no llegó a hacerse
popular, como lo fue el arte barroco que pronto le sucede.[10]   5
Éste es una reacción anticlásica que opone al equilibrio y armonía
de líneas unas formas retorcidas, dinámicas y confusas como
motivos ornamentales tras de los cuales desaparecen las fachadas.
Es un movimiento artístico europeo que, como la Contrarreforma, a la que sirve de vehículo, tiene en España su principal   10
y más exuberante expresión bajo el nombre de estilo *churrigueresco*
(por José de Churriguera, muerto en 1725), que se prolonga
hasta el siglo XVIII y pasa a Hispanoamérica produciendo
allí el distintivo barroco colonial. Este triunfo del barroquismo
se explica, de un lado, porque halagaba el gusto tradicional por   15
el arte ornamental y ostentoso; de otro, porque dejaba libre la
fantasía para salirse de la fría realidad. Es un arte que habla a los
sentidos, no a la razón como el clásico. Sus más notables ejemplos
son el *transparente* de la Catedral de Toledo y la Sacristía de la
Cartuja de Granada. Pero en realidad apenas hay pueblo español   20

[10] El nombre se basa en la palabra inventada por los escolásticos para designar
cierto tipo de silogismo (*Barocco*), usada luego por los humanistas del Renacimiento
como símbolo burlesco de confusión mental. Más tarde se aplicó al estilo arquitectónico, con el sentido de « extravagante ».

El transparente de la Catedral de Toledo,
por Narciso Tomé

La Virgen de los Dolores,
Sevilla

o hispanoamericano sin su iglesia barroca, escenario vistoso
para las fiestas religiosas, como era su propósito original. Sin
embargo, al dejar libre la fantasía individual y romper con toda
norma, este arte corría el peligro de degenerar en extravagancias
5 y amaneramientos, como ocurrió al culteranismo. Al agotarse
la imaginación creadora, el barroco cae en una « apoteosis del
mal gusto » que sigue repitiéndose hasta entrado el siglo XVIII,
cuando el neoclasicismo francés viene a restablecer el sentido
del orden y la armonía.

10 El mismo espíritu barroco, inspirado por el fervor religioso,
produce ahora la escultura más original que han creado los
españoles. Son las imágenes de madera policromada de los
altares y procesiones de Semana Santa que tratan de conmover
a los fieles con su fuerte realismo y emotiva expresión. Se usan
15 para ello incluso vestidos, joyas y ojos o lágrimas de cristal
que realzan el patetismo humano de estas figuras divinas, llenas
de vida y agitadas por convulsiones de angustia o de éxtasis.
Son una expresión dramática del sentimiento cristiano en su
aspecto más trágico (el de la Pasión de Cristo), que el pueblo
20 ha seguido admirando siempre con gran fervor.

La pintura es el campo artístico donde el genio español se
revela ahora con mayor brillantez. Su gran contribución aquí
será, como en la novela, el descubrimiento de la realidad, dándonos una impresión de vida sin las idealizaciones ni embelle-
25 cimientos de los pintores italianos. Su principal objeto de observación es la persona humana, vista con el mismo interés en el caso de
un rey que de un mendigo. Abunda por ello en retratos reveladores
de las cualidades de los personajes con gran penetración psicológica.

159

Es un realismo que no trata simplemente de reproducir los objetos, sino de captar su verdad esencial, dándonos una impresión de intensidad y concentración que no tienen en la vida misma. El maestro máximo de esta escuela española es Diego de Velázquez (1599-1660), que no sólo pintó los hombres y las cosas como son, sino que logró pintar la atmósfera misma que los rodea, por medio de un juego de luz y sombra que dan la ilusión de un espacio por el que se puede andar.[11] Velázquez abrió así una nueva dimensión a la pintura moderna, habiéndose llamado a sus cuadros « la teología de la pintura », como revelación pictórica del misterio de la realidad terrestre. Ésta fue la única realidad que le interesó representar, en lo cual se aparta de la inspiración religiosa predominante en el resto de la pintura contemporánea.

El pintor que mejor expresa esa exaltación religiosa del espíritu español, su sombrío ascetismo y preocupación por lo sobrenatural, es un extranjero, Doménico Theotocópuli, *el Greco*, de Creta, muerto en Toledo (1614). Su arte « inverosímil » de figuras alargadas y gestos extáticos parece encarnar el « espíritu de llama » español. Es un arte expresionista que trata de representar no sólo el rostro sino el alma de estos caballeros españoles, con sus sueños y creencias apasionadas, su sentido trascendente de la vida. Se suele decir que el Greco idealiza las figuras, pero sería más exacto decir que da forma corporal a las almas y a los senti-

[11] Tal es el efecto mágico de *Las Meninas* que hacía preguntar a un escritor francés : « ¿Dónde está el cuadro? »

mientos, igual que la fe religiosa de los españoles materializa los seres divinos. Ningún cuadro ha plasmado mejor esa visión española de la vida como una realidad doble, humana y divina, que *El entierro del conde de Orgaz* con su reposado grupo de caba-
5 lleros abajo, pintados con sobrio realismo, y por encima la escena sobrenatural de Cristo en la corte celestial recibiendo el alma del difunto, representación de la visión agitada y dramática que conmueve por dentro a los caballeros.

El Greco: « El entierro del Conde de Orgaz »

El Greco es, sin embargo, una figura aislada en la pintura española. Lo típico de la escuela española es la fusión de la técnica realista con el idealismo religioso que tiene su último maestro importante en Bartolomé Esteban Murillo (1617-1682). Pero sus
5 Vírgenes y angelitos tienen más encanto humano que profundidad de sentimiento, con un amaneramiento dulzón que es síntoma de una decadencia visible incluso en el espíritu religioso. Éste no vuelve ya a inspirar más obras de arte importantes. Lo mejor de Murillo serán, por ello, sus cuadros realistas del lado miserable
10 y picaresco de la vida, pintados con tal gracia y simpatía que hace olvidar la tragedia de sus niños pobres y abandonados.

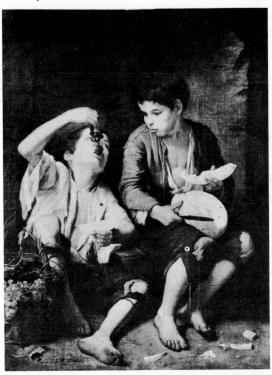

Murillo: « Niños comiendo frutas »

IX

El «despotismo ilustrado» del siglo XVIII

LA RECONSTRUCCIÓN NACIONAL

Nueva dinastía y nuevas ideas. El advenimiento de la dinastía borbónica a principios del siglo XVIII produce un cambio radical en las ideas y en la mentalidad de la minoría directora, la cual intenta revitalizar el país atacando las causas de su decadencia. Para ello emprende una amplia serie de reformas econó- 5 micas, sociales y culturales que se inspiran en las nuevas ideas dominantes en Europa y que aspiran a mejorar y modernizar la vida nacional. Es el sistema del « despotismo ilustrado », con el cual una minoría culta y aristocrática desea hacer la revolución desde arriba, según el principio de « todo para el pueblo, pero 10 sin el pueblo ». Para ello se valen del poder real absoluto como instrumento formador y suprimen la autonomía que aún conservaban los antiguos organismos del país, como los gobiernos locales, los gremios o las universidades. Se aspiraba también a romper el aislamiento con respecto al resto de Europa que, en 15 nombre de la tradición, había traído el estancamiento mental y el empobrecimiento material de España. De aquí la reacción contra muchas ideas y costumbres tradicionales, tenidas por « bárbaras », y la imitación de ideas extranjeras, especialmente francesas, como más cultas y progresivas. Imitación que va 20 desde la manera de vestir hasta los métodos de gobernar. Era una reacción lógica y bien intencionada, pero que no podía tener éxito popular por ese menosprecio de la tradición nacional y por su incomprensión de la mentalidad del pueblo cuya vida

Trajes del siglo XVIII

se quería regenerar. A pesar de todo, el siglo XVIII no fue una época de « afrancesamiento » estéril, como a veces se piensa, sino que en él se realiza una revisión crítica de los valores y creencias populares que era necesaria para sacar de su atraso 5 al país. Ante el fracaso propio se buscan remedios inspirados en la nueva ideología secularista y científica que había tenido éxito en Europa. Se rompe así con el espíritu tradicionalista, clerical y conservador, en una lucha ideológica que llega hasta nuestros días. Veamos las consecuencias más importantes de ese 10 cambio de orientación.

El prestigio exterior. Cuando tras muchas vacilaciones e intrigas el habsburgo Carlos II decidió dejar la corona al borbón Felipe de Anjou en vez de conservarla en la Casa de Austria, quiso salvar la integridad del debilitado Imperio español poniéndolo 15 bajo la protección de Luis XIV, el rey más poderoso de Europa, y evitar una guerra entre las potencias deseosas de repartirse el botín hispánico. Pero esto fue precisamente lo que ocurrió : la guerra de Sucesión al trono de España (1702-1713) por parte de una coalición antifrancesa (Inglaterra, Holanda y Austria) 20 para impedir la hegemonía borbónica y mantener el equilibrio europeo. Dentro de España surge al mismo tiempo, como de costumbre, una guerra civil entre Castilla, defensora del centralismo borbónico, y el antiguo reino de Aragón, en defensa de su autonomía tradicional, que consideraba más segura bajo el 25 viejo sistema español, autocrático pero descentralizado. El resultado será un acuerdo internacional (Paz de Utrecht, 1713) que, como de costumbre también, sacrifica los intereses españoles en favor de los aliados extranjeros. España conserva la monarquía borbónica, pero a cambio de este privilegio pierde todos sus territorios europeos, desde los Países Bajos hasta Sicilia, e incluso parte del territorio nacional con la cesión de Gibraltar y Menorca a los ingleses. Es significativo que el nuevo rey Felipe V prefiriese perder estos dos puntos estratégicos antes que tolerar las libertades regionales de los catalanes, como le pedían las otras potencias antes de firmar la paz. España no sufriría hoy la « vergüenza nacional » de un Gibraltar inglés si este primer rey borbónico no hubiera colocado el principio absolutista de la autoridad real por encima de la integridad territorial del país. Como tantas veces, la dirección política se inspira en un motivo dinástico o ideológico más que en el interés nacional.

La nueva política borbónica se dirige a la centralización del poder en manos de la Corona y a la recuperación de los territorios perdidos en Italia, a fin de que los príncipes españoles tuvieran sus reinos propios. Con un gran esfuerzo, España reorganiza su ejército y su marina, volviendo a contar entre las potencias europeas y logrando al fin recuperar el reino de las Dos Sicilias (Nápoles y Sicilia) y otros ducados italianos (1748). La ganancia fue, sin embargo, para la familia real, no para España. Esos territorios no fueron anexados, y en cambio se hubo de descuidar la protección de las colonias españolas frente a la creciente amenaza inglesa. Además se sacrificaba una paz tan necesaria para la reconstrucción interna. Prueba de ello fue la mejoría material del país durante el reinado pacífico de Fernando VI (1746-1759), cuyo carácter bondadoso y sentido patriótico le hacen buscar la prosperidad del pueblo más que su expansión militar. Al final de su breve reinado, España disponía ya de una marina suficiente para defender sus posesiones. Pero en el reinado siguiente, a pesar del pacifismo de Carlos III (1759-1788), resurge el conflicto armado con Inglaterra, que aspira a imponer su supremacía marítima y colonial. España firma un Pacto de Familia con Francia frente al enemigo común, y apoya al principio la independencia norteamericana, hasta que el temor de una insurrección parecida en las colonias hispanas impone una actitud más cautelosa.

En el reinado siguiente, bajo un rey débil como Carlos IV (1788-1808), dominado por su mujer y por el favorito de ambos, Godoy, la política exterior queda cada vez más subordinada a la de Francia, hasta que la marina española, tan penosamente reconstruida, es aniquilada en Trafalgar (1805). Pocos años después las colonias podían conquistar su independencia y España misma es entregada a Napoleón por los reyes borbónicos.

La centralización del Estado.   Con el triunfo borbónico se completa la unificación política y administrativa de la Península, aboliéndose los fueros e instituciones locales que aún disfrutaban los antiguos reinos de Aragón (las Cortes, los impuestos, la justicia) y extendiendo a todo el territorio la autoridad real y las leyes de Castilla (Decretos de Nueva Planta, 1716). Se resolvía así el viejo conflicto entre la Castilla centralista y la Cataluña federalista. Era lo que Olivares había intentado hacer medio siglo antes, pero ahora se logra más fácilmente como represalia contra las regiones vencidas en la guerra civil. Se podía así aplicar el ideal centralista y absolutista de Francia, expresado en la frase de Luis XIV : « El Estado soy yo ». Era el triunfo del concepto renacentista y maquiavélico de un soberano todopoderoso frente al concepto tradicional español de un rey sujeto a las limitaciones de la ley moral y religiosa. La justificación de este despotismo real y de la rígida centralización era, sin embargo, la necesidad de crear una administración más eficaz para dirigir la reorganización y modernización del país.

El conflicto con la Iglesia.   Suprimida la autonomía regional, sólo quedaban los privilegios y poderes de la Iglesia como último obstáculo al poder absoluto del Estado. Y ahora se completa también la tendencia a subordinar la Iglesia al Estado. En nombre del *regalismo* se extiende la autoridad real sobre materias eclesiásticas con una serie de medidas como el *pase regio* para poder introducir decretos pontificios, el control real de todos los nombramientos eclesiásticos, la aplicación de la justicia civil y criminal al clero, y la trasferencia de ciertos impuestos eclesiásticos al Estado. Los poderes de la Iglesia se limitan a la esfera puramente religiosa, expulsando a los inquisidores que abusan de sus atribuciones.

El Cristo de los faroles,
Córdoba

Es un reflejo del nuevo espíritu de tolerancia religiosa que penetra también en España, haciendo desaparecer el viejo temor a la herejía. No es que los reyes sean menos católicos que antes, ni que domine en España el anticlericalismo de los *enciclopedistas* franceses, sino que se quiere hacer lo que Europa había hecho 5 desde la Reforma : limitar el papel de la Iglesia a la vida espiritual, excluyéndola de la esfera temporal que corresponde al Estado. Por eso se explica que los miembros más ilustrados del clero simpatizasen con tales reformas, que aspiraban a depurar a la Iglesia, no a destruirla.[1] Cuando hay alguna hostilidad hacia 10 Roma es por su actuación política, como al apoyar el Papa la causa austriaca en la Guerra de Sucesión. Igualmente la expulsión de los jesuitas en 1767 obedece a motivos políticos, no religiosos, por recelarse de su fuerza moral y económica, la que se les acusa de utilizar contra la política real y en favor de una monarquía 15 teocrática universal. Por una ironía del destino, la Orden es disuelta, sus bienes confiscados y sus miembros expulsados con la misma eficacia persecutoria que antes se había aplicado a los judíos y moriscos. Pero esta hostilidad contra los jesuitas era general en toda la Iglesia. El Papa mismo les negó la entrada 20 en sus Estados y poco después (1773) disolvió la Compañía.

Reformas económico-sociales. La preocupación fundamental de los gobernantes del siglo XVIII fue la reconstrucción económica del país como base de todo progreso posible. Por primera vez el gobierno se pone en manos de hombres expertos en materias 25 económicas, al principio extranjeros y luego españoles, que aplican sus ideas a la solución racional de los problemas nacionales. En vez de tratar inútilmente de aumentar los ingresos del Tesoro con más impuestos, se procura hacer más eficaz y económica su recaudación, unificando el sistema fiscal y mejo- 30 rando el sistema administrativo. Todas las rentas de cada provincia se arriendan a una sola persona, y se intenta sustituir la costosa multiplicidad de impuestos indirectos con un impuesto único, si bien la resistencia rutinaria del público impidió la adopción

---

[1] Es como un eco tardío de la Reforma, que hace escribir al obispo de Córdoba y virrey de Aragón, Francisco de Solís, en su *Dictamen sobre los abusos de la Corte romana :* « El único remedio humano a la reformación... de la Curia de Roma ... es hoy la autoridad soberana del monarca ». El rey más « ilustrado » de todos, Carlos III, inaugura su reinado con la proclamación de la Inmaculada Concepción como patrona nacional para todos los españoles, « centralizando » así también el culto religioso que todavía dividía a los castellanos (devotos de Santiago) de los catalanes (devotos de San Jorge).

de esta última medida. Se empieza por hacer el primer censo nacional, para conocer la riqueza del país, al cual siguen los primeros estudios estadísticos sobre la vida económica. Sólo con esta reorganización administrativa se logró un aumento tan con-
5 siderable de los ingresos que al final del reinado de Fernando VI la Hacienda se encontró con un sobrante.

Autor principal de este resurgimiento económico es el marqués de la Ensenada, considerado como el primer gran estadista que tiene España desde los Reyes Católicos. Es el representante
10 típico de esta nueva clase de gobernantes del « despotismo ilustrado », de mentalidad más bien burguesa, amante del trabajo y la buena vida, cuyo mayor orgullo no es la conquista guerrera, sino poder anunciar al rey que « todas las necesidades del Estado están cubiertas ». Su programa económico significaba la intro-
15 ducción del capitalismo como medio de revitalizar la atrasada economía nacional. Así, fundó el primer Banco para hacer préstamos a la industria y estableció la libertad de comercio dentro del país y con las Indias para fomentar la producción nacional.

Para fortalecer la economía nacional, el Estado procura esti-
20 mular la producción agrícola e industrial. Se adopta una política proteccionista que favorece la creación de nuevas industrias, especialmente en Barcelona, donde aparece en 1746 la primera fábrica de tejidos de algodón, base de una de las principales industrias del sur de Europa. La corte misma da el ejemplo
25 creando industrias en los Sitios Reales, como las de cristal, porcelana y tapices. Se inicia así el desarrollo de la industria manufacturera española.

El comercio recibe también un gran impulso al suprimirse las aduanas interiores, lo que favorece la unificación económica del
30 país. Cataluña halla ahora un mercado libre para sus manufacturas en el resto de España, donde se puede vender a Cataluña cereales y ganados, forma básica del comercio peninsular hasta el siglo actual. Se suprime el monopolio comercial de Cádiz con las colonias, favoreciendo a los demás puertos peninsulares, espe-
35 cialmente a Barcelona. Se construye el primer sistema moderno de carreteras, facilitando el transporte de mercancías y la comunicación entre las distintas regiones. Muy significativa es la nueva actitud hacia el trabajo manual, que ahora se procura dignificar quitándole el carácter de « deshonra legal » que tenía. Y se
40 crea una Orden de Carlos III para premiar el talento y la virtud, no las hazañas guerreras.

La agricultura recibe ahora consideración especial como base de la economía española, en contraste con el olvido tradicional y la preferencia dada a la Mesta de ganaderos. Los privilegios de ésta se reducen y se protege a los agricultores autorizando la cerca de los campos, la libre venta del grano y el crédito 5 agrícola. Para facilitar el cultivo, se construyen canales y embalses que suplan la falta de lluvia. Ante el problema de la despoblación del campo se crea un plan de *colonización interior*, trayendo extranjeros de Alemania y Flandes para cultivar las tierras abandonadas por los españoles. 10

El problema básico de la agricultura era la concentración de la propiedad en pocas manos. La Iglesia, la nobleza y los municipios eran los tres principales propietarios de la tierra desde la Edad Media, y sus propiedades eran de « manos muertas », es decir, que no se podían vender. Con esto muchas tierras 15 quedaban sin aprovechar, o no se cultivaban eficazmente, creando un estado de miseria campesina, especialmente en Castilla y Andalucía, con « muchos brazos sin tierra y muchas tierras sin brazos ». Sólo en el Norte y Levante, donde la propiedad estaba más dividida, existía bienestar. Como solución del 20 problema se propone la *desamortización* de estas tierras vinculadas, pero ante la resistencia de la Iglesia y la nobleza, estos moderados reformadores sólo se atreven a disponer de las tierras municipales en favor de los labradores necesitados. Dudoso beneficio a costa del interés colectivo del municipio, muy revelador del 25 concepto individualista de la propiedad que empezaba a adquirir la supremacía con la doctrina del « liberalismo económico ».

Reformas culturales. Tanto como el mejoramiento material, preocupó al « despotismo ilustrado » sacar al pueblo del atraso cultural en que vivía. Primero, por ver en la cultura la fuente 30 de la felicidad y del progreso; segundo, por comprender que es necesario elevar el nivel educativo del pueblo para que las reformas tengan éxito. Por eso, junto a la economía dirigida, el gobierno crea una cultura dirigida, que recibe estímulo y orientación desde el centro. Es una nueva cultura de carácter 35 utilitario, que da preferencia a las ciencias prácticas, en contraste con el « espíritu escolástico » de la vieja cultura. Es significativo el entusiasmo con que los españoles acogen el aspecto pragmático más que el racionalista de la *ilustración* europea, siguiendo la inclinación tradicional del pensamiento español. Esto les permitía 40 además armonizar la nueva cultura con la fe religiosa, cosa que el racionalismo tendía a hacer difícil. Los *ilustrados* españoles no quieren que las ciencias nuevas alejen al hombre de Dios, sino que le hagan admirar mejor su grandeza.

Muestra del nuevo entusiasmo científico son las frecuentes
5 expediciones a las colonias americanas,[2] las revistas científicas y enciclopédicas, las instituciones para el estudio de las matemáticas, la ingeniería y demás ciencias que no se enseñaban en las universidades. Al estilo francés, el gobierno establece Academias como la de la Lengua (1714), con la misión de « limpiar, fijar y
10 dar esplendor » al castellano, empezando la publicación oficial de diccionarios y gramáticas que todavía continúa hoy. En cambio en filosofía no se hace más que seguir las ideas de fuera, sin producir nada digno de mencionarse. Pero al menos se daba entrada en el país a las nuevas corrientes filosóficas del
15 racionalismo, el experimentalismo y el enciclopedismo, rompiendo el aislamiento ideológico anterior.

El problema básico de tales medidas culturales era, sin embargo, la enseñanza, tanto elemental como superior, y ahora se realiza su reorganización con el mismo carácter centralista que todo
20 lo demás. La enseñanza se considera por primera vez como un servicio público, con un plan uniforme de estudios que eduque a la juventud en las nuevas ideas secularistas y patrióticas del Estado, contrarrestando la influencia educativa de la Iglesia. Sin embargo, la falta de recursos impidió crear bastantes escuelas
25 para acabar con el analfabetismo (las tres cuartas partes de los niños seguían sin enseñanza). Las universidades pierden su antigua autonomía al quedar bajo la autoridad real e imponérseles un plan de estudios que preste más atención a los estudios científicos. Pero la resistencia del profesorado viejo a cambiar sus métodos
30 rutinarios, que exigen menos esfuerzo, hace que tal reforma tenga escaso efecto y que las nuevas disciplinas hayan de cultivarse fuera de la universidad, en instituciones como los Observatorios Astronómicos, los Jardines Botánicos, las Escuelas de Mineralogía e Ingeniería.

[2] Según el científico alemán Humboldt eran más frecuentes que las de ningún otro país europeo.

Reacción antirreformadora. En la práctica todas estas reformas
para mejorar la condición material y cultural del pueblo tuvieron
poco éxito, por ser la obra de una minoría selecta, llena de ilustración y buenas intenciones, pero cuyas ideas « racionales » y europeas no representan las ideas tradicionales del país. Estos refor-   5
madores se olvidan de que no se puede reformar a nadie sin
ganarse antes su confianza y simpatía. Su defecto principal fue
no haber contado con la mentalidad popular. El fuerte espíritu
conservador de la masa se opone a tales cambios en sus viejos
hábitos y al intervencionismo del Estado en la vida privada,   10
que venía a limitar ese margen de libertad personal antes gozado
por el individuo. El resultado será la ruptura de la antigua unidad
espiritual de la sociedad española y el comienzo de la división
entre las dos Españas : una de espíritu liberal, progresivo, reformador y europeizante; la otra conservadora y opuesta a todo   15
cambio en nombre de la tradición.

La primera expresión de ese conflicto fue el motín de Esquilache (1766), en que el pueblo manifiesta su profundo desagrado
con las innovaciones extranjeras, simbolizadas por este ministro
italiano que quiso prohibir el uso del sombrero ancho y la capa   20
larga tradicionales, por considerar que servían a los malhechores
para andar tapados por la calle. Por primera vez desde la formación de la monarquía nacional se ve el rey obligado a huir de
palacio para protegerse de los amotinados, y la voluntad popular
se impone a la del rey, quien elimina a Esquilache y permite   25
el uso del traje español. La voz tradicionalista de la masa podía
más que los deseos renovadores de la minoría culta. Es significativo que ya en esta ocasión el clero bajo fuese acusado como
instigador del motín popular, y que el gobierno usase este
pretexto para expulsar a los jesuitas. Se iniciaba así la participación   30
de la Iglesia en la lucha ideológica que iba a dividir desde ahora
al país.

De todos modos es posible que este movimiento reformador
se hubiera ido consolidando si la Revolución francesa no lo
hubiera interrumpido de repente. Ésta aparecía como la aplicación   35
violenta y radical de las ideas reformadoras de los *ilustrados*, y
ante el peligro revolucionario el gobierno adopta una política
conservadora. España vuelve a aislarse por un cordón sanitario
para impedir la entrada de publicaciones subversivas, y cuando
más tarde tratan los franceses de continuar la obra reformadora,   40
bajo la ocupación napoleónica, el pueblo la repudia por ir aso-

ciada con la odiosa Revolución francesa. El poderoso aparato estatal creado con fines paternalistas por el *despotismo ilustrado* se convierte después en simple instrumento represivo al servicio de la reacción.

LA ERA DEL NEOCLASICISMO

5 *La literatura.* En el arte y la literatura, como en lo demás, se siente ahora el deseo de salir de la decadencia, reaccionando contra una tradición nacional que había degenerado en las extravagancias decorativas del barroquismo y en una literatura retórica de mal gusto. Se busca nueva inspiración en el neoclasi-
10 cismo, que por haberse conservado con éxito en Francia desde el Renacimiento ahora se extiende al resto de Europa como la fórmula estética de más prestigio. Es una fórmula típicamente francesa según la cual « lo bello es lo razonable », y con ella se aspira a elevar el nivel artístico sometiendo la fantasía creadora
15 a ciertas reglas establecidas por la razón, como son la verosimilitud y las tres unidades dramáticas de tiempo, lugar y acción. Una de las principales normas clasicistas era la de « enseñar deleitando », dando al arte un carácter docente muy a tono con el espíritu utilitario del « siglo de las luces ». El resultado serán
20 unas obras académicas y frías que no reflejan nada del alma nacional y que, por lo mismo, no logran hacerse populares. Pero tampoco la escuela tradicional, que siguió inspirándose en los modelos españoles del Siglo de Oro, produce nada genial, de modo que no cabe atribuir a la preceptiva neoclásica una
25 pobreza inventiva que provenía más bien del agotamiento general.

La principal contribución del neoclasicismo estuvo en haber restaurado el sentido de la dignidad del arte, que se había perdido en la degenerada literatura popular. Además el neoclasicismo
30 trajo consigo una valiosa revisión crítica de la literatura nacional, revisión necesaria para regenerarla, aunque a veces resulte incomprensiva. La principal obra de crítica y preceptiva clasicista es *La Poética* de Ignacio de Luzán, publicada en 1737 a imitación de los preceptistas italianos y franceses. En ella se condena la
35 literatura española del siglo XVII, especialmente el gongorismo y el teatro, por su composición desordenada, su extravagancia de expresión y su falta de sentido moral. Frente a esa tradición nacional se dictan las nuevas normas para la creación de una escuela neoclásica española, algo más moderada que la francesa en sus

concesiones al espíritu local (como al aceptar lo sobrenatural del cristianismo junto a la mitología pagana).

La nueva escuela creó el gusto oficial en arte y literatura, que el Estado trató de imponer al país como una medida más de regeneración nacional. Se prohibe la representación de los populares autos sacramentales, por considerar su asunto religioso impropio del escenario, y en cambio se apoya la composición de tragedias clásicas que no interesaban al público. La mayor parte de las energías literarias se consumen en violentas polémicas entre los partidarios del neoclasicismo y los de la escuela tradicional.

En el teatro no aparecen obras de valor original hasta la segunda mitad del siglo, cuando algunos escritores de la nueva escuela empiezan a combinar los preceptos neoclásicos con elementos del drama tradicional. Así ocurre con *La Raquel* de Vicente García de la Huerta (1778), que resulta ser un típico drama español por el tema histórico y por los sentimientos, pero que evita los efectos extravagantes y la mezcla de lo cómico y lo trágico propios de la vieja escuela. Otros, como Ramón de la Cruz (1731-1794) triunfan, no con tragedias clasicistas, sino con *sainetes* o farsas breves de tipos y costumbres populares que continúan la tradición del Siglo de Oro. Era otra vez el género realista, basado en la observación directa de la vida ordinaria, en que la literatura española había dado buenos frutos. En la misma dirección, pero con más amplitud dramática, Leandro Fernández de Moratín (1760-1828) cultiva la comedia satírica de costumbres, combinando con acierto la fórmula neoclásica de las unidades, la verosimilitud y la moralización con la presentación realista y amena de tipos y temas contemporáneos. Sus pocas comedias, sin ser geniales, representan el primer paso hacia la regeneración de la tradición dramática nacional, y como tal es el precursor del moderno teatro español.

El mismo espíritu de crítica social anima las dos únicas novelas de la época que han sobrevivido, ambas inspiradas en la literatura realista anterior. Una es la *Vida* de Diego Torres Villarroel (aparecida en 1743-1758), autobiografía más o menos verídica en forma de relato picaresco, el último del género. Pero éste es un pícaro auténtico, que fue entre otras cosas torero, clérigo, bailarín, astrólogo y profesor de matemáticas en la universidad de Salamanca, y que, como buen reformador de la época, defiende la ciencia moderna y condena la ignorancia general del país. La

otra novela es *Fray Gerundio de Campazas* (1858), del jesuita José Francisco de Isla, en que se ridiculiza a los predicadores pedantes e incultos que usaban un estilo gongorino y gestos teatrales para causar sensación desde el púlpito. Es un pálido eco de la
5 sátira del *Quijote* contra los libros de caballerías, cuyo único interés está en los cuadros burlescos de la vida rural. Lo significativo es que se propusiese criticar ciertos defectos del clero, tema inconcebible en el siglo anterior, y que esos defectos se limitasen a la ignorancia y presunción en una época notoria
10 por el vicioso relajamiento del clero en otros países.

Menospreciada por el neoclasicismo como género inferior, que los autores clásicos no cultivaron, la novela pierde importancia y no resurge hasta el siglo siguiente con el romanticismo. Todo el esfuerzo literario se concentra en el drama y la poesía, y es en
15 ésta donde se produce algo más valioso y original, precisamente por ser expresión del sentimiento individual, aunque dentro del molde neoclásico. Como reflejo del espíritu crítico y didáctico que domina la literatura, aparecen los dos fabulistas más famosos de España : Tomás de Iriarte, que en sus *Fábulas literarias* (1782)
20 defiende las ideas neoclásicas y ridiculiza a sus adversarios en un estilo epigramático de mucha agudeza; y Félix de Samaniego, que en sus *Fábulas morales* (1781) satiriza los defectos del hombre en general y de sus contemporáneos en particular con graciosas anécdotas de animales parlantes. Junto a la masa de escritores
25 de ideas en verso, tan abundantes en esta época de literatura didáctica, florece en Salamanca una escuela neoclásica que busca su inspiración en los modelos españoles del Renacimiento, tanto como en los extranjeros. La figura central de este grupo es Juan Meléndez Valdés (1754-1817), que cultivó primero
30 los temas pastoriles del neoclasicismo en un estilo ligero y melodioso, después los temas morales y sociales, en un tono más solemne, y por fin los sentimentales, con la expresión melancólica que anuncia ya a los futuros románticos.

Lo que sobresale en esta época racionalista son las obras
35 críticas y eruditas, más que las imaginativas. El representante típico de esta labor crítica y del saber enciclopédico es el Padre Benito Feijoo (1676-1764), benedictino de Galicia, que publicó en su *Teatro Crítico Universal* (1726-1739) y después en las *Cartas eruditas y curiosas* (1742-1760), una voluminosa serie de ensayos
40 combatiendo muchos prejuicios tradicionales, falsas creencias religiosas y supersticiones, a la luz de la razón. Era el primer

Detalle de « Las floreras », por Goya

Palacio Real de Madrid

esfuerzo inteligente por sacar al país de su ignorancia y regene- rarlo mentalmente. Con gran agudeza percibe como causa principal de la decadencia intelectual el prejuicio que reina en España « contra toda novedad », el temor de que las doctrinas nuevas traigan daños a la religión, y la idea de que « cuanto 5 presentan los nuevos filósofos se reduce a curiosidades inútiles ». Su remedio es la divulgación de ideas científicas y de la crítica racional. Aunque en muchas cosas coincide con los enciclope- distas franceses, se distingue de éstos por su firme fe católica. En vez de contraponer el racionalismo científico a la religión, 10 Feijoo y sus compatriotas de la *ilustración* se contentan con separar los dos campos, como esferas distintas, pero compatibles, del conocimiento humano, una para este mundo terrenal y la otra para el eterno. Pero aun esta actitud tan moderada provocó la persecución inquisitorial contra el fraile benedictino, a quien 15 salvó la protección de la corte.

El arte. Aquí también se busca en el clasicismo la fórmula estéti- ca que dé expresión al gusto oficial. Y también en esto el arte tra- dicional español se refugia en las provincias, donde escultores como Salcillo, de Sevilla, siguen creando imágenes religiosas 20 al estilo barroco, aunque dulcificadas por la influencia italiana. En arquitectura también se prolonga la fuerte tradición barroca durante la primera mitad del siglo, y tiene su máxima expresión en el citado *transparente* de la Catedral de Toledo (1721-1732), pero es al fin sustituido por la nueva moda clasicista, bajo la 25 doble influencia de Italia y Francia. El Palacio Real de Madrid (1738-1764), construido al quemarse el viejo Alcázar de los Austrias, es la obra cumbre del neoclasicismo impuesto por la dinastía borbónica. La nueva estética aspira al orden racional en la composición y a la sencillez de líneas frente a la desordenada 30 exuberancia decorativa del barroco. El Estado estimula la difusión del nuevo arte oficial adornando la capital con estatuas y arcos triunfales, e incluso dicta instrucciones sobre los modelos extranjeros que se deben imitar. Funda también una Academia de Bellas Artes (1752) para velar por la pureza del arte, o del « buen gusto », como solía decirse.

5　　Tanta la escultura como la pintura tienen mucho menos valor bajo este arte neoclásico, que no se inspira en la vida real, sino en las estatuas clásicas. Como arte cortesano, tiende a glorificar la monarquía, idealizando los retratos palaciegos en grupos solemnes de expresión impersonal. Es un arte artificial, más
10 revelador de la habilidad técnica que de la personalidad del artista. Pero esta preocupación por la disciplina técnica también tenía su valor después de la anarquía y el descuido del artista barroco.

　　Iniciado en esta técnica neoclásica, el pintor que con
15 su genio individual restaura la tradición realista española es Francisco de Goya (1746-1828). Reaccionando contra el impersonalismo frío y la idealización sentimental de la pintura oficial, trata de mostrar la realidad como él la ve, con todos sus matices

Goya: un retrat•

Familia de Carlos IV, Goya

Goya: « Corrida de toros »

de belleza y fealdad, de ternura y crueldad. Incluso a sus modelos
regios los retrata con una sinceridad a veces poco halagadora.
Su obra se adelanta en más de medio siglo al impresionismo
moderno, dándonos con ella el mejor documento de la época,
desde las dulces escenas bucólicas de sus tapices cortesanos 5
hasta las corridas de toros y las escenas sangrientas de la guerra
napoleónica. Al expresivo realismo de sus figuras, comparable
sólo con el de Velázquez, Goya añade el elemento nuevo del
movimiento, que da a muchos de sus cuadros y dibujos una
sensación de vibrante energía.   10

La música.   En la música, como es de esperar, la ópera italiana
adquiere ahora el lugar prominente por influjo de la corte (las
dos primeras reinas borbónicas fueron italianas). Se traen can-
tantes y compositores de Italia, como Scarlatti, que escribe la

Goya: « El quitasol »

mayor parte de sus obras en Madrid, y el famoso tenor Farinelli,
que se convierte en influyente favorito regio y organiza los espec-
táculos musicales de la corte. Como en las demás artes, surge
el divorcio entre la ópera oficial y la zarzuela tradicional, relegada
5 ahora a la condición de arte plebeyo. Hasta se negó el permiso
para abrir una escuela de canto español que contrarrestase la
influencia de la ópera italiana. Pero como reacción popular contra
este menosprecio de la tradición nacional, ésta reaparece en la
tonadilla, breve pieza escénica a base de canto y baile que satiriza
10 los gustos nuevos de la aristocracia afrancesada o representa
escenas de la calle. Y su música espontánea, que expresaba el
espíritu popular, llegó a influir en compositores extranjeros
como Scarlatti, Rossini y Mozart. Además sirvió de base a la
zarzuela folklórica del siglo XIX que sustituirá a la ópera italiana
15 como género nacional.   **179**

X La España moderna [Siglos XIX y XX]

LA OSCILACIÓN POLÍTICA
ENTRE AUTORITARISMO Y LIBERALISMO

En busca de un régimen estable. Con la invasión napoleónica y la
crisis de la monarquía borbónica se inicia una época turbulenta
de golpes de Estado, revoluciones y guerras civiles que se
prolonga hasta el siglo actual y que representa el conflicto
entre dos conceptos del Estado : el autoritario, tradicionalista y 5
clerical frente al liberal, europeizante y secularista. Hay un despertar nacional en que el pueblo aspira a decidir su propio destino,
pero conforme a ideologías contrapuestas que rompen la unidad
espiritual de la nación e impiden la estabilidad política. La
controversia iniciada en el siglo anterior entre reformadores y 10
tradicionalistas se continúa ahora en forma más violenta entre
liberales y absolutistas. La burguesía, que aspira a asumir el
control político y económico del país, sustituyendo a la vieja
aristocracia y al clero, defiende el ideario liberal que ha triunfado
en Europa, tanto con el *laissez-faire* económico frente al mono- 15
polio de la riqueza territorial por la nobleza y el clero, como
con el gobierno parlamentario frente al absolutista del antiguo
régimen. Después, a fines del siglo XIX, es el proletariado quien
adquiere conciencia de clase y quiere intervenir en política frente

a la oligarquía burguesa que manipula el sistema parlamentario en ventaja propia. Inspirado por nuevos ideales marxistas y anarquistas venidos de fuera, el proletariado aspira a hacer la revolución social y provoca la reacción defensiva de la burguesía,
5 que en unión del Ejército y la Iglesia tratará de protegerse ante el peligro « rojo » con gobiernos autoritarios como los que había combatido un siglo antes.

Resultado de esta lucha de ideologías e intereses que divide dramáticamente al país, la historia moderna de España aparece
10 dominada por el apasionamiento político y cambios frecuentes de gobierno que, a menudo, carecen de honda significación histórica, limitándose a deshacer la labor del gobierno precedente. El péndulo político oscila violentamente de la derecha a la izquierda entre revoluciones liberales con breves períodos de
15 libertad que degeneran en libertinaje y anarquía, seguidos de largos períodos de autoritarismo, que a su vez degeneran en arbitrariedades despóticas. Es una época de gran dinamismo en que los españoles consumen estérilmente sus energías luchando entre sí, sin que surja un régimen verdaderamente nacional.
20 El Estado forma un organismo aparte, que no representa a toda la nación sino a la facción dominante. Desde la caída del antiguo régimen a principios del siglo XIX, los españoles no han vuelto a sentirse unánimemente identificados con ningún régimen, ni han logrado resolver el problema básico de la convivencia
25 política en condiciones de tolerancia mutua. Cada lado ha querido imponer su solución por la fuerza y ambas soluciones han fracasado por su carácter exclusivista. El error de los tradicionalistas ha sido querer revivir las instituciones e ideales del pasado, cerrando los ojos a las realidades e ideas del presente; el error
30 de los liberales, querer prescindir del pasado y la tradición como si no hubieran existido. En el fondo se trata de un antagonismo religioso entre dos maneras de concebir la vida nacional, bajo el signo católico o sin él. Esto explica el intransigente dogmatismo de los tradicionalistas ortodoxos frente a los liberales heterodoxos,
35 y el que aquéllos vean a éstos como una anti-España de fuerzas diabólicas destinadas a destruir la fe y el espíritu de la patria; mientras que los liberales tienden a ver a los otros como fuerzas oscurantistas y siniestras de un clericalismo reaccionario e inquisitorial. Es una visión deformada del adversario que les impide
40 conocerse mutuamente como son y que dificulta la comprensión y la tolerancia.

Goya: « El 3 de mayo de 1808 en Mad

La Guerra de la Independencia y las Cortes de Cádiz. Cuando Napoleón decide ocupar la Península a fin de completar su bloqueo continental contra Inglaterra, pensó que le bastaría con engañar a la inepta familia real para sacarla del país y obtener su abdicación, estableciendo una nueva dinastía en España como un siglo antes habían hecho los Borbones. Con ello se consolidaría la tradicional alianza franco-española y los españoles se beneficiarían con las reformas liberales inspiradas en la Revolución francesa. Pero el pueblo sorprendió a Napoleón y a toda Europa con un inesperado alzamiento nacional (2 de mayo de 1808) en defensa de su independencia que contrasta con las claudicaciones de la corte y de la clase dirigente. Era la primera vez que las tropas francesas tropezaban con una resistencia popular, hecha a base de guerrillas que acosan continuamente al invasor, como siglos atrás habían combatido la dominación romana.[1]

Ante la grave crisis del poder central es el pueblo quien salva política y moralmente al país con esa resistencia espontánea y heroica, que mantiene en alto el honor nacional y se gana la admiración de una Europa subyugada. Como en toda crisis del Estado, las regiones recobran su latente vitalidad, organizando Juntas provinciales para su defensa y gobierno. Nuevamente es en Asturias donde surge la primera Junta de Defensa, y a ella siguen las de los castellanos, aragoneses, catalanes, etc., quienes empiezan declarando por separado la guerra a Napoleón y hasta envían representantes diplomáticos al extranjero. Luego,

[1] Napoleón se lamentará en el destierro de su error ante el enigma español : « Esta desgraciada guerra de España ha sido la causa primera de todas las desgracias de Francia..., esta desgraciada guerra me ha perdido ».

182

para unificar la resistencia, se crea una Junta Suprema Central, con representantes de las juntas locales. Era una solución federativa, en que las provincias conservaban muchas atribuciones. Pero aunque la Junta Central era el primer gobierno emanado espontáneamente del pueblo español, su política fue esencialmente conservadora, en contraste con el ejemplo revolucionario de los franceses. Sus primeras decisiones fueron confirmar la soberanía del rey legítimo, Fernando VII, a quien consideran cautivo de Napoleón, y nombrar una Regencia que gobernase en su ausencia. Estos patriotas españoles se muestran así mejores defensores de la monarquía tradicional que el propio rey, quien cobardemente había abdicado la corona en favor de su « amigo » Bonaparte.

La decisión más importante de la Junta fue convocar unas Cortes en Cádiz (1810), reducto de la España independiente, para actuar como asamblea representativa de la nación y asumir la soberanía política en el interregno. Aunque esta idea de conferir el poder supremo a un parlamento de elección popular era algo nuevo y revolucionario, se aspira a combinarla con la tradición española de las Cortes medievales, que si habían caído en desuso bajo el absolutismo monárquico, aún conservaban un vago prestigio histórico como símbolo de las libertades populares. Claro que en la práctica lo que se sigue es el nuevo concepto de gobierno parlamentario a la europea, con una Cámara única (sin distinción de brazos o estamentos feudales), elegida por sufragio indirecto, y derechos individuales como los proclamados por la Revolución francesa. Lo que se hace ahora no es revivir las instituciones viejas, sino abolir los restos del régimen feudal, como eran los señoríos jurisdiccionales y el título de vasallo. Es decir, que en estas Cortes de los patriotas antifranceses triunfan precisamente las ideas reformadoras de los invasores. En cambio la clase popular, bajo la dirección moral y a veces guerrera del clero,[2] lucha por sus tradiciones, simbolizadas en el rey y la religión, odiando al francés no sólo por agresor sino por revolucionario y ateo. Estos patriotas tradicionalistas formaban la minoría en las Cortes, los absolutistas o *serviles*, según les llamaban sus adversarios liberales. Son las ideas de éstos las que prevalecen en los debates que desde ahora dividirán a la opinión española entre un liberalismo anticlerical y un clericalismo antiliberal. Al hundirse la monarquía quedó sólo en pie la Iglesia como fuerza social organizada, la cual aspira a llenar el vacío

[2] Ahora surge en España el tipo del cura guerrillero.

político creando un Estado de tipo teocrático, en que los intereses de ambas instituciones vuelvan a coincidir y a prestarse mutuo apoyo, como en la España imperial. Por ello se atrae la hostilidad de los liberales, quienes heredan del despotismo ilustrado el espíritu secularista y anticlerical que será en adelante casi la obsesión del liberalismo español.

La Constitución de 1812. A fin de consolidar su predominio en las Cortes, los liberales aprueban la famosa Constitución de Cádiz (1812), iniciando la serie de constituciones (nueve) que desde entonces acompañarán los movimientos del péndulo político. Se inicia también el culto « constitucionalista » de los liberales, quienes lucharán por su ley constitucional como si fuese la panacea de todos los males políticos, bajo la ilusión ingenua de que basta proclamar una constitución para que sea una realidad política. La verdadera importancia de la Constitución de Cádiz no fue tanto práctica (pues se promulgó cuando casi toda España estaba invadida y fue abolida por el rey al volver en 1814) como simbólica del ideario liberal en todo el siglo XIX. Era un programa para la reorganización del Estado en que se combinaban las tendencias humanitarias del siglo anterior con las aspiraciones libertarias de la Revolución francesa. Se inspira en el principio básico de la soberanía nacional, representada por las Cortes junto con el rey. Se limitan así los poderes de la monarquía absoluta tradicional, haciendo a los ministros responsables ante las Cortes y separando el poder judicial del ejecutivo. Pero esta solución moderada fracasó por requerir la cooperación voluntaria del rey con las Cortes, y Fernando VII no estaba dispuesto a aceptar tales limitaciones a su poder. Empieza así el antagonismo entre la autoridad del soberano y el parlamento que va a dominar la historia política del siglo XIX.

Por otro lado, en nombre de esa soberanía nacional los liberales de Cádiz se muestran continuadores de la política centralista de los Borbones, declarando que España es « una nación sola y única » y desconociendo la realidad de las regiones que tantas pruebas de vitalidad habían dado en la guerra de la Independencia. Se crea un sistema de administración local uniforme, y se acepta el principio electivo para los municipios, pero no su autonomía. Asimismo se reconocía la religión católica como única oficial del Estado, pero la Iglesia quedaba subordinada al gobierno en cuanto al nombramiento de benficios eclesiásticos, como cualquier otro organismo estatal.

	2. SE INSTALA EN LA ISLA DE DIES	3. SE PROMULGA EN CADIZ	4. ESPAÑA LA JURA.	5. DEFIENDE LA RELIGION.	6. PROSPERA LA A
CE AL ENEMIGO	8. PROTEGE LAS ARTES	9. FAVORECE LA AGRICULTURA	10. ANIMA LAS CIENCIAS.	11. PROGRESA EL COMERCIO	12. ENTRA FERNANDA
13. ONSEJAN MAL AL REY	14. ENCARCELAN A LOS DIPUTADOS	15. DESTIERRAN LOS PATRIOTAS	16. TRIUNFAN LOS EGOISTAS	17. SE LEVANTA ESPOS Y MINA	18. 1ª VICTIMA
19. PIRACION DE LACI	20. LACI PRESO	21. MILANS ESCAPA	22. PRENDEN VARIOS MILITARES	23. EMBARCAN A LACI	24. FUSILAN A L
25. ROGA SE LEVANTA EN LA ISLA DE LEON	26. ESPAÑA SE ANIMA	27. RIEGO TRIUNFA	28. BALLESTEROS ACONSEJA BIEN AL REY.	29. EL REY JURA LA CONSTITUCION	30. EL REY ABRAZA L LE
31. ESPAÑA TRIUNFANTE	32. SERVILES ABATIDOS	33. INQUISICION DESTRUIDA	34. DESGRACIAS DE CADIZ	35. MUERTE DE ACEVEDO	36. RIEGO EN SEVI
37. GO BESA LA MANO AL REY	38. ARCO AGUERO RENUNCIA LA PAG	39. EL REY ENJUGA LAS LAGRIMAS A CANGA ARGUELLES	40. DESENTIERRAN A LACI	41. DESEMBARCAN A LACI	42. INMORTAL QU
43.	44.	45. FIRME VILLACAMPA	46.	47.	48.

Reacción absolutista y primera guerra civil. La triunfal acogida que el pueblo dispensa a su rey legítimo Fernando VII *el Deseado* al abandonar los franceses la Península (1814), anima a éste a recobrar todo el poder personal que sus antepasados habían poseído y que él todavía no había tenido ocasión de disfrutar. La obra legislativa de las Cortes es anulada y el viejo orden restaurado como si nada hubiera pasado en sus años de ausencia. Lo peor fue la cruel persecución de los liberales, que si habían defendido la Constitución limitando los poderes del rey, también habían luchado por defender su trono. Se inicia una era despótica y oscurantista que, bajo la influencia clerical, aspira a retroceder a la época anterior a la Ilustración borbónica. La vida cultural se paraliza bajo el lema : « ¡Lejos de nosotros la funesta manía de pensar!»[3] Se impone una rígida censura, se prohibe la entrada de libros extranjeros, no se permite más periódico que la Gaceta oficial, se cierran las universidades y los teatros, y casi toda la intelectualidad se ve forzada a emigrar, unos por afrancesados y otros por liberales.[4] El liberalismo es declarado delito y juzgado por un tribunal especial (como una especie de herejía), lo que le obliga a organizarse clandestinamente y a conspirar para volver al poder. Para ello utiliza las logias secretas de la masonería, que desde ahora jugarán un papel importante en la lucha contra el clericalismo y el despotismo. La intransigencia del rey y sus partidarios absolutistas, apoyados en el fanático tradicionalismo del populacho, no sólo hace perder una excelente oportunidad de integrar a la nación en un nuevo Estado capaz de armonizar las diferencias de opinión bajo un monarca aceptado por todos los españoles, sino que se provoca la misma intransigencia en los liberales perseguidos y exilados. Surge así la dualidad inconciliable de tendencias que sigue dividiendo a los españoles hasta hoy.

Ante el despotismo y la corrupción del gobierno, los liberales recurren a la fuerza para imponer sus ideas, y son los militares quienes les sirven de instrumento, empezando la tradición de los *pronunciamientos* en 1820 con la sublevación de Riego al frente de las tropas que iban a embarcarse para reprimir la independencia

[3] Proclamado por el rector de la universidad católica de Cervera. Era una política natural para un rey como Fernando VII, a quien los franceses no lograron hacer que leyera un solo libro en el exilio.
[4] Entre otros muchos ilustres emigrados figuran Moratín y Goya, que mueren en Francia. Ahora, en cambio, se restablece la Compañía de Jesús.

de las colonias hispanoamericanas.[5] Se restablece la Constitución de 1812 y el gobierno parlamentario, pero el experimento dura menos de tres años, debido a las disensiones entre los mismos liberales (la debilidad crónica del liberalismo) y a la firme oposi-
5 ción de los elementos absolutistas, que con la secreta simpatía del rey fomentan la anarquía y la rebelión en las provincias. Hasta que una nueva intervención francesa, esta vez en nombre de la *Santa Alianza* de las potencias reaccionarias de Europa, acaba en 1823 con el régimen liberal y restablece el absolutismo
10 de Fernando. Por un momento España se había convertido en peligroso foco liberal que era necesario exterminar para restablecer el principio del derecho divino de los reyes. Y esta vez el pueblo recibe a las tropas francesas sin la menor resistencia, aclamando al rey absoluto con el grito de « ¡ Vivan las cadenas! »,
15 revelador del poco arraigo popular que tenía la causa liberal.

Otra década de despotismo fanático sigue al breve y agitado período de constitucionalismo parlamentario, con una persecución aun más severa de elementos liberales y una política aun más reaccionaria que antes. En esta persecución se destacó el
20 partido clerical de los *Apostólicos*, que organizaron sociedades terroristas, como la de *El Ángel Exterminador*, presidida por un obispo, cuya cruel actuación llegó a provocar la protesta de los aliados extranjeros. Para aplacar a la opinión internacional y el descontento nacional por tales excesos, el rey Fernando empieza
25 a adoptar una política más civilizada. Se declara una amnistía parcial y se rechaza el restablecimiento de la Inquisición. Ante tales síntomas de tolerancia, el rey mismo se hace sospechoso de « liberal y ateo » a los fanáticos *ultramontanos*, quienes piden al rey una mayor sumisión a la Iglesia, y llegan incluso a sublevarse
30 en Cataluña. Pero el rey, siempre celoso de su autoridad personal,

[5] Es digno de notar que la independencia hispanoamericana se inició como parte de la crisis política sufrida por España con la invasión y después con el conflicto entre liberales y absolutistas. No hubo un alzamiento unánime contra la metrópoli, que era demasiado débil para haberla resistido los veinte años que tardó en completarse la independencia. La primera sublevación no fue contra España, sino en favor del rey español desposeído por Napoleón, y en las Cortes de Cádiz los representantes americanos colaboran con los peninsulares en la estructuración del nuevo Estado. La separación viene después, por un lado, como reacción de los liberales americanos contra la represión absolutista de Fernando VII, y por otro como reacción del elemento conservador y clerical contra las ideas radicales de los liberales españoles en el período constitucional de 1820-1823. A tales antagonismos políticos, paralelos a los que dividían a los españoles en la Península, se sumó el creciente deseo de autonomía como medio de salvaguardar las propias creencias y los intereses locales. Esto, más que la opresión colonial de España, fue la causa principal de la Independencia.

suprime al partido Apostólico con la misma severidad antes empleada contra los liberales. Estos absolutistas « puros » buscan entonces en Don Carlos, hermano y presunto heredero del rey, un candidato al trono más sumiso y dispuesto a establecer una monarquía teocrática. Así nace el Carlismo, dedicado a 5 combatir toda innovación liberal en nombre del orden tradicional. Esta tradición significaba en primer lugar el restablecimiento de la vieja alianza entre el altar y el trono que había existido antes de los Borbones, pero esta vez sometiendo el poder civil a la Iglesia para impedir posibles conflictos y evitar la peligrosa 10 tendencia a separar las cuestiones seculares de las religiosas; en segundo lugar, el Carlismo defiende las viejas tradiciones locales contra el centralismo del Estado y la uniformación de la vida bajo el avance de la civilización moderna. Por eso tuvo su apoyo principal entre la población rural, más atrasada y conservadora, 15 frente a las clases ilustradas de la ciudad que querían renovar la vida nacional en nombre del liberalismo y del progreso. Como además el Carlismo atraía al sentimiento regionalista, encontró su más firme reducto en las provincias vasco-navarras y catalano-valencianas, donde el espíritu autonomista todavía conservaba 20 su fuerza. Pero es significativo que, incluso en estas regiones carlistas, las ciudades principales, como Bilbao, Pamplona y Barcelona, fueron liberales, prueba del antagonismo entre campo y ciudad.

Al morir Fernando VII en 1833, el conflicto latente entre la 25 ideología liberal y la carlista se convierte en guerra civil. Su causa inmediata es una disputa legalista sobre derechos de sucesión al trono, pero en realidad se lucha para decidir si el futuro Estado ha de ser una monarquía constitucional y parlamentaria o absolutista y clerical; y sobre todo si la vida nacional se ha de inspirar 30 en el espíritu tradicional del país o en ideas extranjeras de reforma y progreso. La oposición carlista a los derechos de la infanta Isabel, hija del rey, obligó a la Reina Regente María Cristina

N EL AÑO 1828. A LOS SANTOS MONUMENTOS DE LA CIUDAD DE BARCELONA EN LA TARDE DEL JUEVES

Fernando VII y la reina en Barcelona

a buscar el apoyo de los liberales, que fueron los que una vez
más, paradójicamente, salvaron el trono para la sucesora del rey
que tan duramente los había perseguido. Durante una larga y cruel
guerra de siete años, los liberales no sólo tuvieron que luchar
5 contra los carlistas en el campo de batalla, sino también con la
corona dentro del gobierno para limitar la autoridad real en
favor del partido mayoritario. La guerra civil se prolongó tanto
a pesar de la superioridad militar del gobierno de Madrid porque
los carlistas adoptaron una hábil táctica de guerrillas y por el
10 fanatismo con que luchaban en defensa de la religión y las tradiciones locales que creían amenazadas por la ideología liberal.
Al fin la contienda terminó por el cansancio de todos y las
divisiones en el campo carlista con un acuerdo en 1839 que
reconocía el triunfo de los liberales pero respetaba los intereses
15 individuales de los combatientes carlistas.

La principal consecuencia política de la guerra civil fue que el
poder pasó de hecho al Ejército, empezando con el victorioso
general Espartero la serie de jefes militares que dominarán la
escena pública al frente de alguno de los partidos, por lo cual
20 el experimento de gobierno parlamentario en esta primera fase
es más ficticio que real. Los militares se imponen por contar
con la única fuerza organizada del país y ser los únicos capaces
de mantener el orden frente a unos partidos débiles y sin amplia
base popular. Dentro del campo liberal aparece la división entre
25 los elementos radicales o *progresistas*, que quieren un gobierno
plenamente parlamentario como expresión de la soberanía suprema de la nación, y los *moderados* que desean armonizar los derechos
de la corona con los del Parlamento como medio de asegurar la
estabilidad política y evitar los abusos de un sistema parlamentario
30 para el que las masas todavía no estaban preparadas. Este antagonismo domina la escena hasta la Revolución de 1868 en un
continuo oscilar del péndulo político producido generalmente
por pronunciamientos militares. Los progresistas, formados por

la clase media burguesa y profesional, representan el principio de libertad individual; los moderados, entre los que predominan las clases adineradas y parte de la aristocracia, favorecen el principio de autoridad y de orden, a expensas de los derechos individuales y parlamentarios.[6] El principal jefe de los moderados fue el general Narváez, un típico representante del militarismo español, severo y autoritario pero honesto, que gobierna como quien cumple un deber militar y que prefiere hacer mejoras materiales en vez de constituciones.

La desamortización. La reforma de más trascendencia realizada por los liberales en esta época fue la desamortización de bienes eclesiásticos y de *manos muertas.* Desde el siglo XVIII se venía intentando resolver este problema vital de hacer transmisibles y mejorar la explotación de gran cantidad de tierras que por estar vinculadas a las familias nobles o a la Iglesia quedaban a veces improductivas, sin que sus dueños pudiesen venderlas a otros más interesados en cultivarlas. El problema exigía medidas radicales, como la expropiación, que por afectar a la nobleza y a la Iglesia no pudieron realizar los reformadores moderados de la Ilustración. Sus sucesores, los liberales de Cádiz, dan un paso más extinguiendo los mayorazgos pequeños (por antieconómicos), confiscando los bienes de la Inquisición y vendiendo los bienes comunales de los municipios (en nombre de la propiedad individual). Pero la cuestión no se ataca a fondo hasta que la burguesía liberal asume el poder en abierta oposición a la vieja aristocracia y al clero, contra quienes se adopta la expropiación como represalia política. En 1820 se inicia la abolición de todos los mayorazgos y la venta de bienes de los establecimientos religiosos suprimidos, pero la reacción absolutista invalida tales medidas. Sin embargo, la burguesía que se había beneficiado con la venta de estas propiedades ve aumentado su odio al absolutismo clerical por motivos económicos además de ideológicos. Y cuando vuelve al poder durante la guerra civil, el ministro Mendizábal, un banquero judío y liberal exaltado, completará la abolición de los mayorazgos y la expropiación de los bienes eclesiásticos. Aunque esta desamortización de 1835 se hizo para cubrir el déficit de un Tesoro agotado por la guerra, fue un mal negocio para el Estado pues tuvo que subastar a bajo precio las tierras y edificios confiscados por la urgencia

---

[6] Hasta el extremo de que algún gobierno *moderado* castiga incluso la publicación de los artículos constitucionales sobre derechos cívicos.

de las ventas y por el temor de los compradores a que los carlistas las anulasen si ganaban la guerra.

La desamortización representó el triunfo de la burguesía adinerada que, en nombre del individualismo y la libertad económica, se iba a convertir en una nueva clase terrateniente y formar, junto con la aristocracia más liberal, la poderosa oligarquía de la tierra que tanto influirá en la futura política del país. Por eso cuando pasan las circunstancias anormales de la guerra civil, ni siquiera los gobiernos moderados devuelven a la Iglesia los bienes expropiados, a pesar de los escrúpulos religiosos de Isabel II. Hasta la Santa Sede se ve obligada a aceptar la pérdida de esas propiedades como un hecho consumado, a cambio del pago por el Estado de los gastos de culto y clero (Concordato de 1851). Con ello quedaba resuelto el conflicto entre la Iglesia y el Estado liberal.

Pero si la desamortización creó una nueva clase de latifundistas, aumentó también la masa de campesinos sin tierra, en condiciones de vida aun más precarias que antes, haciendo « más ricos a los ricos y más pobres a los pobres ». Los campesinos no tenían medios para adquirir las tierras expropiadas y crear así una clase de pequeños propietarios (como había ocurrido en Francia), por lo que quedan convertidos en jornaleros de los nuevos propietarios, que les pagan lo menos posible para sacar el máximo provecho de su inversión de capital. Al mismo tiempo, la venta de bienes comunales de los municipios había permitido aumentar sus haciendas a los grandes propietarios, privando a los campesinos del uso de los bosques y prados comunes; mientras que los municipios se ven forzados a imponer nuevas contribuciones indirectas, más gravosas siempre para los pobres, a fin de compensar la pérdida de las rentas que obtenían arrendando sus propiedades. No es extraño que dominase entre los campesinos un fuerte resentimiento antiliberal, al ver cómo se sacrificaban sus intereses en nombre de la libertad económica y cómo el Estado centralista atacaba sus tradiciones locales. Finalmente, tampoco produjo la desamortización el esperado impulso a la producción agrícola. Los nuevos propietarios no mostraron mucho mayor espíritu de iniciativa que los antiguos. La tierra sólo les interesaba por la renta que les permite vivir cómodamente en la ciudad, dejando la explotación en manos de administradores y arrendatarios que tampoco tenían gran incentivo para producir más. El problema agrario no había sido resuelto, quedando la mayor parte de la propiedad territorial del centro y del sur monopolizada por unos pocos latifundistas, con una gran masa campesina que no encuentra suficiente trabajo para vivir y que a menudo protestará violentamente pidiendo el reparto de la tierra.

La Revolución liberal de 1868 y la Primera República. La clase media 5 liberal que en la guerra civil había salvado el trono de Isabel II, como futura reina constitucional, la destrona en 1868 con el usual pronunciamiento militar por su empeño en manejar personalmente la suerte de sus ministerios. La clase media, compuesta de los elementos más dinámicos y cultos del país (hombres de 10 negocios, terratenientes, profesionales, intelectuales, funcionarios y militares), había abrazado el liberalismo parlamentario para asumir la dirección de la vida pública sin los « obstáculos tradicionales » de las viejas instituciones y del poder absoluto del monarca. Pero pronto se vio que Isabel II no se prestaba al 15 papel de reina constitucional. Mujer liviana, dejaba a menudo que sus amantes interviniesen en la vida política de sus gobiernos y para tranquilizar su conciencia religiosa se rodeaba también de una camarilla de monjas milagreras y confesores que influían en las decisiones regias a favor del partido clerical.[7] Así el Car- 20 lismo derrotado en la guerra civil volvía a usurpar subrepticiamente el poder por detrás del trono, imponiendo gobiernos reaccionarios y dictatoriales, hasta que todos los elementos liberales acabaron por unirse en su oposición a una reina (« esa imposible señora ») que les impedía gobernar de hecho. Por 25 primera vez se pierde el tradicional respeto de los españoles a la persona del soberano y se produce un alzamiento contra la corona sin que ésta halle apenas defensores. Como siempre, el alzamiento provino de las fuerzas armadas, esta vez al servicio de la causa progresista. 30

La « Revolución gloriosa » trajo un cambio de dinastía al ofrecer el trono a un príncipe italiano, Amadeo de Saboya, con el fin de establecer una auténtica monarquía constitucional y parlamentaria. Fue un intento bienintencionado que fracasó, sin embargo, por la usual debilidad del gobierno liberal para imponer 35 su autoridad frente a los ataques armados del Carlismo reaccionario y las divisiones internas que surgen entre los propios liberales. Excelente por sus principios democráticos, esta monarquía y su Constitución de 1869 tienen el defecto de ser algo

---

[7] En particular su deseo de desenojar al Papa por la desamortización de bienes eclesiásticos la hacía vulnerable a la presión clerical.

impuesto por una burguesía progresista que no representa ni a la clase conservadora ni al proletariado. Es significativo que el extranjero Amadeo fuese tan impopular, a pesar de sus buenas dotes personales y políticas, como lo había sido José Bonaparte, aunque ambos reinados hubieran beneficiado a la nación con sus reformas liberales. Las elecciones mostraron la tendencia de la opinión hacia los dos polos opuestos de la derecha y la izquierda, y el caballeroso Amadeo abdica antes que recurrir a la fuerza y a otros medios anticonstitucionales para mantenerse en el trono. Las Cortes votan entonces por la República, dando el poder al ala izquierda del liberalismo. Es un gobierno minoritario que no logra mantener el orden, debilitado por las divisiones internas entre republicanos federales (representados por el catalán Pi y Margall), que desean crear un sistema de nacionalidades autónomas como solución al problema regionalista, y republicanos unitarios (representados por el gran orador Castelar), partidarios de una firme autoridad central. Ante la debilitación del poder del Estado reaparece la tendencia usual al fraccionamiento territorial, surgiendo en las ciudades del Sur y de Levante *cantones* autónomos que recuerdan a los pequeños reinos de Taifas surgidos en esas mismas ciudades al caer el Califato nueve siglos antes y a las Juntas de Defensa levantadas en 1808 contra Napoleón. Por primera vez, además, los campesinos de Andalucía intentan hacer la revolución social bajo la influencia de agitadores socialistas venidos del extranjero;[8] mientras que los carlistas se lanzan de nuevo a la guerra civil contra una República de « ateos » que han separado la Iglesia del Estado y establecido la libertad de cultos. Hasta que el inevitable golpe militar pone fin a la República antes de un año de vida precaria (1874), preparando el paso a la restauración de la monarquía borbónica en la persona de Alfonso XII, el hijo de Isabel que se había educado en Inglaterra.

La Restauración de la Monarquía (1874-1923).

La lección política que la oligarquía territorial y burguesa aprende de los anteriores experimentos parlamentarios, primero con una monarquía y luego con una república, es que tampoco le era posible controlar el poder con un gobierno verdaderamente representativo que

---

[8] Una causa principal del descontento campesino era la promesa hecha por los republicanos, pero no cumplida inmediatamente, de devolver los bienes comunales a los municipios para remediar los efectos de la desamortización y aliviar la miseria del campo.

tiende a dar la mayoría a los grupos extremistas y a debilitar la autoridad del Ejecutivo; lo que a su vez hace inevitable la dictadura militar para restablecer el orden y el principio de autoridad. La nueva solución va a ser un hábil compromiso entre la monarquía parlamentaria del liberalismo y la monarquía autoritaria del tradicionalismo, estableciendo una Constitución (la de 1876) que por un lado limita los poderes del rey ante las Cortes, y por otro limita los poderes de las Cortes permitiendo al rey disolverlas a su libre discreción y legislar por real decreto en casos de necesidad. Con el mismo espíritu de moderación se reconoce el sufragio electoral y demás derechos individuales conquistados por el liberalismo, pero con restricciones. En religión, se rechaza la completa libertad de cultos, pero se toleran los cultos no católicos en privado.

Era un sistema de vía media que aspira a acabar con el espíritu de la guerra civil y a crear un clima de convivencia entre todos los españoles, en el que éstos puedan dedicarse pacíficamente a la reconstrucción económica del país después de tantos años de extremismos y violencias. Coincidía este deseo general de orden y paz con el interés de la oligarquía para disfrutar tranquilamente de sus conquistas económicas y sociales. Para ello era preciso un control efectivo del gobierno que impidiese las bruscas oscilaciones del péndulo político, pero manteniendo las formas de legalidad necesarias al orden y a la estabilidad del régimen. El método será crear un sistema de apariencia constitucional y democrática que deja el control político en manos de la clase dominante mediante la organización de dos partidos — liberal y conservador — que se turnan regularmente en el poder por medio de elecciones « prefabricadas », cuyos resultados se saben de antemano. La base del sistema será el *caciquismo,* por el cual el gobierno pone en manos de un oligarca local (el cacique) la administración de cada pueblo a cambio de su apoyo al candidato parlamentario oficial. La poderosa influencia económica y política que el cacique ejerce en su distrito (de él dependen los cargos municipales de alcaldes, concejales, jueces, etc.) le permite garantizar el número necesario de votos al gobierno.

El artífice de este sistema fue Cánovas del Castillo, hombre realista y escéptico, con poca fe en las virtudes políticas de su pueblo, que interpretó la desilusión general con las estériles luchas ideológicas del siglo y la aprovechó en favor de la burguesía suplantando la voluntad nacional con una ficción parlamentaria que al menos permitiese el gradual aprendizaje del proceso democrático. Pero aunque el sistema tenía su valor práctico, no tardó en desprestigiarse por los abusos y la corrupción con que sus beneficiarios se aprovecharon del poder. Los ricos propietarios podían fácilmente evadir los impuestos, haciendo recaer la carga fiscal sobre los pequeños contribuyentes que no gozaban de la misma influencia. Las protestas campesinas contra los salarios de hambre eran reprimidas con la Guardia civil. La ley y la justicia se tuercen en favor de los privilegiados del régimen. Los cargos públicos son sinecuras con que el partido gobernante recompensa a sus afiliados, surgiendo ahora el tipo curioso del *cesante* o funcionario que vive sin empleo en espera de su « turno ». Ante espectáculo tan desmoralizador, se va divorciando del Estado la masa popular, y creciendo el antagonismo entre proletarios explotados y propietarios adinerados que dará sus frutos sangrientos en el siglo XX.

El desprestigio de la Restauración traerá consigo una vez más la intervención política del Ejército, que Cánovas había querido eliminar « comprando » la inacción de los oficiales con un trato favorable que mantenía a muchos generales casi sin soldados en quien mandar, y evitaba reformas muy necesarias para la modernización del Ejército. El nuevo rey Alfonso XIII (1902-1931) busca el apoyo militar para influir personalmente en los asuntos políticos, poniendo su patriotismo por encima del interés de los partidos turnantes. El Ejército tiende también a formar una especie de sindicato profesional para defenderse frente a las críticas de los elementos izquierdistas. En 1907 impone una ley de Jurisdicciones que le permite castigar por sí mismo cualquier censura contra las fuerzas armadas. Bajo su influencia y con el apoyo del rey, se reanuda la guerra de Marruecos, cuyos desastres dan lugar a protestas del proletariado y a represiones violentas, especialmente en Barcelona (la « Semana trágica » de 1909). Hasta que el rey, alarmado por las posibles responsabilidades de su política militarista y deseoso de acabar con el régimen seudoparlamentario de la oligarquía, cada vez más impopular e incapaz de cortar los disturbios sociales,[9] acepta al general Primo de Rivera para implantar una dictadura militar que regenerase la vida pública.

[9] Los tres políticos más distinguidos de la Restauración, Cánovas entre ellos, fueron asesinados por los anarquistas.

La Dictadura de Primo de Rivera (1923-1930). Si bien el pronunciamiento de Primo de Rivera significaba un retroceso al militarismo del siglo pasado y la sustitución de un sistema legal, aunque arbitrario, por otro ilegal e igualmente arbitrario, el país lo acepta sin la menor resistencia como remedio extraordinario 5 y temporal para liquidar el viejo régimen de la oligarquía y hacer posible la reorganización del Estado sobre una amplia base nacional. Como todo gobierno militar, sirvió para restablecer el orden, acabando con el *pistolerismo* anarquista y con la guerra de Marruecos que tantos sacrificios venía costando (ayudado 10 en este caso por Francia). Pero no tiene ningún plan constructivo para resolver los problemas sociales y económicos, ni logra crear un partido fuerte que desarrolle una política general, como los de Mussolini y Hitler. A diferencia del fascismo contemporáneo, es un gobierno autoritario pero no totalitario; más que 15 dictadura, una « dictablanda » arbitraria, pero no cruel. Aunque la paz interna trae pronto un progreso material, con trenes más puntuales y mejores carreteras, el dictador se hace cada vez más impopular por lo arbitrario de sus métodos, la inevitable corrupción de todo gobierno irresponsable, la previa censura y la 20 persecución de todos sus oponentes, entre los que figuran numerosos intelectuales. El pueblo rechaza unas reformas que, buenas o malas, le son impuestas paternalmente desde arriba, sin consultar su opinión.[10] Se repudia la ilegalidad de un régimen que ha sobrevivido a su misión original de liquidar al viejo 25 sistema y que sigue usurpando el poder. Reconociendo la impopularidad del dictador, el rey decide abandonarle para salvar la monarquía (1930), pero no puede eludir la responsabilidad de haber violado la Constitución que juró defender y de haber apoyado al dictador. Al año de caer éste, bastan unas elecciones 30 municipales para convencerle de que no cuenta con bastante apoyo para reinar y entrega pacíficamente el poder a una Junta de los republicanos triunfantes.

La Segunda República y la Guerra Civil (1931-1939). La segunda República, igual que la primera, se implanta con toda legalidad,

---

[10] Los plebiscitos con que el dictador pretende obtener la aprobación popular para sus medidas resultan una farsa aun más obvia que las prácticas electorales del régimen anterior, por la falta de libertad de prensa y de discusión. En realidad muchos de los vicios de la Restauración reaparecen subrepticiamente de nuevo, como los antiguos caciques y otros elementos indeseables que entran a formar el partido único de la dictadura (la *Unión Patriótica*), el cual no pasa de ser un grupo de oportunistas. La clase obrera sigue hostil, a pesar de las leyes sociales que se dictan en su beneficio.

sin oposición alguna, debido a la desilusión general con el
régimen monárquico. No aparece como una revolución, sino
como el restablecimiento de la legalidad, basada en la voluntad
nacional y expresada por un Parlamento que elabora una nueva
5 Constitución (1931) de tipo liberal, con las acostumbradas
libertades individuales, separación de la Iglesia y el Estado y
reconocimiento de las aspiraciones regionalistas. Su primer
presidente, Alcalá Zamora, es un antiguo político de la Restauración, miembro de la oligarquía terrateniente pero con ideas
10 liberales, que aspira a organizar la fuerza conservadora del
republicanismo frente al proletariado socialista. Con una confianza ilimitada, los republicanos se disponen a realizar legalmente
la obra reformadora y progresiva iniciada por los liberales de
Cádiz, sin tener en cuenta su propia debilidad y las fuerzas del
15 adversario.

Como de costumbre, el poder supremo se otorga a las Cortes,
donde pronto se muestra la inestabilidad de la alianza republicano-
socialista.[11] El eje político empieza a oscilar de un extremo a otro,
haciendo imposible un gobierno fuerte y estable. La debilidad
20 crónica del liberalismo reaparece ante los ataques de los extremistas adinerados, que sienten en peligro sus intereses, y los
extremistas proletarios que se impacientan por las prometidas
reformas. Y cuando el gobierno toma medidas represivas para
mantener el orden se hace impopular con los segundos sin
25 ganarse la simpatía de los primeros. Esta polarización de la
opinión en dos campos antagónicos, esencialmente un conflicto
de clases, aumenta la tensión hasta en una nueva guerra civil,
la más cruel de toda la serie.

Las dos principales reformas que emprende la República y
30 que provocan la reacción más violenta de la oposición conservadora y la ruina del régimen son la religiosa y la agraria. Para
los liberales del siglo XIX el clericalismo había sido el problema
capital del país y el más difícil de resolver por sus métodos
insidiosos de infiltración. El resurgimiento de su poder econó-
35 mico — ahora no en tierras sino en empresas industriales — y
su monopolio de la enseñanza privada, hicieron que los republicanos también participasen de la misma preocupación anticlerical.
Ya al mes de implantarse la República se produce el primer
ataque violento, incendiando iglesias y conventos, como el

---

[11] Surge un gran número de partidos (20), desde los carlistas en la extrema derecha
a los anarquistas en la izquierda, y como consecuencia la vida de los gobiernos es
corta (un trimestre por término medio).

populacho había hecho en el siglo XIX. No son los bancos ni las casas de los ricos el objeto del odio popular, sino las iglesias como símbolo de una institución que ha traicionado su misión espiritual aliándose con el trono y la plutocracia, y que ahora parece sobrevivir a la monarquía caída y seguir disfrutando de 5 su influencia en la sombra. La pasividad del gobierno ante tales desmanes (por temor a parecer protector del clero) basta para despertar la alarma y la hostilidad de la opinión católica, que la oposición utiliza para atacar al régimen en nombre de la religión amenazada. La hostilidad se intensifica cuando la nueva Consti- 10 tución adopta un completo programa anticlerical, destinado a separar la Iglesia del Estado, suprimiendo el presupuesto de « culto y clero » y acabando con la influencia educativa y econó- mica del clero. Se prohibe a las órdenes religiosas que se dediquen a la enseñanza, al comercio o a la industria, y se disuelve a la 15 Compañía de Jesús como la más peligrosa de las órdenes. Era una evidente discriminación contra la Iglesia católica, tratada como enemigo potencial, que contradecía la declaración de derechos hecha en la propia Constitución y que enajenó, sin necesidad, al elemento moderado del liberalismo, provocando 20 en muchos católicos una reacción agresiva contra la República. Bastó que el jefe republicano Azaña declarase que « España ha dejado de ser católica » para que muchas mujeres, antes ajenas a la política, saliesen a la calle ostentando su cruz al pecho. Aunque esa frase sólo expresaba la indiferencia religiosa del 25 gobierno republicano, fue interpretada como señal de ataque al catolicismo nacional. La Iglesia se declara perseguida (sin ser ésa la intención del gobierno), y lo que era en realidad un problema secundario se convierte en una de las principales causas del fracaso republicano.   30

Pero si la cuestión religiosa demostró la intransigencia de las izquierdas, con su prejuicio anticlerical y su indiferencia a los sentimientos religiosos ajenos, la cuestión agraria puso de manifiesto la intransigencia de las derechas en defensa de sus intereses económicos y su indiferencia ante la injusticia social 35 del campo. La República trató de reformar el sistema de la propiedad agraria con el doble fin de mejorar la condición del campesino y de aumentar el rendimiento de la tierra. Para ello dicta una ley en 1934 expropiando los latifundios del Centro y del Sur, y arrendándolos a los campesinos en lotes individuales 40 y comunales. Pero la reforma se desarrolla con lentitud, por falta

Miliciano de la guerra civil

de personal y recursos técnicos, y los dos millones y medio de braceros que esperan el reparto de tierras se impacientan, y a menudo se producen violencias incitadas por los anarquistas en nombre de la revolución social. Por otra parte los propietarios
5 reaccionan con parecida violencia contra las expropiaciones a pesar de la compensación ofrecida. Sus métodos de oposición incluyen la suspensión del trabajo agrícola, que hizo disminuir los cultivos rápidamente, la evasión de capitales al extranjero, la obstrucción parlamentaria contra las leyes agrarias, y finalmente
10 la rebelión militar, que en 1932 fracasa por prematura, pero que triunfa en 1936, dirigida en ambos casos por el veterano general Sanjurjo.[12] Ante este « sabotage » legal de la República, los extremistas de izquierda recurren a la violencia. En Asturias los mineros marxistas se rebelan contra el gobierno derechista; en
15 Barcelona los catalanistas se alzan contra el gobierno centralista en defensa de su recién ganada autonomía regional; en Madrid

[12] Incluso las reformas más moderadas, como la concesión de la propiedad de la tierra al labrador que la hubiese cultivado por 30 años, presentadas por un ministro de la derecha católica, fue rechazada con protestas airadas de los terratenientes, uno de cuyos representantes declaró en las Cortes : « Si queréis quitarnos nuestras tierras con encíclicas en la mano, acabaremos haciéndonos cismáticos ». Y cuando otro gobierno derechista trató de equilibrar el presupuesto aumentando los impuestos a la clase adinerada, el plan fue rechazado por la mayoría parlamentaria y el gobierno derrotado.

y otras ciudades los anarquistas provocan huelgas y desórdenes contra el gobierno burgués. La política del gobierno derechista al perseguir a estos elementos subversivos y anular casi todas las reformas republicanas trae una nueva reacción del péndulo político hacia la izquierda con el triunfo electoral del Frente 5 Popular (febrero de 1936), coalición en la que predominan los diputados republicanos y socialistas, con un número insignificante de comunistas. Mas la creciente tensión entre la extrema derecha y la extrema izquierda crea un estado de violencia e inseguridad que hace imposible toda solución moderada. Como 10 ocurrió durante la primera República, el gobierno se ve impotente para mantener el orden e imponer la ley imparcialmente. A las pistolas de los jóvenes fascistas contestan las pistolas de los jóvenes marxistas, y en cuatro meses ocurren más de doscientos asesinatos políticos. En el país se respira la atmósfera de 15 otra guerra civil que al fin estalla con la rebelión militar del 18 de julio de 1936. Se trata de otro pronunciamiento al estilo tradicional, que sus autores esperaban fuese breve por contar con casi todo el Ejército, pero que la inesperada resistencia de los trabajadores convirtió en una lucha cruenta de casi tres años. 20 Era el choque de las dos fuerzas organizadas para la lucha en defensa de sus intereses de clase. El Ejército en defensa del orden social establecido frente a las aspiraciones revolucionarias del proletariado. Más que contra el comunismo, poco importante todavía en España en ese momento, el « alzamiento nacional » 25 fue realmente contra la amenaza social del proletariado organizado, que en su mayoría simpatizaba con los socialistas y anarquistas, nada inclinados a servir a Moscú.

La sublevación militar desencadenó una revolución proletaria que el gobierno republicano no pudo evitar por haber tenido 30 que dar las armas a los sindicatos obreros para defenderse. En esa revolución social se confiscaron las tierras y las fábricas, se quemaron iglesias y se mataron religiosos y otros significados

derechistas. El odio anticlerical se manifestaba de nuevo en la misma forma violenta que cien años antes en la primera guerra civil, y por motivos parecidos : la actitud beligerante de la Iglesia al apoyar al bando enemigo. Y con el mismo « odio teológico »
5 se extermina en el lado nacionalista a los hombres de izquierda, como enemigos de la patria y de la religión, de modo que se ha podido decir con razón que « si en un lado se moría por Cristo, en el otro se mataba en nombre de Cristo ». Este terrorismo, más que la lucha en los frentes, fue la causa principal del enorme
10 número de víctimas de la guerra civil (calculado en un millón), y al recuerdo imborrable que ha dejado en la nación se debe más que nada la larga y pacífica duración del régimen dictatorial que ha seguido a la guerra.

En el lado republicano la guerra civil da lugar a una revolución
15 social en la que en nombre de la libertad se debilita y fragmenta la autoridad central del Estado, como siempre, y es sustituida por la tendencia separatista de los partidos obreros, los pueblos y las regiones (especialmente en Cataluña y el País Vasco). En la zona nacionalista, en cambio, el Ejército impone desde
20 el primer momento un régimen autoritario, bajo una Junta militar que pronto deja todos los poderes en manos de uno de sus miembros, Francisco Franco, como Jefe del Estado y Generalísimo de los Ejércitos, más tarde « Caudillo de España por la gracia de Dios », quien logra crear una de las dictaduras más
25 personales y absolutas que ha tenido España. Aunque cuenta con el apoyo de la Falange (el partido fascista español) y los demás partidos derechistas, la base del nuevo Estado será siempre el Ejército. En contraste con la dispersión del poder republicano en una multiplicidad de partidos políticos, sindicatos y comités
30 locales, Franco amalgama todos los partidos que le apoyan en uno solo, bajo su mando, neutralizando así las diferencias ideológicas entre aquéllos y evitando posibles conflictos entre el Ejército y el partido. Si a pesar de su superioridad en unidad política y disciplina militar, con casi todo el Ejército de su parte,
35 los nacionalistas no ganaron antes la guerra, ello sólo se explica por el fervor combativo con que la clase trabajadora y parte de la clase media se opusieron a la agresión de las clases privilegiadas.

Aunque la guerra fue un conflicto esencialmente español,
40 entre un nuevo orden reformista, igualitario, secularizador, y el orden tradicional, autoritario y clerical, pronto adquirió un

carácter internacional al solicitar ambos bandos la ayuda extranjera. Con la intervención inicial de la Italia fascista y la Alemania nazi en favor de Franco, la guerra española se convierte en símbolo del conflicto ideológico entre fascistas y antifascistas, que dividía al mundo, y que no tardaría en provocar la Segunda 5 Guerra Mundial. De nuevo, como en la guerra de la Independencia, el pueblo republicano, mal armado y peor organizado, aparece como el primero en luchar contra el fascismo internacional. Mientras que en el lado nacionalista se resucita el espíritu de cruzada contra el peligro « rojo » que amenaza a la cristiandad. 10 Ante la pasividad de las democracias, temerosas de un conflicto prematuro con el Eje fascista, el gobierno republicano se ve obligado a pedir ayuda militar a Rusia (con quien no tenía relaciones diplomáticas antes de estallar la guerra civil). Esa ayuda en material de guerra, bien pagado con el oro del Tesoro 15 español, junto con la de los voluntarios de las Brigadas Internacionales que acuden de todos los países a luchar contra el fascismo, fue suficiente para sostener la resistencia cerca de tres años, pero no para ganar la guerra frente a la superior ayuda en material y tropas de Italia y Alemania. 20

El resultado de la guerra fue la ruina económica del país, con la destrucción de la riqueza que se había empezado a acumular desde la Restauración, el sacrificio de un millón de vidas humanas, la persecución o el exilio para más de un millón de vencidos, y una barrera de odios entre éstos y los vencedores, sin 25 quedar una sola familia libre de la tragedia.

El régimen de Franco. La doble e ingente tarea del nuevo régimen consistía en realizar la reconstrucción material y moral del país. A los treinta años de vida no cabe duda que el progreso ha sido mayor en la primera que en la segunda tarea. El régimen de 30 Franco ha seguido siendo el de los vencedores, cuya victoria se conmemora anualmente con un gran desfile militar. A diferencia de las guerras civiles anteriores, seguidas de una rápida normalización de la vida nacional, esta vez hubo severas represalias y discriminación contra los que habían apoyado la causa 35 republicana. Y por muchos años aún estuvieron los tribunales militares encargados de castigar las actividades políticas contra el régimen, entre las que se cuentan tanto el comunismo como la masonería. La doble censura del Estado y de la Iglesia ha impedido la libre circulación de ideas heterodoxas, sean de autores vivos o muertos. Ideológicamente al menos, el país sigue dividido entre españoles

« buenos » y « malos », si bien el deseo conciliatorio se empieza a sentir en las nuevas generaciones que no hicieron la guerra y quieren olvidar las viejas divisiones. Recientemente el mismo gobierno ha iniciado tímidas medidas de liberalización que reflejan
5 el anhelo general de una mayor libertad y normalidad jurídica, pero sin llegar a tolerar la menor crítica del régimen.

A cambio de su apoyo moral al gobierno, la Iglesia ha recobrado no sólo su monopolio religioso sino privilegios que había ido perdiendo en los dos siglos anteriores. Así se restablece en
10 un nuevo concordato con Roma (1953) el beneficio de clerecía poniendo al clero al margen de la jurisdicción secular, se exime de impuestos a la propiedad eclesiástica, y toda la enseñanza pública queda bajo la supervisión de la Iglesia para impedir que se enseñe nada contrario al dogma católico. Con ello la Iglesia ha vuelto
15 a la tradición « totalitaria » de la Contrarreforma, pero como ya no refleja el sentimiento unánime del pueblo, tales privilegios producen una especie de « inflación religiosa » que no resuelve el viejo problema de la Iglesia al quedar ésta identificada con la autoridad del Estado.[13]
20 Como buen militar, Franco ha resuelto el problema elemental del orden público con un gobierno autoritario y ha hecho posible la reconstrucción material del país. Más que un régimen fascista, es una extensión a la vida nacional del sistema militar, con un Estado concebido jerárquicamente como una serie de
25 funcionarios a las órdenes del jefe supremo. Su aspiración es ser eficaz y benéfico para los súbditos, pero sin dejar que éstos controlen el gobierno o lo critiquen. Así ha adoptado una amplia y generosa legislación social en forma de seguros obligatorios de trabajo, enfermedad y vejez, salarios mínimos y prohibición
30 de despidos, que aspiran a mantener y aun mejorar las reformas obreristas de la República. En cambio se niega al obrero el derecho a la huelga y se le obliga a formar parte de los Sindicatos Verticales, formados por patronos y obreros bajo el control de Falange, cuyo programa nacional-sindicalista inspiró estas
35 reformas. Su función es asesorar al gobierno en materias de producción (precios, salarios, distribución y expansión industrial) conforme a la política económica del Estado. Con este sistema se aspira a sustituir la lucha entre capital y trabajo como medio de defender los intereses de clase por un principio de cooperación

[13] Según declaraciones eclesiásticas, la mayoría de los trabajadores no profesan religión alguna y desean la separación de la Iglesia y el Estado. Esto ha hecho que una parte del clero trate de acercarse al obrero criticando los abusos sociales y propagando el espíritu social-cristiano que representa el catolicismo progresivo del siglo actual.

bajo la dirección paternalista del Estado. En la práctica, sin embargo, todo aumento de salarios impuesto por el gobierno va acompañado de un alza mayor de precios, que el gobierno no puede impedir sin trastornar la marcha industrial.[14] El hecho de que haya habido algunas huelgas ilegales en protesta contra esta alza del costo de vida parece indicar que los sindicatos no son lo bastante fuertes para proteger los intereses del obrero frente al capitalista.

Conforme al mismo principio de supremacía del Estado sobre los intereses privados, el gobierno ha mantenido el sistema capitalista, pero controlado por el Estado y suplido por éste allí donde la iniciativa privada es deficiente. En su afán de extender la industrialización a todo el país, para hacerlo más independiente y corregir el desequilibrio entre las distantes regiones, el gobierno ha montado una serie de industrias, sin tener en cuenta a veces las limitaciones técnicas, como la falta de energía eléctrica o de materias primas, o las consecuencias económicas, como el alto precio de sus productos.[15] Es significativo, en cambio, que este intervencionismo económico del Estado no se haya extendido a la explotación de la tierra, donde el viejo sistema agrario sigue intacto, aparte de mejoras técnicas en cuestión de riegos y viviendas y de algunas expropiaciones de terrenos incultivados (muy bien indemnizadas, por supuesto) en favor de familias campesinas. Pero no se ha tocado el sistema de la propiedad para hacer posible una redistribución de la tierra entre los cultivadores y un aumento de la productividad. En consecuencia, la producción agrícola ha aumentado sólo en un 10%, insuficiente para las necesidades de una población que ha aumentado un 20% (de unos 25 a 30 millones entre 1940 y 1960). El bajo poder adquisitivo de la población rural le impide además absorber la mayor producción industrial. El resultado es que el progreso económico de la nación no se refleja en una distribución justa de la riqueza, sino que mantiene el tradicional contraste entre la pobreza de las masas, especialmente la campesina, y la riqueza de la minoría.

En la política internacional el éxito de Franco ha sido completo. En contraste con la rigidez ideológica empleada en la política

[14] En los primeros veinte años del régimen se triplicaron los salarios, pero los precios aumentaron aún más de once veces por término medio. Mientras que el poder adquisitivo de la clase asalariada (la casi totalidad de la población) ha disminuido, los dividendos y las reservas del capital industrial han aumentado. Esta tendencia se ha mantenido hasta el presente, agravada por los efectos de una seria inflación económica.

[15] En 1959 el gobierno tuvo que adoptar un plan de liberalización económica para salvar al país de los males del excesivo control estatal y poder entrar en el Mercado Común europeo. Este último objetivo no se ha logrado todavía, en gran parte por las objeciones políticas de algunos países al régimen antidemocrático de Franco.

interior, por tener el poder absoluto en sus manos, en la exterior
ha cultivado una hábil prudencia y una flexibilidad que le per-
mitieron librar a España de la Segunda Guerra Mundial, a pesar
de sus obligaciones con los países totalitarios, y después salvar
5 su dictadura frente a la hostilidad de las democracias triunfantes.
En la posguerra su triunfo consiste en ser admitido en las
Naciones Unidas y hacerse aliado de los Estados Unidos después
de haber sido condenado por aquella organización y serle dene-
gada la ayuda económica del plan Marshall por ser un dictador
10 pro-fascista. Sin que Franco cambiase su sistema de gobierno
ni hiciese concesión alguna a las democracias, éstas olvidaron su
antigua censura, especialmente ante el nuevo peligro soviético,
y los Estados Unidos le acogieron como aliado a cambio de
unas bases navales y aéreas en la Península. Franco no sólo
15 obtiene esta victoria moral sobre las democracias, que vienen
a reconocer su valor después de haberle condenado, sino que
obtiene un buen precio en dólares por su contribución territorial
a la defensa del Oeste.

Tanto en su política exterior como interior, el objetivo básico
20 de Franco ha sido la perpetuación de su poder personal, como
salvador providencial de la patria. Con suma habilidad ha sabido
mantener el equilibrio entre las distintas fuerzas políticas, sin
identificarse nunca del todo con ninguna y evitando la hegemonía
de una sola. Para atraerse a los monárquicos declara que España
25 es un reino, pero satisface a los falangistas antimonárquicos
no trayendo a ningún rey. Primero da prominencia a la Falange
durante el apogeo del fascismo europeo y luego la relega a un
segundo plano para congraciarse con las democracias. En lo
económico reconoce al capitalismo privado, pero lo somete
30 al control estatal. En lo social protege al trabajador con una
legislación muy avanzada, pero le niega el derecho a la huelga
y a formar sus propios sindicatos independientes. Con un aire
de sobriedad y modestia, adaptándose a las circunstancias sin
comprometerse nunca a nada definitivo, Franco ha ido gradual-
35 mente restableciendo el tradicional principio absolutista de
« El Estado soy yo », responsable sólo « ante Dios y la historia »,
hasta hacerse la figura indispensable del régimen, sin posible
rival ni sucesor aparente a los 30 años de su gobierno. Ante la posibilidad de su muerte, se ha instituido un Consejo de Regencia con la
función de elegir como sucesor a un rey que esté dispuesto a mantener los principios del Movimiento Nacional, nombre oficial del
régimen.

XI

La vida cultural en la España moderna

[Siglos XIX y XX]

EL CONFLICTO IDEOLÓGICO
DE LAS DOS ESPAÑAS

Todas las luchas civiles y oscilaciones políticas que agitan la vida española desde principios del siglo XIX en busca de una nueva fórmula constitucional que sustituya al viejo régimen absolutista son expresión de un conflicto básico entre el concepto religioso de la vida y el secular. Frente al orden tradicional basado 5 en la fe católica se buscan otros sistemas de tipo racionalista que llenen el hueco de la religión como base de la conducta humana. Por eso el pensamiento español del siglo XIX se preocupa más de las ideas sociales y éticas que de los estudios científicos, predominantes en el siglo anterior. Los reformadores son esencial- 10 mente pedagogos, dedicados a cambiar la actitud mental de los españoles. La literatura toma un marcado carácter polémico, en pro o en contra de las nuevas ideas modernizadoras. Florece el ensayo, analizando el carácter del pueblo español y el sentido de su historia, bien como justificación de los valores tradicionales 15 o como autocrítica necesaria para la regeneración nacional. Primero son los liberales que oponen al absolutismo tradicional su sistema racional de normas constitucionales como fórmula mágica para trasformar la sociedad. Por eso proclaman ingenuamente los liberales de Cádiz en su Constitución que « los españoles 20 serán justos y benéficos ». Y la lucha contra Napoleón es religiosa tanto como patriótica, destacándose el papel del clero contra el « ateísmo » revolucionario de los franceses. En el siglo XX son los nuevos partidos obreros los que heredan el anticlericalismo de la burguesía liberal y aspiran a llenar el vacío espiritual de la 25 religión con una fe socialista o anarquista.

El tradicionalismo católico. En este conflicto ideológico de las dos Españas se destaca entre los primeros defensores del tradicionalismo católico el sacerdote catalán Jaime Balmes (1810-1848). Su pensamiento (expuesto en *El criterio* y otras obras) se
5 basa en la filosofía escolástica medieval, pero con variaciones derivadas de otras doctrinas racionalistas europeas en un esfuerzo polémico por defender el catolicismo frente al protestantismo y, al mismo tiempo, por « modernizar » la teología escolástica. Especialmente toma de la escuela escocesa del siglo XVIII la
10 idea del « sentido común » como criterio para distinguir lo verdadero de lo falso y como guía de nuestra conducta. Ese criterio está basado en una « combinación de la razón con el instinto ». Esto da a su obra un carácter más pragmático que doctrinal, y en su aplicación política inspira el ideario moderado

Jaime Balmes

15 de la nueva monarquía liberal, combinando la fuerte autoridad del trono con la existencia de una ley constitucional. Ante la crisis del espíritu nacional, sin embargo, la solución para él no puede ser más que el robustecimiento del tradicional concepto católico de la vida española.
20 De gran resonancia en su tiempo por su elocuencia profética fue Juan Donoso Cortés (1809-1853), defensor de la misma síntesis de religión y política como remedio a la crisis social de la época. Es un liberal que, alarmado ante los avances del socialismo, se torna tradicionalista y defiende el gobierno dictatorial y
25 teocrático como única garantía contra los peligros del materialismo socialista. Él ve en éste la culminación inevitable del racionalismo y del liberalismo, por haber puesto ambos al hombre en el sitio de Dios. Su *Ensayo sobre el catolicismo, el liberalismo y el socialismo*, aparecido a raíz de la revolución social europea de 1848, causó
30 sensación por su visión de una futura masa proletaria organizada bajo idearios socialistas que acabarían destruyendo los fundamentos de la sociedad burguesa y cristiana. Con genial intuición previó la importancia de Rusia y de las masas asiáticas en esa revolución proletaria. Su solución era volver al orden jerárquico
35 de la Edad Media, con Dios como centro de la vida humana y la caridad como remedio de las injusticias sociales. No es extraño que sus ideas antidemocráticas hayan vuelto a encontrar eco entre los defensores modernos del totalitarismo, incluso en Alemania.
40 Más equilibrado en su defensa del tradicionalismo católico fue el gran historiador y crítico literario Marcelino Menéndez y

Pelayo (1856-1912), quien busca en el estudio del pasado cultural de España una base histórica para el resurgimiento del espíritu nacional. Aunque también identifica el catolicismo con la tradición española, su sentido crítico le hace ver los defectos de la cultura escolástica y las contribuciones culturales de los heterodoxos españoles. A pesar de sus firmes convicciones políticas y religiosas, se advierte ya en él cierta tendencia liberal que refleja la creciente tolerancia que se va consolidando bajo la Restauración. Como defensor de la tradición católica, Menéndez y Pelayo ocupa en la España actual un lugar prominente entre los creadores del concepto de « hispanidad ». Como erudito autor de variados y extensos estudios, en que se combina la documentación precisa con la penetración crítica y la visión sintetizadora, es el iniciador de la moderna escuela de investigadores de la historia cultural de España, unánimemente respetado por sus juicios literarios aun entre quienes difieren de su ideología.[1]

El krausismo y la Institución Libre de Enseñanza. Como alternativa a la ideología católica y tradicionalista que se identifica con una actitud reaccionaria e intransigente hacia las nuevas ideas del racionalismo europeo, empiezan a circular por España en la segunda mitad del siglo XIX una serie de doctrinas heterodoxas que van desde el idealismo de Hegel hasta el positivismo de Comte. En ellas buscan los intelectuales liberales una nueva base filosófica y moral para la cultura secularista en formación. Alemania, con su riqueza filosófica y su prestigio científico, es el país donde estos intelectuales hallan ahora preferentemente su inspiración, como sus predecesores del siglo XVIII la hallaron en Francia e Inglaterra. De allí trae un joven profesor de Madrid, Julián Sanz del Río (1814-1869), la filosofía de Krause, un seguidor de Kant que va a tener más resonancia e influencia en España que en la propia Alemania. Su sistema era un idealismo panteísta que sustituye la idea tradicional de un Dios trascendente por un Dios inmanente del que participan todas las cosas, for-

---

[1] Su principal sucesor, Ramón Menéndez Pidal (n. 1869), es un filólogo de reputación mundial, cuyos estudios han hecho una contribución fundamental al conocimiento de la lengua y la literatura medieval. Representa el tipo de erudito moderno que aspira a superar los viejos antagonismos ideológicos al servicio de la objetividad científica. Con él y su brillante escuela de investigadores humanísticos, el *hispanismo* deja de ser un recuerdo nostálgico del pasado para convertirse en prestigiosa realidad creadora. Igual espíritu investigador representa en el campo de las ciencias experimentales el sabio histólogo Santiago Ramón y Cajal (1852-1934), ganador del premio Nobel de Medicina en 1906, que simboliza el nuevo interés por los estudios científicos en la España contemporánea.

mando una armonía universal en la cual cada individuo tiene como fin el propio perfeccionamiento y debe ser tratado con respeto y simpatía. Más que por su valor metafísico, esta teoría atrae a los españoles por su valor ético, como norma de conducta, igual que siglos antes ocurriera con el estoicismo de Séneca. La obra en que Sanz del Río expone el sistema del maestro lleva el significativo título de *Ideal de la Humanidad para la vida* (1860), y ese ideal de perfeccionamiento moral del individuo en un ambiente de libertad, armonía y tolerancia para todas las ideas es lo que satisface a la intelectualidad liberal. Era realmente un nuevo sistema moral, con un elevado sentido de la dignidad del individuo, pero basado en la razón, no en un dogma religioso.

Entre sus representantes figuraban hombres prominentes de las letras, la enseñanza y la política, algunos de ellos verdaderos « santos laicos » que aspiran a regenerar la vida pública española mejorando la vida privada de cada individuo, empezando ellos mismos por dar el ejemplo con una irreprochable conducta moral basada en altos ideales de austeridad, justicia y tolerancia. Por su defensa de la libertad de conciencia y su fuerte sentido ético de la vida, los krausistas españoles representan frente al catolicismo oficial una actitud parecida a la de los protestantes del siglo XVI, y también serán atacados como heréticos, siendo destituidos los profesores que se niegan a silenciar sus ideas heterodoxas. Esta persecución trajo, sin embargo, un bien inesperado, al fundar varios de los profesores destituidos y otros intelectuales la Institución Libre de Enseñanza (1876), un centro escolar al margen del Estado y de la Iglesia donde poder practicar la libertad de pensamiento, con independencia de todo dogmatismo pero con respeto para todas las ideas. Era el primer intento de aplicar a la pedagogía las ideas krausistas, bajo la inspiración del gran educador Francisco Giner de los Ríos (1839-1915). Su aspiración es desarrollar íntegramente la personalidad, cultivando no sólo el intelecto sino el carácter moral y la sensibilidad estética, creando « antes que todo *hombres*, personas capaces de concebir un ideal, de gobernar su propia vida ... mediante el armonioso consorcio de todas sus facultades ». A través de esta aplicación educativa es cómo el krausismo se convierte en una importante influencia cultural durante medio siglo, llegando sus efectos hasta la segunda República, muchos de cuyos dirigentes se habían formado en la Institución Libre.

Ante la futilidad y violencias de la vida política, Giner había visto clara la necesidad de reformar la mentalidad de los españoles para poder vivir en un régimen de libertad y tolerancia. Su plan consistió en educar según nuevos métodos a un grupo selecto que después fuese extendiendo su influencia personal por toda la vida nacional. La Institución revolucionó además los 5 métodos educativos. Fue una de las primeras escuelas de Europa en adoptar la discusión de temas con los alumnos, los trabajos manuales, el deporte y el excursionismo, entre otros métodos de educar la personalidad integral del estudiante, resaltando siempre el respeto por los hechos con objetividad científica, 10 por encima de las creencias o prejuicios personales.

El acierto de este plan regenerador de la enseñanza no tardó en dar fruto, a pesar de la resistencia inicial, especialmente por parte del clero, que veían en la Institución un rival más serio que en el Estado. Muchos de sus métodos educativos han sido 15 adoptados oficialmente, y el gobierno creó organismos inspirados por la Institución, como la Junta para Ampliación de Estudios (1907), con el fin de estimular la investigación científica y la formación de especialistas preparados en el extranjero. El resultado será la aparición en el siglo actual de una brillante generación 20 de investigadores y profesores que han elevado el prestigio de la cultura española a un nivel inigualado desde el Siglo de Oro, y que en gran parte son producto de la Institución. Pero como otros ideales de regeneración nacional surgidos en España, es la obra de una minoría selecta y europeizante (parecida a los 25 erasmistas del siglo XVI o a los reformadores *ilustrados* del XVIII) que aspira a mantenerse al margen de los partidismos político-religiosos, y cuya misma independencia y tolerancia en una época de apasionados conflictos ideológicos la hizo sospechosa entre las izquierdas, que quieren remedios más prácticos e 30 inmediatos para los problemas sociales, y entre las derechas, que ven en peligro la tradición católica. Por eso, al triunfar las ideas antiliberales y el clericalismo con el régimen de Franco, las obras de la Institución fueron suprimidas.

La Generación de 1898. A fines del siglo XIX el conflicto ideoló- 35 gico entre la vieja y la nueva España se agudiza por el descontento de la juventud intelectual con el estado del país que, tras un siglo de conmociones políticas parecía haberse estancado bajo la Restauración, falto de vitalidad y de fe en sí mismo para regenerarse. Ese descontento culmina en 1898, cuando España pierde 40 sus últimas colonias de Cuba, Puerto Rico y Filipinas en breve

lucha naval con los Estados Unidos. El desastre puso de manifiesto la impotencia del país y la artificialidad de un sistema
político que la había venido ocultando con retórico patriotismo.
Se produce entonces una violenta crítica contra los falsos valores
5 de la España oficial y de un pasado de grandezas imperiales que
estaba definitivamente muerto. Ante la evidente decadencia se
hace un examen de conciencia nacional, para saber cómo es el
verdadero carácter español, diagnosticar su mal y buscarle
remedio inteligente. Su actitud, sin embargo, es más de intelec-
10 tuales y artistas que de reformadores prácticos, y su medio favorito
de expresión será el ensayo, que ahora surge como uno de los
principales géneros de la literatura española. Ensayos que son
tan reveladores de la personalidad del autor como de la de
España, pues su examen del alma nacional tiene mucho de examen
15 introspectivo.

Ante la decadencia del país, su remedio inicial fue la europeización, a fin de sacarlo de su letargo con la influencia vivificadora
de la cultura europea. Sin embargo, casi todos pasan pronto
de esta tendencia europeizante a la españolista, defendiendo el
20 espíritu tradicional como más valioso para España que uno
importado.

Tal será la tesis del precursor Ángel Ganivet (1865-1898),
quien analiza con penetrante originalidad el carácter español y
su actuación en la historia para descubrir lo mejor de la tradición
25 propia y vivir conforme a ella en el futuro. Ganivet halla la
solución en un desarrollo de la actividad del espíritu que sustituya
a las conquistas territoriales de antaño, para lo cual es indispensable el libre desarrollo de la personalidad individual, única cosa
en la que como buen español tiene fe. Su *Idearium español* (1896)
30 ha tenido mucha influencia en posteriores análisis del alma
española, especialmente su diagnosis del mal nacional como
abulia o pérdida de la voluntad colectiva, cuyo remedio está
en concentrar todas las energías que le quedan al pueblo en la
reorganización interior, abandonando toda política expansionista.
35 Tal ha sido, en efecto, el programa seguido hasta hoy por España.

El maestro de esta generación y uno de los pensadores más
importantes de la España moderna es Miguel de Unamuno
(1864-1936), profesor de griego en Salamanca y autor de ensayos
filosóficos, poesías, novelas y dramas, a quien han preocupado
40 dos problemas fundamentales: el de la supervivencia personal
y el de la esencia de España. Como los demás de su generación,

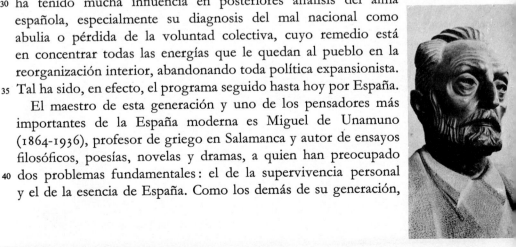

Unamuno

ve la causa de la decadencia española en el aislamiento espiritual y empieza proponiendo como remedio la europeización, « abrir las ventanas a los vientos europeos », con su ideal de progreso y su cultura racionalista, para regenerar la estepa española. Pero también su actitud se hace españolizante al encontrar insuficiente esa cultura científica y secularista ante el problema esencial del destino humano, es decir, ante su preocupación religiosa sobre la inmortalidad personal. En su obra *Del sentimiento trágico de la vida* (1912) expone una filosofía existencialista de sentido religioso que tiene por base el conflicto íntimo entre el instinto vital que nos hace creer en la perduración de la vida y la razón que duda de esa creencia. La trágica condición del hombre moderno está en haber perdido la fe religiosa por seguir la razón y ver así privada su vida de una base espiritual que le dé sentido. Por eso quiere que España conserve su concepción católica de la vida, con su fe en un Dios personal y su creencia irracional en la inmortalidad corporal, evitando que el racionalismo europeo le traiga la inquietante contradicción entre la fe y la razón.

Otro agudo intérprete de la realidad española es Azorín (José Martínez Ruiz, 1873-1967), quien empieza criticando el aspecto áspero, violento e intolerante de la vida española, atrasada y sin refinamientos culturales y materiales, pero que también se deja al fin dominar por su profundo amor a la España tradicional que perdura en la vida estática, resignada y falta de ilusiones de los sencillos pueblos españoles. Sus ensayos evocan con delicada emoción la realidad cotidiana de estos pueblos olvidados en la planicie castellana, de sus paisajes monótonos y de sus gentes humildes, habiendo contribuido a crear una nueva manera de sentir a Castilla.

El Toboso, pueblo de La Mancha

De todos los miembros de esta generación es Pío Baroja (1872-1956), el mayor novelista contemporáneo, quien más firmemente ha mantenido la crítica violenta contra el sistema social y la tradición españolista, especialmente la tradición cató-
5 lica, en la que sólo ve oscurantismo y fanatismo. Es un completo individualista que no cree en ninguna clase de organización estatal ni en la eficacia regeneradora de ninguna revolución (hasta ha negado la existencia de la Generación del 98 como tal). Sus novelas presentan un cuadro negativo y pesimista de la
10 sociedad española, con su insociabilidad e intolerancia. Aunque en el fondo es tan buen patriota como sus compañeros de generación y desea lo mejor para España, no tiene « el patriotismo de mentir » y condena todo lo que en la patria política se opone a los ideales de verdad, justicia y libertad que forman su patria
15 espiritual.

En general, el valor de la Generación del 98 está en su obra de agitación intelectual y de revisión de valores tradicionales, habiendo contribuido a modernizar el espíritu español, a elevar su prestigio internacional y a dar una mejor comprensión de él,
20 tanto en su actuación histórica como en sus obras culturales.

Ortega y Gasset

Entre los hombres que continúan la labor de esta generación (los de la Primera Guerra Mundial), se advierte el pleno triunfo de la europeización, con una actitud más intelectualista y objetiva ante los problemas hispánicos. La figura cumbre de esta nueva
25 generación es el filósofo José Ortega y Gasset (1883-1955), para quien lo que España necesita es elevarse al nivel intelectual de Europa, haciendo progresar su cultura sobre bases de rigurosa disciplina mental y objetividad científica. En vez de interpretaciones subjetivas y apasionadas de la realidad, como las de Unamuno,
30 Ortega busca el análisis racional en forma de conceptos de validez universal. A diferencia de la generación anterior, no ve en España un caso de decadencia originada en la época del Imperio y la Contrarreforma, sino más bien un defecto constitucional que él atribuye en su *España invertebrada* (1921) a la
35 « ausencia de una minoría selecta, suficiente en número y calidad », ausencia que se origina ya en la Edad Media con un sistema feudal menos desarrollado que en la Europa germanizada y que se continúa a lo largo de la historia española en una sociedad poco integrada, sin propósito unificador y sujeta a las fuerzas disgre-
40 gadoras del separatismo local y del particularismo de grupo. Aunque su interpretación histórica se aparta a veces de los hechos para justificar su tesis en favor de la superioridad del

espíritu germánico, su obra contiene valiosas observaciones sobre la realidad social y política de España, y ha ejercido mucha influencia en el pensamiento contemporáneo, especialmente en el fascismo español (aunque Ortega era esencialmente liberal).

La misma idea básica inspira su obra más universalmente conocida, *La rebelión de las masas* (1930), en que analiza la sociedad moderna como masas en rebeldía contra la minoría dirigente, cuyo poder tradicional aspiran a usurpar, apropiándose unos adelantos técnicos que pueden usar sin necesidad de entender. Escribe además numerosos ensayos sobre arte, literatura y demás aspectos de la cultura contemporánea que se publican en periódicos y revistas, poniendo a un numeroso público en contacto inteligente con las corrientes del pensamiento occidental. La *Revista de Occidente* (1923-1936), que él funda y dirige, será la de más influencia intelectual tanto en España como en Hispanoamérica. Este espíritu educador suyo, que sigue la tradición liberal de la Institución Libre de Enseñanza para incorporar los valores de la cultura europea al horizonte mental de los españoles, unido a un brillante estilo literario, ha oscurecido a veces su importancia como filósofo profundo y original. Al estilo español, su filosofía no está sistematizada sino esparcida por numerosos ensayos de temas diversos. El objeto central de su filosofía, indicado ya en su primer libro (*Meditaciones del Quijote*, 1914) es la vida humana como « realidad radical », a la cual se han de referir todas las demás cosas del hombre, y que se distingue de la vida biológica en ser una situación fronteriza entre lo que somos y lo que queremos ser. Ve la vida del hombre como un proyecto continuo de vivir con las cosas que le rodean, de modo que, según su famosa expresión, « yo soy yo y mi circunstancia ». El instrumento apropiado para conocer esa peculiar realidad que es la existencia humana es la *razón vital*, que no es ni puro intelecto ni puro instinto, sino una combinación de ambos, con lo cual trata de superar tanto los defectos del racionalismo como los del irracionalismo. Así también Ortega, aunque por otro camino que Unamuno, se adelanta varios años al tema metafísico de la vida que planteará el existencialismo europeo.

LITERATURA Y BELLAS ARTES

El Romanticismo. A pesar de las agitaciones políticas que dominan la vida española desde principios del siglo XIX, esta época representa un resurgimiento brillante de las letras. Estimulado por el nuevo espíritu de libertad artística, el genio español vuelve a mostrar su fuerza creadora, después de la relativa esterilidad del siglo anterior. En las artes plásticas la contribución española es menos brillante, aunque producirá algún genio excepcional, como Picasso, comparable por su influencia artística a Velázquez o a Goya.

El resurgimiento se inicia con el romanticismo, que florece en España más tarde que en el resto de Europa y desarrolla algunos caracteres peculiares. Por ser un movimiento de emancipación política contra la opresión del absolutismo tanto como de emancipación estética contra las reglas del neoclasicismo, no podía triunfar plenamente en España hasta que termina el régimen absolutista de Fernando VII (1833) y vuelven los emigrados liberales. Entre éstos figuran muchos literatos que en el exilio se habían puesto en contacto con los románticos franceses e ingleses, y a cuyas ideas estéticas pueden ahora dar libre expresión en España. Son unos años de intensa productividad y apasionada discusión de obras literarias, pero sin que el triunfo romántico produzca las protestas ni el escándalo que en Francia unos años antes. Estos románticos españoles no son ya bohemios subversivos, sino los liberales que ocupan el poder.[2] El romanticismo español tiene el doble carácter de rebeldía contra el orden político y literario anterior, y de renovación de la tradición nacional interrumpida por el siglo XVIII. Combinación algo contradictoria a veces porque esa tradición histórica no coincidía con el ideal de libertad romántico. El dilema se resolverá con una tendencia a interpretar el pasado según la ideología del presente, vistiendo a los personajes románticos en garbo antiguo.

Como en el resto de Europa, el romanticismo fue, ante todo, un movimiento exaltador de la personalidad individual frente a una sociedad en crisis, cuyos valores estaban cambiando bajo el progreso de la burguesía y del materialismo capitalista. Frente a la realidad prosaica, el romántico se crea su propio mundo ideal, buscando la evasión imaginativa en épocas pasadas (medievalismo) o en países exóticos (orientalismo), o la evasión emocional como reacción contra la disciplina racional del neoclasicismo. Frente al mundo incomprensivo se refugia en la soledad o halla en la Naturaleza un reflejo de sus agitados sentimientos, buscando en lo misterioso y macabro un excitante algo morboso. Y cuando

[2] El primer drama moderadamente romántico es *La conjuración de Venecia* (1834), del propio jefe del gobierno, Martínez de la Rosa.

la tensión entre el yo y el mundo exterior, entre lo soñado y lo real, se hace intolerable, la evasión final será el suicidio romántico.

Pero estos rasgos importados del romanticismo tuvieron menos desarrollo en España que fuera. No se produce ninguna revolución espiritual aquí, ni hay obras de trascendencia filosófica que reflejen la nueva actitud del hombre ante la vida o su sentimiento panteísta de la Naturaleza. Ni el subjetivismo es tan marcado (lo que predomina es el elemento narrativo y el tema social), ni el sentimentalismo es tan lacrimoso, ni el pesimismo y la melancolía tan convincentes. En general, los románticos españoles son esencialmente optimistas, tan llenos de ilusiones y ávidos de gozar la vida que no logran nunca satisfacción suficiente. Donde sí hacen una revolución es en la forma literaria, libre, animada y llena de color, con que dan expresión a sus experiencias vitales, ya sean emociones personales, descripciones pictóricas o escenas dramáticas, sin reconocer más guía que su inspiración individual. El arte ya no es cuestión de técnica, sino de expresar fuertes sentimientos y reflejar la realidad en la forma más directa y viva posible. Para ello no sólo se abandonan las unidades clásicas, se mezclan lo cómico y lo trágico, lo bello y lo feo, sino que el estilo poético se hace más libre y cambiante para adaptarlo a los cambios de sentimiento. El lenguaje también se hace más espontáneo y directo, sacrificando a veces la precisión en favor de un vago emocionalismo. En esta liberación de la forma artística, no hacían más que seguir la tradición del Siglo de Oro, que también fue una reacción contra las reglas clasicistas en favor de la libre expresión del genio nacional. Los románticos extranjeros habían sido los primeros en admirar esa literatura española del Siglo de Oro, especialmente el teatro de Calderón y el Romancero, donde hallaron muchas de las cualidades que la escuela romántica oponía al neoclasicismo. A su influencia se debe que se vuelvan a publicar ahora los viejos romances y que sean imitados por los poetas románticos.

El primer poema típicamente romántico que aparece en España, *El moro expósito* (1834), del Duque de Rivas (1791-1865), debe su inspiración a los consejos de un amigo inglés que exhorta al autor en el exilio a emular a Scott y a Byron con una leyenda

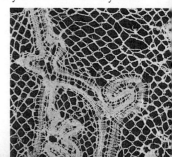

medieval española. Es un largo romance épico, sobre la trágica muerte de los siete Infantes de Lara, en que el poeta contrasta la civilización árabe y la cristiana del siglo X con más colorido que exactitud histórica. Su prólogo, escrito por el ex-clasicista
5 Alcalá Galiano, viene a ser el manifiesto del romanticismo español, aunque su tono es moderado más que revolucionario. A Rivas se debe, sobre todo, el triunfo definitivo del drama romántico con *Don Álvaro o la fuerza del sino* (1835), cuya fórmula es una combinación de la técnica dramática francesa (Victor
10 Hugo y Dumas) con la del teatro español del Siglo de Oro. Aunque el tema del héroe frente a la fatalidad es poco convincente, con un destino que más parece pura coincidencia, Rivas logra sin embargo un gran efecto teatral con su dinamismo, pasiones exaltadas y vivas escenas costumbristas.
15 En José Zorrilla (1817-1893) culmina y acaba la tendencia « nacionalista » del romanticismo, exaltando la tradición nacional y católica con versos fáciles de más musicalidad que hondura de sentimiento. El romanticismo suyo pierde toda nota de pesimismo e inquietud para hacerse francamente afirmativo, can-
20 tando los viejos ideales de la raza como si fuera un trovador retrasado. Su drama más popular, *Don Juan Tenorio* (1844), se sigue representando todos los años con ocasión del Día de Difuntos (a principios de noviembre), lo que prueba cómo Zorrilla supo adaptar el romanticismo al espíritu español. Su Don Juan
25 deja de ser un símbolo satánico de rebeldía individual contra las leyes humanas y divinas, a lo Byron, para convertirse en un típico Don Juan español, pecador que acaba salvando su alma con ayuda del amor femenino y la fe católica.

El romanticismo fue esencialmente un movimiento poético,
30 por exaltar la expresión del sentimiento personal más que la observación objectiva y el análisis racional. De aquí que todos los dramas contengan una fuerte dosis de versos líricos, que a menudo compensan la débil contextura dramática. Se explica por ello que sirvan ahora también de base, como en el Siglo de Oro,
35 a varias óperas italianas. Por lo mismo, las novelas tuvieron poco valor original, siendo generalmente de tipo histórico al estilo de Walter Scott y escritas también por poetas.

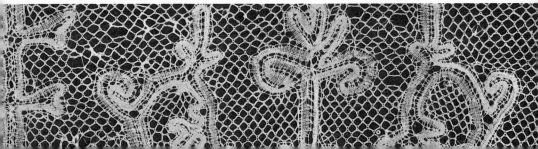

El mejor y más típicamente romántico de estos poetas, en su vida como en su obra, es José de Espronceda (1808-1842), que representa el espíritu de rebeldía y escepticismo en el tono más exaltado, aunque no siempre muy convincente. Por sus poesías desfilan tipos rebeldes e inadaptados (como el pirata, el mendigo o el reo de muerte) que encarnan el conflicto del individuo con la sociedad; o bien expresa en forma apasionada sus ilusiones de amor, de gloria y de libertad, seguidas de la inevitable desilusión al contacto con la sórdida realidad. Tanto en sus momentos de exaltación ante el ideal como de depresión ante el desengaño, Espronceda representa la tendencia de esta poesía romántica a la amplificación del sentimiento y a la expresión un poco teatral. Su mérito principal está, no en las ideas, sino en la vitalidad de sus versos y en la maestría estilística con que maneja y enriquece el lenguaje poético.

El furor romántico duró poco en España. A mediados del siglo era ya « cosa pasada y perteneciente a la historia ». En realidad le faltó arraigo en la tradición nacional por ser una ideología y una fórmula literaria importadas del extranjero. Por eso sobrevivió sólo la poesía de Zorrilla, inspirada en las leyendas tradicionales y los ideales de la raza. En la segunda mitad del siglo XIX aparece, sin embargo, un nuevo tipo de poesía romántica, más íntima y sensitiva, cuyo principal representante es Gustavo Adolfo Bécquer (1836-1870). Su único libro de poesías, las *Rimas*, aparecido después de su muerte y poco apreciado entonces por oponerse al estilo enfático de moda, tiene gran importancia como precursor de la lírica moderna. Frente a la poesía expansiva y altisonante de los primeros románticos, la suya es sugeridora, en un tono menor que aspira a comunicar experiencias inefables, vagas vibraciones del espíritu ante el amor, la belleza o la felicidad. Toda su poesía emana de la triste nostalgia de una perfección soñada sin poder nunca alcanzarla en este mundo imperfecto. Su esfuerzo por expresar sencillamente la pura esencia de su emoción poética, sin adornos retóricos, es lo que le ha hecho conservar su actualidad. A Bécquer se debe además la mejor prosa poética del siglo XIX, con sus leyendas llenas de riqueza imaginativa y sus descripciones de una Naturaleza hermosa y misteriosa.

El realismo y el resurgimiento de la novela. Frente al romanticismo como evasión de la realidad prosaica se inicia a mediados del siglo XIX la vuelta a la realidad de la vida diaria que rodea al autor, con los tipos, costumbres y problemas característicos de su sociedad. Se busca ahora la presentación objetiva del ambiente social, en el cual el héroe deja de ser un individuo extraordinario o especial para convertirse en un elemento más de ese ambiente. Para esta tarea descriptiva era la novela el género más adecuado y por ello resurge ahora con una brillantez desconocida desde el Siglo de Oro. Este resurgimiento es, sin embargo, algo tardío con respecto a Europa, en parte también por causas políticas, como ocurrió con el romanticismo. No se produce hasta la Restauración de 1874, cuando la sociedad española entra en un período de estabilidad y reconstrucción pacífica, y el individuo deja al fin de estar en conflicto violento con el sistema establecido para irse integrando, mejor o peor, en el nuevo orden burgués. La polémica sigue, pero en el plano ideológico, y la novela será ahora uno de sus principales instrumentos. Gracias a los periódicos y revistas, que publican novelas por entregas, los mejores novelistas se hacen tan populares entre los intelectuales como entre los lectores ordinarios. Desaparece también el prejuicio neoclásico contra la novela, menospreciada como género literariamente inferior, normalmente censurable y socialmente inútil. Ese prejuicio se prolongó hasta mediados del siglo y explica en parte la preferencia de los románticos por el drama y la poesía, géneros de más prestigio. Pero, sobre todo, la novela adquiere ahora tanta brillantez porque vuelve a la tradición realista que en el Siglo de Oro había producido el *Quijote* y la novela picaresca. Se trata otra vez de dar una interpretación directa de la vida real, transformada en obra artística, lo que había sido siempre el fuerte del genio español.

Como siempre, este realismo español es esencialmente humano e integral, considerando tan real el espíritu como la materia, las fuerzas espirituales que mueven al hombre como sus instintos y bajas pasiones. Nada ilustra mejor esta característica que la reacción ante el naturalismo, llegado ahora también a la Península por influjo francés, pero con poco éxito. Su aparición cuando los litcratos españoles también deseaban dedicarse al estudio objetivo de la realidad, suscitó « la cuestión palpitante »[3] del momento, discusión acalorada que manifestó la preferencia general por el realismo hispano. Se rechaza el concepto determinista de la vida que hace de la novela naturalista un estudio

---

[3] Título de la serie de artículos publicados por la condesa de Pardo Bazán (1883) en defensa de un naturalismo atenuado.

« Tipos de Salamanca » por Sorolla

sociológico de la conducta humana como producto de factores hereditarios y ambientales. El español prefiere interpretar la vida con la imaginación y el sentimiento más que analizarla racionalmente. Le interesa el hombre como tal sujeto individual, no como un producto social. Por eso lo que florece en España es la novela 5 *regional*, que trata de captar el espíritu de las diferentes regiones españolas pintando sus tipos, costumbres y paisajes. Y aunque se usan algunos recursos de la técnica naturalista, como la minuciosa y tediosa enumeración de detalles locales, se rechaza la filosofía determinista e irreligiosa de la « novela experimental ». Su 10 centro de interés es siempre el personaje individual observado en la atmósfera de su medio social.[4]

El principal representante de esta novela regionalista es José María Pereda (1833-1905), que ha evocado todo el color y sabor de la vida rústica en la Montaña (Santander), su « patria chica », 15 con novelas que son ante todo excelentes *cuadros de costumbres*, trozos de vida íntimamente conocidos y amados por el autor (como *Sotileza*, 1885). Sus aldeanos y paisajes forman un todo armónico que el novelista presenta como el tipo ideal de vida patriarcal en peligro de desaparecer ante el avance de la vida 20 urbanizada y del progreso material. En la polémica ideológica que divide a las dos Españas, Pereda usa su novela en defensa

[4] Incluso en Vicente Blasco Ibáñez, el más naturalista de los novelistas españoles, con su concepción materialista de la vida, hay cierto idealismo romántico al afirmar la voluntad individual frente a la fuerza opresora del ambiente.

de ese sistema de vida tradicional, todavía conservado en el campo y basado en la doble autoridad paternal del hidalgo y el cura, frente a las nuevas ideas liberales y corruptoras de la burguesía urbana. En el fondo, este regionalismo literario refleja
5 el resentimiento de las regiones contra el uniformismo moderno, acentuado por el liberalismo centralista. La nueva novela adquiere así resonancia porque no se limita a ser una interpretación más o menos artística de la realidad, sino que quiere tener una elevada misión social, poniéndose al servicio de ciertas ideas y a menudo
10 sacrificando la calidad artística a la tesis ideológica.

Una actitud polémica opuesta es defendida por Benito Pérez Galdós (1843-1920), el mayor novelista español después de Cervantes y creador principal de la novela moderna. Para Galdós el mal de España radica en ese espíritu tradicionalista y clerical
15 que se opone a todo lo nuevo y fomenta la inercia mental, la intolerancia oscurantista. Ese conflicto entre la vieja tradición religiosa y el nuevo ideal progresista y científico está simbolizado en *Doña Perfecta* (1876), una de sus primeras novelas, en que se ocupa del problema religioso como base de la discordia que
20 divide a los españoles. No condena el catolicismo, ni menos la religión (él era profundamente religioso), sino la intolerancia y la falsedad moral de « los que parecen buenos y no lo son ». Coincidiendo con la ideología liberal e ilustrada de la Generación del 98, quiere combatir el mal con « las armas de las artes y la
25 ciencia », tratando de encauzar la energía y pasión de los españoles hacia un fin constructivo, en vez de malgastarlas en luchas civiles. Pero las simpatías progresistas de Galdós no le impidieron ver que los mismos defectos temperamentales existían en los españoles de ambos bandos contendientes, y su mensaje fue la necesidad
30 de tolerancia mutua.

Aunque para él « la literatura debe ser enseñanza, ejemplo », y se vale de ella para propagar sus ideas y criticar abusos sociales, el interés humano de los caracteres y de sus conflictos dramáticos salvan a su obra de la asfixia didáctica. Su gran valor está en ser
35 una fiel y artística reconstrucción de la vida contemporánea, con sus tipos ordinarios, sus costumbres y sus ideas. Su contribución a la novela moderna consiste en haber hecho una síntesis de las tres principales corrientes literarias anteriores : la histórica, la costumbrista y la didáctica. En lugar de la historia remota y
40 artificial que escribían los románticos, Galdós presenta un cuadro veraz y completo de la historia del siglo XIX, como antecedente

Galdós

221

indispensable para comprender la división inconciliable de las dos Españas. En su larga serie de *Episodios nacionales* (1873-1912), esa historia se hace vida real, revelando el alma de España en « el vivir, el sentir y hasta el respirar de la gente ». Mientras que en sus novelas de costumbres contemporáneas hace una exacta y penetrante pintura de la realidad social de su tiempo. Él trasforma el costumbrismo regional en nacional, cuyo tema son todos los aspectos y problemas de la vida nacional, con Madrid como centro de observación y síntesis de la sociedad española. No es tampoco el campo y el paisaje lo que le atrae, como a los regionalistas, sino la ciudad y el panorama humano. Pero su típico realismo español no se limita a observar la superficie de las cosas y las personas, que sabe presentar con la misma minucia y crudeza que los naturalistas, sino que refleja también el espíritu, la fantasía y los ideales de la gente.

Ese plano espiritual sirve de compensación poética a la sordidez y miserias de la realidad social. Igual que Cervantes, concibe la vida como un contraste irónico y patético entre lo real y lo imaginario, entre lo que los hombres son y lo que se creen ser, mirando siempre con amorosa simpatía el fracaso de las ilusiones humanas.

El principal continuador de la novela realista en el siglo XX es Pío Baroja, ya mencionado como miembro de la Generación del 98. En una época en que la novela decae al alejarse del realismo tradicional para acercarse al poema simbólico y al ensayo intelectual, es significativo que sobresalga Baroja como el mayor novelista contemporáneo. Esencialmente Baroja sigue la tradición de la picaresca al narrar amenas historias de aventureros, vagabundos e inadaptados, cuyas andanzas le sirven de excusa para presentar una extensa galería de tipos curiosos y una serie de escenas impresionistas de la vida española, con cierta tendencia deformadora a destacar su lado más sombrío. En *Zalacaín el aventurero* (1909) tenemos un ejemplo típico de novela episódica en torno a la vida y muerte de un contrabandista vasco que simboliza las virtudes del « hombre de acción » barojiano. A diferencia del realismo de Galdós, que da una pintura objetiva de la realidad tal como aparecería a cualquier observador, el de Baroja es más personal, pintando las cosas como él las ve y las siente, de modo que en todas sus novelas se refleja la recia personalidad vasca del autor. Este rasgo individualista y subjetivo era característico de la Generación del 98. Sus héroes son ya rebeldes anti-

sociales que luchan contra todo, ya hombres de voluntad débil que teorizan también contra todo. Con inquebrantable sinceridad, Baroja condena violentamente lo que él llama « farsas » de la sociedad, desde los convencionalismos políticos hasta los religio-
5 sos, acercándose al ideal anarquista de vivir en plena libertad espiritual. Su afán de sinceridad artística le lleva a crear un tipo de novela diferente por su falta de construcción formal, presentando la vida tal como es, como una serie de espisodios incoherentes e ilógicos que van surgiendo al azar, acompañados de las
10 reflexiones que uno suele hacerse rápidamente al pasar. Todo ello en un lenguaje natural y vivo, como el hablado, sin las fórmulas retóricas de la literatura anterior.

Es este estilo de novelar el que ha servido de modelo principal a la nueva generación de escritores surgida después de la última
15 guerra civil, trayendo otro florecimiento de la novela por el camino del realismo tradicional, en parte coincidente con la tendencia contemporánea en otros países. El principal representante de este resurgimiento de la novela actual es Camilo José Cela (n. 1916), quien se ha esforzado por presentar la realidad
20 social y moral del país tras los efectos de la guerra civil, con tanta crudeza que una de sus mejores obras, *La colmena* (1951), no se ha podido publicar en España. Combinando la tradición picaresca con una técnica moderna casi cinematográfica, Cela traza en esta obra un magistral retrato de la vida madrileña,
25 con 160 personajes que se mueven a impulsos de apetitos elementales, faltos de ideal, en la colmena de su vida vulgar y a veces sórdida. Es significativo este resurgimiento en la España actual de la picaresca,[5] en el estilo llamado *tremendismo* por su tendencia a presentar hechos truculentos y repulsivos (« tre-
30 mendos ») en el áspero lenguaje de la calle. Ante las limitaciones de la censura para discutir ideas políticas y religiosas, tan prominentes en la novela anterior, el inconformismo latente tiende a pintar los males de la existencia humana como había hecho la picaresca, pero ahora sin moralizar ni proselitizar. En reacción contra la ima-
35 gen oficial de una vida optimista y risueña, estos novelistas buscan la verdad humana de unos seres ordinarios y anónimos, preocupados sólo por los problemas elementales de la vida diaria.

Del teatro realista al poético. Agotado el drama poético del romanticismo, el teatro queda bajo la influencia del realismo, pero sin

[5] Cela ha escrito incluso *El nuevo Lazarillo*, como versión moderna del primer pícaro español.

lograr un desarrollo tan brillante como la novela. Ya durante la época romántica se había cultivado la *comedia de costumbres*, por autores como Manuel Bretón de los Herreros (1796-1873), que presentan tipos característicos de la nueva sociedad burguesa y ridiculizan sus defectos más salientes con buen humor y sana intención moralizante. Esta comedia no hace sino continuar la de Moratín, manifestando la tradicional aptitud española para reproducir y hacer vivir la realidad cotidiana. Culmina esta escuela en la segunda mitad del siglo con la *alta comedia* o comedia de salón que aspira a reflejar los problemas sociales y morales que se le plantean a esta burguesía como nueva clase dominante. Su creador principal es Adelardo López de Ayala (1828-1879), político prominente y típico representante de la clase burguesa que lucha por controlar el poder, primero en la revolución liberal de 1868 (cuyo manifiesto redacta) y luego en la Restauración conservadora de 1874. Su mejor drama, *Consuelo* (1878), presenta uno de los temas característicos de la *alta comedia* : los efectos del materialismo dominante, en una mujer que coloca las riquezas sobre el amor. El mejor símbolo de esa sociedad acomodaticia de la Restauración es, sin embargo, el burgués timorato que por espíritu de transacción acepta la inmoralidad y la falsedad con tal de vivir todos tranquilos y disfrutar de su riqueza. Técnicamente estas comedias representan un notable adelanto por la simplificación de la intriga y la motivación realista de los personajes, pero todavía subsisten algunos efectismos melodramáticos del teatro romántico.

En la sociedad aburguesada de la Restauración irrumpe el teatro de José Echegaray (1832-1916) como una explosión romántica contra el realismo positivista, con su idea de que « lo sublime del arte está en el llanto, en el dolor y en la muerte ». Sus melodramas de fuertes pasiones y versos sonoros tratan también de temas sociales de actualidad, lo que hace olvidar al público su irrealidad esencial. Aunque domina la escena durante un cuarto de siglo y llega a ganar el premio Nobel en 1904, Echegaray no representa más que una interrupción en la corriente realista que inicia Moratín y reanuda a fines de siglo Jacinto Benavente (1866-1954). Éste reacciona contra el falso teatro de pasiones exageradas, como el resto de su generación de 1898, que veía en Echegaray un símbolo de la vieja literatura retórica y de los falsos valores españolistas. Benavente empieza también criticando la alta sociedad de su tiempo, buscando inspiración en modelos europeos (como Molière, Ibsen, Maeterlinck) para producir un nuevo tipo de comedia que tiende a sustituir las cualidades dramáticas por otras más intelectuales, como el diálogo ingenioso y las reflexiones irónicas sobre el hombre y la sociedad. Son comedias sin grandes conflictos ni caracteres sobresalientes, pero que dan una fiel impresión de la vida cotidiana, con personajes que dejan de declamar para hablar el lenguaje ordinario y correcto de la gente refinada. En su obra modelo, *Los intereses creados* (1907), muestra su concepto irónico del teatro como un retablo de marionetas en el que los personajes se mueven a impulsos de pequeñas pasiones, ambiciones y egoísmos en forma bastante parecida a la de la vida real.

Como reacción contra este teatro realista y conversacional surgen pronto intentos de reconstrucción del teatro poético. Lo inician los poetas *modernistas* que tratan de llevar a escena los paraísos de belleza artificial y exótica soñados en sus poesías como evasión de la realidad prosaica. Pero si el efecto escénico es fastuoso y los versos muy musicales, es un falso teatro lírico sin solidez dramática. El único que aporta algo de dramatismo y sentido humano a este teatro es Eduardo Marquina (1879-1946), quien resucita temas y sentimientos del pasado heroico español. La popularidad de obras como *En Flandes se ha puesto el sol* (1909), en que se evoca con simpatía el ocaso del Imperio español, indica la afición del público a esta clase de teatro romántico exaltador de los rasgos nobles de la raza en versos musicales y emotivos.

Es natural que en la España nacionalista de hoy este teatro evocador de la tradición histórica haya tenido auge especial. Su representante principal, José María Pemán (n. 1898), ha exaltado en sus obras los ideales políticos y religiosos del régimen, convirtiéndose en una especie de « poeta oficial ».[6] Desde el punto de vista dramático, los únicos innovadores han sido autores de la época de entreguerras, como Alejandro Casona y Federico García Lorca, que intentan elevar el nivel intelectual y estético del teatro por el camino de la reflexión filosófica o la fantasía poética. La trágica muerte de Lorca en la guerra civil (1936) cortó prematuramente la obra que más prometía renovar las glorias del teatro poético español. Sus tres tragedias rurales, *Bodas de sangre, Yerma, La casa de Bernarda Alba*, escritas en poco

---

[6] Últimamente, sin embargo, ha disminuido su entusiasmo por el régimen de Franco, como ha ocurrido con otros escritores.

tiempo (1933-36), son las más intensas obras dramáticas españolas de nuestra época, y han sido representadas en varios países. Son verdaderos dramas poéticos, no por el uso del verso y la canción, sino por su visión imaginativa de la realidad y por el simbolismo de sus personajes como encarnación de las fuerzas ⁵ elementales de la vida.⁷

El resurgimiento de la poesía. El modernismo es el principal movimiento de la literatura hispánica moderna de ambos continentes. Más que una escuela definida es la expresión de la crisis espiritual de fin de siglo producida por la insatisfacción con los valores ¹⁰ utilitarios de una sociedad que había puesto toda su fe en el racionalismo positivista y en la ciencia a expensas de los valores del espíritu. Surge por ello un fuerte deseo de exaltar el yo individual y darle plena libertad de expresión artística. Por eso también fue un movimiento esencialmente poético, como el ¹⁵ romanticismo, al tratar cada autor de revelar su propia personalidad. Se origina en Hispanoamérica, donde toma por modelo a los parnasianos y simbolistas franceses, y es traído a España por el poeta nicaragüense Rubén Darío (1867-1916), iniciando un resurgimiento de la decaída poesía nacional que llegará en el ²⁰ siglo actual a alturas no igualadas desde el Siglo de Oro. Es la primera influencia hispanoamericana en la literatura española, a la que trae un estilo de gran belleza que afectará no sólo al verso sino a la novela y al ensayo. No reconoce más ideal para el arte que la belleza y se desentiende de los problemas sociales, ²⁵ morales y demás materias extrapoéticas que habían caracterizado

⁷ En la España actual, dos de los autores más destacados por su espíritu innovador son Antonio Buero Vallejo (n. 1916) y Alfonso Sastre (n. 1926), que son también los más preocupados por la realidad social del país y por la angustia existencial.

a la poesía anterior. El modernismo restaura el papel de la poesía como medio de expresar lo que hay de inefable, vago y etéreo en la realidad, así como las más sutiles sensaciones estéticas.

En su afán de escapar de la realidad vulgar en busca de la belleza, el poeta modernista se crea un mundo artificial de símbolos elegantes y exóticos (cisnes, princesas y piedras preciosas) en versos de gran colorido y musicalidad que deleitan la fantasía y los sentidos. Se logra con ello un gran enriquecimiento de la expresión poética, que es la principal contribución del modernismo. Pero el excesivo culto de la forma y de la belleza sensorial trajo pronto el cansancio por dejar insatisfechas las inquietudes del espíritu. El propio Darío inicia la reacción con *Cantos de vida y esperanza* (1905), su obra más profunda, en que se siente preocupado por los problemas eternos del destino humano.

En España Rubén Darío fue acogido con entusiasmo por la joven generación del 98, que compartía el mismo anhelo de renovación artística y de aires cosmopolitas. Pero estos hombres preocupados por el « desastre nacional » rechazan muy pronto el modernismo sensorial y decorativo para dedicar sus versos a la meditación interior, al examen de su propio espíritu y el de su pueblo en crisis. Como dice Unamuno, « es dentro y no fuera donde hemos de buscar al hombre ... Eternismo y no modernismo es lo que quiero ». Ciertamente la España derrotada del 98 no estaba para entregarse a ese festival de riquezas artificiales que el modernismo le ofrecía, y que sólo algunos poetas secundarios siguieron cultivando. Más que la belleza exterior de las cosas, les preocupa buscar su verdad esencial; más que la forma de la poesía, su contenido.

Ejemplo típico de esta actitud española es Antonio Machado (1875-1939), el poeta máximo del 98 y amigo de Rubén Darío, cuyo modernismo espectacular abandona en favor de una poesía que sea « honda palpitación del espíritu », un soliloquio íntimo que evoca con palabras sencillas la emoción que las cosas cotidianas dejan en el alma, como medio de mantener vivas esas experiencias interiores contra el paso destructor del tiempo. Como él dice, su poesía es « palabra esencial en el tiempo », por aspirar a captar la esencia de las cosas y a fijar la impresión fugaz del instante. En el fondo de su poesía late una angustia metafísica ante el enigma de la existencia humana, cuyo final inexorable nos es recordado constantemente por el paso del tiempo. Pero no emplea conceptos filosóficos, sino objetos concretos

Paisaje castellano

descritos con precisión realista que reflejan al mismo tiempo
los estados de su alma. Así, en su obra mejor, *Campos de Castilla*
(1907-1917), Machado no presenta los paisajes exóticos e idealizados del modernismo, sino las áridas tierras castellanas con
las que su espíritu austero y melancólico se siente en armonía,   5
por ser « tierras tan tristes que tienen alma ». Preocupado como
todos los de su generación por la decadencia nacional, ve en la
Castilla « mística y generosa, humilde y brava », el símbolo del
espíritu español. Tanto por el sentido profundamente humano
y español de su poesía como por la sobriedad y naturalidad de   10
su estilo, Machado es uno de los poetas más admirados por la
generación actual, para quien la vida del hombre con sus inquietudes existenciales, y no la belleza formal, vuelve a ser el tema
fundamental.

La misma tendencia a apartarse del modernismo decorativo   15
y superficial se manifiesta en Juan Ramón Jiménez (1881-1958),
uno de los más grandes poetas españoles y ganador del premio
Nobel en 1956. Inspirado por el mismo afán de belleza que los
modernistas, su poesía es un proceso de incesante depuración para
irla desnudando de elementos superfluos y artificios retóricos   20
hasta dejarla reducida a una pura experiencia estética. Hacia

1916 repudia los residuos modernistas que habían hecho de su poesía « una reina fastuosa de tesoros » y abandona las impresiones sensoriales por una expresión más conceptual de sus estados de alma. No le basta la sensación o el sentimiento para llegar a la perfecta expresión de su conciencia poética, sino que pide a la inteligencia « el nombre exacto de las cosas », aspirando a definir conceptualmente la esencia de sus experiencias, o como él dice a « concretar la vaguedad ». En este afán de explorar los rincones más escondidos de la sensibilidad, su poesía se hace más abstracta y difícil, abandonando incluso la rima y el metro para lograr mayor libertad y exactitud de expresión. Esta técnica libre y sutil, en que se equilibran la emoción y el intelecto, así como su preocupación por revelar la pura esencia de la experiencia poética, hacen de Juan Ramón Jiménez el precursor de la generación vanguardista siguiente.

Después de la Primera Guerra Mundial surge en España una pléyade brillante de poetas que representan las diversas tendencias del llamado *vanguardismo*, cuyo denominador común es la reacción contra los convencionalismos estéticos de la época anterior y la busca de nuevas formas poéticas que expresen la realidad de la vida contemporánea. Aunque fueron muy variadas esas formas de expresión poética, todas aspiraron a eliminar de la poesía los ingredientes sentimentales, morales o ideológicos, considerados como extrapoéticos, para lograr una poesía más « pura ». El resultado es una poesía deshumanizada que tiende a separar el arte de la vida ordinaria para destacar el valor puramente artístico de la obra, con independencia de todo lo demás. Como dice uno de estos poetas de vanguardia, poesía es « crear lo que nunca veremos ». La imagen poética se convierte por ello en elemento básico del poema, prescindiéndose de la narración de hechos o del enlace lógico de ideas y sentimientos para dejar que las imágenes por sí solas sugieran una visión intuitiva de la realidad.[8] El surrealismo ha influido en casi todos estos poetas, pero como escuela dura menos en España que en otros países. Al querer expresar el subconsciente, el estilo surrealista resulta demasiado impersonal para los españoles, que tienden a adoptar una expresión más individual y apasionada.[9]

[8] Es significativa la admiración de estos poetas por Góngora, cuya poesía culterana rehabilitan y algunos de ellos imitan en su deseo de crear una realidad poética de imágenes estilizadas, en contraste con la realidad física.
[9] Como Vicente Aleixandre (n. 1898), el surrealista más destacado y difícil, que describe con la voz apasionada de un romántico las fuerzas instintivas y los sentimientos primarios del hombre (amor, odio, muerte).

Éste es el caso de Federico García Lorca (1899-1936), el poeta moderno que más fama ha alcanzado dentro y fuera de España, entre el público culto y el corriente, así como el más traducido y comentado de nuestro tiempo. Débese ello al fuerte contenido humano y dramático de su poesía que ha logrado combinar con acierto genial los motivos populares y un estilo tradicional con la técnica metafórica vanguardista. Su obra principal, el *Romancero Gitano* (1928), es una evocación lírica del espíritu de su Andalucía en la forma tradicional del romance, con vivas imágenes de los gitanos y del paisaje que no son meros cuadros costumbristas sino que nos dan una visión estilizada de un mundo poético, mitad realidad y mitad fantasía. La universalidad de la poesía de Lorca está, sin embargo, en ser una visión cósmica del conflicto básico entre la vida y la muerte, entre el instinto vital del hombre (deseos, pasiones, fantasías) y las fuerzas externas de la civilización que lo reprimen o destruyen. Los gitanos de Andalucía y los negros de Nueva York son para él símbolos de ese conflicto del individuo contra un medio impersonal, incomprensivo y hostil. De aquí ese « sentimiento trágico de la vida » tan español que ronda su obra como un espectro y que acompaña a sus personajes como un sino fatal.

La guerra civil ha traído un cambio de tono y temas a la poesía, más preocupada por la « condición humana » y por reflejar las penas y alegrías de los hombres que por buscar el escape de la realidad a un mundo de arte puro. El estilo deja de ser hermético para hacerse llano y prosaico, casi desnudo de metáforas, y accesible para todos. Es significativa, por ejemplo, la reaparición del tema de España, que tanto había preocupado a la Generación del 98, y que es tratado no sólo como tema patriótico sino como dramática realidad en la que se debate la problemática existencia española. Otros poetas han vuelto a la religión (tema también abandonado por los vanguadistas anteriores), en busca de solución a su sentimiento de alienación en el catolicismo tradicional, viendo en el mundo un plan divino de hermosura y armonía que el poeta tiene la misión de revelar. Así, pues, la poesía actual ha completado el círculo iniciado hacia 1900 por el modernismo. Éste había sido una reacción esteticista contra el realismo prosaico en nombre de la belleza y del « arte por el arte ». El surrealismo, la « poesía pura » y demás tendencias de vanguardia dieron un paso más en busca de una realidad estética separada de la realidad visible en formas más o menos conceptuales. Ahora, después de la guerra civil de 1936-39, surge un nuevo realismo que aspira a ser simplemente humano y a reflejar los problemas básicos de la existencia, tanto si exalta la vida con fe y optimismo como si la condena con pesimismo violento. Se ha vuelto así a esa preocupación por todo lo humano que caracteriza al espíritu español y que ha dado sus mejores contribuciones al mundo.

El arte. En arte como en literatura, el neoclasicismo siguió predominando durante el primer tercio del siglo XIX, y el romanticismo produjo obras aun menos originales en las artes plásticas que en las letras. Los pintores románticos vuelven los ojos a la vida nacional, con cuadros históricos del pasado o escenas costumbristas del presente, compuestos algo teatralmente, en un estilo impersonal y académico. Por ello esta pintura se continúa sin variar durante la época realista hasta fines del siglo. Las exposiciones oficiales que empiezan a celebrarse desde 1835 contribuyen a la abundancia de esas pinturas históricas, por ser los temas favoritos del jurado, a veces prescritos de antemano. La política también deja sentir su influencia en la pintura, como en todo lo demás, habiendo pintores que escogen sus temas históricos según un punto de vista liberal o conservador. Más tarde, con las nuevas preocupaciones sociales, aparecen cuadros sobre la vida y miserias del trabajador. De todos estos pintores medianos, el más interesante es el catalán Mariano Fortuny (1838-1874), pintor costumbrista que no compone fríos cuadros históricos sino animadas escenas de la vida diaria, llenas de luz y color, como su famosa *Vicaría*. Igual que ocurre en literatura, lo mejor del genio nacional proviene de la observación directa de la realidad más que de la aplicación de una técnica académica.

Fortuny: « La Vicaría » (detalle)

Dalí: « La Crucifixión »

Sólo a fines del siglo XIX se produce un resurgimiento de la pintura equivalente al modernismo literario, bajo el influjo del impresionismo francés, como reacción contra el academismo anterior. La reacción se inicia en Levante, siempre más abierto a las corrientes artísticas de Europa, siendo Joaquín Sorolla (1863-1923) su representante más famoso. Trata de dar una impresión sensorial de la realidad, inundando sus cuadros con la luz deslumbradora de su tierra valenciana y dejando que la figura humana se desvanezca un poco en la atmósfera brillante. En contraste, el vasco Ignacio Zuloaga (1870-1945) vuelve a la tradición realista española destacando en colores sombríos y dramáticos los tipos humanos que representan el sobrio y duro carácter de la raza. Es la interpretación del genio nacional típica de la Generación del 98, a la cual contribuye Zuloaga con su cruda visión pictórica de la « España sombría y fanática », muy impresionante, pero exagerada y unilateral.

En el siglo XX la contribución de los pintores españoles alcanza resonancia mundial con figuras como Picasso, Dalí y Miró (todos levantinos) y cada uno distinguido en el arte contemporáneo por su personalidad vigorosa e inconfundible. Aunque Picasso haya vivido en Francia desde los 22 años, su carrera se inicia en Barcelona, donde hizo su primera exposición, y el espíritu español de su arte, tan independiente como variado, se hace visible en cuadros como *Guernica*. Pintado en protesta del bombardeo de un pueblo indefenso por la aviación fascista durante la guerra civil española, es una imagen de horror alucinante que recuerda las brutales escenas de la guerra napoleónica hechas por su antepasado Goya.

Picasso: « Guernica »

La Sagrada Familia, por Gaudí

En arquitectura, el romanticismo tampoco creó nada nuevo, sino que buscó inspiración en el arte medieval, tanto gótico como románico, en su esfuerzo por reconstruir un pasado artístico ya casi olvidado. Aparece así el estilo neogótico que va a dominar durante toda esta época. La primera contribución original que surge a fines del siglo, paralela al modernismo literario, es la del arquitecto catalán Gaudí (1852-1926), que da a sus edificios formas curvadas y motivos decorativos sugeridores de la vida animal y vegetal. Es, como el modernismo, un estilo de gran riqueza ornamental, con un simbolismo espiritual que tiene su mejor ejemplo en la iglesia de la Sagrada Familia de Barcelona. En la actualidad la arquitectura moderna trata de conservar cierto aire tradicional español junto con las formas rectilíneas del rascacielos.

La escultura ha seguido siendo el arte desarrollado con menos originalidad. En el siglo XIX se producen gran número de estatuas cívicas, bastante prosaicas, para adornar las plazas y parques públicos, con políticos de levita y generales a caballo sobre pedestales rodeados de figuras gesticulantes. Uno de los escultores más distinguidos es Mariano Benlliure (1868-1947), cuyo monumento a Alfonso XII en el Parque del Retiro de Madrid tiene gran majestuosidad.

233

La música.   En la música, aun más que en la literatura, se prolonga el predominio de la influencia extranjera, en este caso la ópera italiana, durante la primera mitad del siglo XIX. El nuevo interés por la tradición nacional que se inicia con el romanticismo hace que algunos compositores e historiógrafos se dediquen 5 a resucitar el pasado musical español, con obras como el *Cancionero musical de los siglos XV y XVI*, de Barbieri (1823-1894). Reaparece ahora la zarzuela como tipo popular de comedia musical en competencia con la ópera, y se componen algunas de las más famosas, como *La verbena de la Paloma* (1894), del 10 maestro Tomás Bretón (1850-1923), cuya música capta con tal gracia y simpatía el espíritu madrileño que todavía conserva su popularidad. La zarzuela viene a ser el equivalente musical del costumbrismo en literatura, al recoger las costumbres pintorescas y el folklore lírico de las diversas regiones. 15

El mismo interés por el rico folklore musical español inspira los estudios del historiógrafo Felipe Pedrell (1841-1919), verdadero creador de la escuela nacional moderna, en la que se forman los mejores compositores de principios del siglo actual. Basados en los cantares y ritmos populares, componen obras sinfónicas 20 que acaban con el monopolio de la música operática italiana en España y que dan a conocer por todo el mundo el espíritu típico de la música española. Entre los más renombrados están Isaac Albéniz (1860-1909), que hace una excelente interpretación musical de las distintas provincias españolas, especialmente de 25 Andalucía, en su suite *Iberia*; Enrique Granados (1867-1916), que recoge en *Goyescas* el espíritu del Madrid de Goya, inspirándose en las escenas populares pintadas por éste; y sobre todo Manuel de Falla (1862-1946), el mejor intérprete de la música andaluza, con óperas como *La vida breve*, dramas líricos como 30 *El amor brujo*, y ballets como *El sombrero de tres picos*, inspirado en la popular novela de Alarcón, que a su vez se inspiró en un romance tradicional. Pero Falla no se limita a reproducir los ritmos y melodías del folklore, sino que los combina con una técnica muy moderna y una expresión muy personal, lo cual 35 le ha hecho la figura principal de la escena musical española.

Al interés de los eruditos por el folklore nacional ha seguido en la España contemporánea un fervoroso resurgimiento de los bailes y cantos populares, que han vuelto a influir incluso en los poetas cultos, como había ocurrido en el Siglo de Oro. Y el 40 flamenco, despreciado como vulgar en otro tiempo, se aplaude hoy con igual entusiasmo en España y en el extranjero, vivo símbolo del que Shelley llamó « espíritu de llama » español.

234

APÉNDICES

Fechas importantes de la civilización española

[Las fechas en cursiva se refieren a la historia cultural. En general se menciona sólo la primera obra o la más significativa de cada autor.]

ANTES DE J.C.

Siglos XV al X	*Pinturas de la cueva de Altamira.*
Siglo XI?	Colonización fenicia. Prob. fundación de Cádiz.
Siglo XI o X	*Introducción de la escritura alfabética por los fenicios.*
X y VI	Invasiones celtas.
VI	Primeras colonias griegas.
VI a III	Ocupación cartaginesa.
Año 218	Comienza la conquista romana.
133	Destrucción de Numancia por los romanos.

ERA CRISTIANA

Siglo II a III	*Difusión del Cristianismo.*
Año 400	Primer concilio eclesiástico (Toledo).
409	Invasión de los suevos, vándalos y alanos.
414	Invasión visigoda.
476	Fundación de la Monarquía visigoda española por Eurico.
549	Ocupación bizantina del sudeste de España.
634	*« Liber judiciorum », código común a hispanos y godos.*
711	Invasión musulmana y caída de la Monarquía visigoda.

c. 722   Batalla de Covadonga y comienzo de la Reconquista bajo Pelayo, primer rey de Asturias.

756   Abderrahmán I funda el Emirato independiente de Córdoba.

777   Roncesvalles : derrota del ejército de Carlomagno.

785   *Se empieza la Mezquita de Córdoba.*

785-92   Fundación de la Marca Hispánica por los francos.

830?   Primeras referencias al sepulcro del apóstol Santiago en Compostela.

Siglos IX a XI   *Arquitectura mozárabe en los reinos cristianos.*

800?   Íñigo Arista crea el reino de Pamplona (luego Navarra).

890?   Independización de los Condes de la Marca Hispánica.

914?   Ordoño II, primer « rey leonés », fija la capital en León.

929   Abderrahmán III funda el Califato de Córdoba.

946   El condado de Castilla se independiza de León bajo Fernán González.

981-1002   Victorias de Almanzor sobre los cristianos.

1000-1035   Supremacía de Navarra bajo el rey Sancho el Mayor.

1031   Fin del Califato de Córdoba; reinos de Taifas.

1035-1065   Fernando I reina sobre Castilla y León.

1040   *Aparición de las « jarchas », primera lírica escrita en castellano.*

1054-76   *« Cançó de Santa Fe », primer poema catalán conocido.*

Siglo XI   *Se inicia el arte románico (hasta el s. XIII).*

c. 1075   *Se comienza la catedral de Santiago.*

1085   Avance de la Reconquista hasta el río Tajo. Conquista de Toledo.

1094   El Cid ocupa Valencia (hasta 1102).

c. 1106   *Pedro Alfonso: la «Disciplina clericalis» versión latina de cuentos árabes.*

1118   Conquista de Zaragoza por Alfonso I de Aragón.

1125   *Escuela de Traductores en Toledo.*

1131   Separación de Cataluña y Provenza.

1137   Unión dinástica de Aragón y Cataluña.

c. 1140   *Composición del « Poema de Mío Cid ». Florece el mester de juglaría.*

1143   Independencia del condado de Portugal.

1146   Invasión de los almohades.

1158-1170   Fundación de las Órdenes Militares de Calatrava, Santiago y Alcántara.

Año 1188   Primeras Cortes castellanas en León.

1188   *Pórtico de la Gloria en la catedral de Santiago (estilo románico).*

c. 1200	« *Auto de los Reyes Magos* », *primera obra dramática conocida en romance (fragmento).* *Fundación en Palencia de la primera universidad.*
1208	*Fundación de la Orden de los Dominicos por Santo Domingo de Guzmán.*
1212	Victoria cristiana de Las Navas de Tolosa.
c. 1215	*Fundación de la Universidad de Salamanca.*
1221, 1226-7	*Catedrales góticas de Burgos y Toledo.*
1229-1238	Conquista de Mallorca y Valencia por Jaime I.
1230	Unión definitiva de Castilla y León.
1236-1247	Conquista de Jaén, Córdoba y Sevilla por Fernando III.
1238	*Se empieza la Alhambra.*
c. 1250	*Florece el mester de clerecía. Berceo escribe sus poemas devotos.*
1251	*Traducción castellana de « Calila y Dimna ».*
1252-1284	Reinado de Alfonso X, rey de León y Castilla.
1252	*Las « Tablas astronómicas » de Alfonso X.*
1256-1263	*Las « Siete Partidas ».*
1266	Conquista de Murcia (Jaime I).
1276	Creación del reino de Mallorca bajo Jaime II de Aragón.
1275-1315	*El filósofo y místico mallorquín Ramón Lull compone su « Arte Magna » y otras obras.*
1282-1284	Conquista de Sicilia por Aragón.
1283	*Se crea en Valencia el primer Consulado marítimo y se publica en Barcelona el « Libro del Consulado del Mar ».*
1303-1324	Expedición catalano-aragonesa a Levante y fundación del ducado de Atenas (1326-1387).
1330-1343	*El Arcipreste de Hita: « Libro de buen amor ».*
1332	Incorporación de Álava a la corona de Castilla.
1335	*Don Juan Manuel compone el « Conde Lucanor o Libro de Patronio ».*
1354	Rebelión de los Trastámaras y guerra civil.
1369	Muerte de Pedro I por su hermano Enrique en Montiel y comienzo de la dinastía Trastámara en Castilla.
1370	Incorporación de Vizcaya a la corona de Castilla.
1385	Aljubarrota: victoria portuguesa contra Castilla.
c. 1400	*Aparecen los romances derivados de los cantares de gesta.*
1412	Compromiso de Caspe: El príncipe castellano Fernando elegido rey de Aragón.
1419-1439	Privanza de Álvaro de Luna bajo Juan II de Castilla y guerras civiles.
1412-1454	*Corte literaria de Juan II.*
1442-1443	Conquista de Nápoles por Alfonso V de Aragón.

1443-1458	*Corte literaria y científica de Alfonso V en Nápoles.*
1445	*« Cancionero de Baena ».*
1474	Isabel I, reina de Castilla.
1474	*Primera obra impresa conocida en España* (Valencia).
1474	La nueva Inquisición en Castilla.
1476	La Santa Hermandad, primera policía del Estado.
1476	*Jorge Manrique: « Coplas por la muerte de su padre ».*
1477	Incorporación de las islas Canarias a Castilla.
1492	Colón descubre América. Conquista de Granada. Expulsión de los judíos.
1492	*Nebrija publica la primera Gramática castellana.*
1499	*Aparece « La Celestina », atribuida a Fernando de Rojas.*
1500	Los indios de América declarados libres por Isabel la Católica. Sublevación de los moriscos en las Alpujarras.
c. 1500	*Arte isabelino y comienzo del plateresco.*
1506	*Cisneros funda la Universidad de Alcalá de Henares.*
1508	*Publicación del « Amadís de Gaula ».*
1509	*Primeras obras dramáticas de Juan del Encina, patriarca del teatro español.*
1512	Incorporación de Navarra a la corona de Castilla.
1514	*Se inicia la impresión de la « Biblia Políglota Complutense ».*
1516-1517	Carlos I, rey de Aragón y de Castilla.
1519	Carlos I elegido emperador (Carlos V) de Alemania. Hernán Cortés inicia la conquista de Méjico.
1519-1522	*Primera circunvalación de la Tierra por Elcano.*
1520-1521	Sublevación y derrota de los Comuneros en Castilla y de las Germanías en Valencia.
1525	Victoria de Carlos V sobre Francisco I de Francia en Pavía.
1525	*Invención de la brújula de variación por Felipe Guillén.*
1526	*Encuentro de Boscán con Navagero en Granada e introducción de la métrica italiana, junto con Garcilaso de la Vega.*
1527	Saco de Roma por las tropas imperiales.
1527	*Introducción del erasmismo (trad. del « Enquiridión »).*
1531	*Miguel Servet: « De Trinitatis erroribus »; descubre la circulación pulmonar de la sangre.*
1532-1534	Conquista del Perú por Pizarro.
1536	Fundación de Buenos Aires por Mendoza.
1531-1539	*San Ignacio de Loyola funda la Compañía de Jesús.*
1546	*Muere Francisco de Vitoria, precursor del Derecho Internacional.*
1551	*Constitución de las Universidades de Méjico y Lima.*
1552	*Bartolomé de las Casas : « Brevísima relación de la destrucción de las Indias ».*

1554	« *El Lazarillo de Tormes* », *primera novela picaresca.*
1556	Carlos V abdica el reino de España en su hijo Felipe II.
1559	*Montemayor:* « *La Diana* », *modelo de novela pastoril.*
1562	*Santa Teresa escribe su* « *Vida* ».
1563	*Se comienza El Escorial (acabado en 1584).*
1565	Levantamiento de los Países Bajos.
1571	Victoria naval de Lepanto.
1577	*El Greco en Toledo.*
1579	*Se abre el Corral de la Cruz, primer teatro de Madrid.*
1580	*Lope de Vega escribe sus comedias (hasta 1635).*
1581	Felipe II es elegido rey de Portugal.
1583	*Fray Luis de León publica* « *La perfecta casada* » *y parte de* « *Los nombres de Cristo* ».
1588	La Armada Invencible.
1596	*López Pinciano:* « *Filosofía antigua poética* ».
1597	*Francisco Suárez:* « *Disputationes metaphysicae* ».
1598	Empieza a reinar Felipe III.
1599	*Mateo Alemán:* « *Guzmán de Alfarache* » (*primera parte*).
1603	*Quevedo escribe el* « *Buscón* » (*ed. 1626*).
1605	*Primera parte del* « *Quijote* ».
1609	Expulsión de los moriscos.
1615	*Segunda parte del* « *Quijote* ».
c. 1616	*Tirso de Molina crea el tipo de Don Juan (1ª versión de* « *El burlador de Sevilla* », *ed. 1630*).
1621	Felipe IV, rey.
1622-1659	*Velázquez, pintor de la corte.*
1629	*Comedias de Calderón (hasta 1680).*
1640	Sublevación de Portugal (su independencia reconocida oficialmente en 1668) y de Cataluña.
1643	Derrota de Rocroi y eclipse del poderío militar español. Caída del Conde-Duque de Olivares.
1635	*Inauguración del Palacio Real del Buen Retiro (Madrid) con una comedia de Calderón.*
1648	Independencia de los Países Bajos.
1648	*Calderón:* « *El jardín de Falerina* », *primera zarzuela española.*
1651	*Gracián:* « *El criticón* ».
1659	Paz de los Pirineos, con cesión a Francia de territorios españoles en Europa.
1661	*Aparece la* « *Gaceta de Madrid* ».
1665	Carlos II, rey.
1700	Dinastía borbónica bajo Felipe V.
1702-1713	Guerra de Sucesión al trono.

1704	Los ingleses toman Gibraltar.
1712-1713	*Felipe V funda la Biblioteca Real (Nacional) y la Real Academia Española de la Lengua.*
1713	Paz de Utrecht y pérdida de los restantes territorios europeos.
1716	Decretos de Nueva Planta aboliendo los fueros de Aragón, Valencia y Mallorca.
1726	*La Academia Española empieza a publicar el « Diccionario de Autoridades ». Feijoo comienza su « Teatro crítico universal ».*
1735	*Fundación de la Academia de la Historia.*
1737	*Luján: « Poética ».*
1738-1764	*Construcción del Palacio Real (Madrid).*
1739	Se inician las guerras coloniales con Inglaterra.
1746	Fernando VI, rey.
1746	*Se crea la primera Sociedad Económica de Amigos del País.*
1751	La masonería prohibida en España.
1752	*Fundación de la Academia de San Fernando (Bellas Artes).*
1758	*P. Isla: « Fray Gerundio de Campazas ».*
1759	Carlos III sucede a su hermano Fernando VI.
1760	*Establecimiento de la fábrica de porcelanas del Retiro.*
1766	Motín de Esquilache.
1767	Expulsión de los jesuitas.
1771	*La Academia publica su « Gramática ».*
1775	*Campomanes: « La educación popular de los artesanos ».*
1778	*García de la Huerta: « La Raquel ».*
1779	*Antonio Sánchez: « Poesías castellanas anteriores al s.XV » (primera ed. impresa del « Poema del Cid », Berceo, etc.).*
1780	*Fundación de la primera Escuela Normal de Maestros.*
1781	*Samaniego: « Fábulas morales ».*
1782	*Iriarte: « Fábulas literarias ».*
1782	Fundación del Banco de San Carlos.
1783	*Masdeu: « Historia crítica de España y de la cultura española ».*
1785	*Meléndez Valdés: « Poesías ».*
1786-1791	*Ramón de la Cruz: colección de « Sainetes ».*
1788	Carlos IV, rey de España.
1792	El favorito Godoy nombrado primer ministro.
1793	*Cadalso: « Cartas marruecas ».*
1793	Guerra con la República francesa y derrotas españolas.
1800	*Apogeo de Goya.*
1805	Derrota naval de Trafalgar.

1805	*Moratín: « El sí de las niñas ».*
1808	Invasión napoleónica y comienzo de la guerra de la Independencia. Renuncia de los Borbones en favor de José I Bonaparte. Constitución « afrancesada » de Bayona.
1810	Cortes de Cádiz. Sublevación de las colonias hispanoamericanas.
1812	Constitución de Cádiz.
1813	*Martínez Marina: « Teoría de las Cortes ».*
1814	Retirada de los franceses y vuelta de Fernando VII. Represión antiliberal.
1819	*Inauguración del Museo del Prado.*
1820	Pronunciamiento liberal de Riego.
1820	*Fundación del Ateneo (Madrid).*
1824	Independencia definitiva de las colonias hispanoamericanas.
1828	*Durán inicia la publicación del « Romancero General ».*
1829	*Código de Comercio, primera unificación de leyes para toda España.*
1830	*Creación del Conservatorio de Música y Declamación (Madrid).*
1832	*Aparición de los « Artículos de costumbres » (Larra, Mesonero Romanos y Estébanez Calderón).*
1833	Muerte de Fernando VII y regencia de María Cristina de Borbón. Guerra carlista (hasta 1840).
1834	*Martínez de la Rosa estrena « La conjuración de Venecia ». Duque de Rivas: « El Moro Expósito », con prólogo de Alcalá Galiano en defensa del romanticismo.*
1835	Desamortización de Mendizábal.
1835	*Duque de Rivas: « Don Álvaro o la fuerza del sino », consagración del teatro romántico.*
1837	Constitución progresista.
1841	Regencia del general Espartero.
1843	Isabel II, reina de España.
1844	*Zorrilla estrena « Don Juan Tenorio ».*
1845	*Reorganización de las Universidades como dependencias del Estado y creación de los Institutos de Segunda Enseñanza.*
1848	*Primer ferrocarril: Barcelona-Mataró.*
1849	*Fernán Caballero: « La Gaviota », precursora de la novela realista.*
1850	*Aparición de la zarzuela moderna.*
1859	Comienza la guerra de Marruecos.
1864	*Pereda: « Escenas montañesas », anuncio de la novela regional.*
1868	Revolución liberal y expulsión de Isabel II.
1869	Constitución democrática.

1871	Amadeo de Saboya, elegido rey de España.
1872	Abdicación de Amadeo I. Nueva guerra carlista.
1873	Proclamación de la Primera República.
1873	*Galdós empieza a publicar los « Episodios Nacionales ».*
1874	Caída de la República por un golpe militar. Restauración de la Monarquía borbónica con Alfonso XII.
1874	*Valera: « Pepita Jiménez ». Alarcón: « El sombrero de tres picos ». Echegaray estrena su primer drama (« El libro talonario »).*
1876	Constitución de la Monarquía restaurada. Termina la guerra carlista.
1876	*Giner de los Ríos funda la Institución Libre de Enseñanza (Madrid).*
1878	*López de Ayala: « Consuelo », modelo de « alta comedia ».*
1879	*Descubrimiento de las pinturas de Altamira.*
1880	*Menéndez y Pelayo: « Historia de los heterodoxos españoles ».*
1881	*Palacio Valdés: « El señorito Octavio ».*
1883	*Pardo Bazán: « La cuestión palpitante ».*
1885	Regencia de María Cristina de Austria.
1888	Promulgación del Código civil. Fundación de la Unión General de Trabajadores.
1888	*Primera Exposición Universal (Barcelona). Rubén Darío: « Azul ».*
1889	*El poeta Zorrilla es coronado en Granada.*
1890	Adopción del sufragio universal.
1890-1910	*Granados compone « Danzas españolas » y « Goyescas ».*
1894	*Benavente estrena « El nido ajeno ».*
1895	*Unamuno: « En torno al casticismo ».*
1896	*R. Menéndez Pidal: « La leyenda de los siete Infantes de Lara ».*
1897	*Ganivet: « Idearium español ». Hermanos Álvarez Quintero: « El ojito derecho ».*
1898	Pérdida de las últimas colonias (Cuba, Puerto Rico y Filipinas).
1900	*Baroja: « Vidas sombrías ».*
	Juan Ramón Jiménez: « Almas de violeta »; « Ninfeas ».
1901	*J. Costa: « Oligarquía y caciquismo ».*
1902	Alfonso XIII comienza a reinar. Primera huelga general (Barcelona).
1902	*Azorín: « La voluntad ». Valle-Inclán: « Sonatas ».*
1903	*Creación del Instituto de Reformas Sociales. Antonio Machado: « Soledades ».*
1905	*Falla: « La vida breve ».*
1906	*Ramón y Cajal, premio Nobel de Medicina por sus descubrimientos en neurología. Albéniz estrena la suite « Iberia ».*

243

1907	*Fundación de la Junta para Ampliación de Estudios.*
1909	Guerra de Marruecos. Huelga general y « Semana trágica » de Barcelona.
1910	*Primera Residencia de Estudiantes (Madrid). Gómez de la Serna inventa la « greguería ». Pérez de Ayala: « A.M.D.G. ».*
1910	Primeros socialistas elegidos diputados a Cortes.
1912	*Bibliotecas circulantes para maestros y alumnos de escuelas primarias.*
1914	Neutralidad de España en la Guerra Mundial.
1914	*Ortega y Gasset: « Meditaciones del Quijote ».*
1917	Juntas de Defensa Militares. Huelga general revolucionaria.
1918	*Creación oficial del primer Instituto-Escuela (inspirado por la Institución Libre de Enseñanza).*
1922	*Benavente, premio Nobel de Literatura.*
1923	Golpe militar y Dictadura de Primo de Rivera.
1926	El aviador Ramón Franco realiza el primer vuelo transatlántico España-Buenos Aires.
1927	Pacificación de Marruecos.
1927	*Homenaje y rehabilitación de Góngora por los poetas vanguardistas.*
1928	*García Lorca: « Romancero gitano ». J. Guillén: « Cántico ».*
1930	Caída de la Dictadura.
1931	Proclamación de la Segunda República. Se promulga una Constitución republicana.
1934	*V. Aleixandre: « La destrucción o el amor », Premio Nacional de Literatura.*
1936	Alzamiento militar contra la República y comienzo de la guerra civil.
1939	Victoria nacionalista y régimen autoritario del general Franco. Gran emigración republicana. Neutralidad de España en la Segunda Guerra Mundial.
1942	*Cela: « La familia de Pascual Duarte », modelo del « tremendismo ».*
1946	Resolución de las Naciones Unidas contra la España de Franco.
1947	Ley de Sucesión estableciendo un Consejo del Reino para la elección eventual del futuro rey de España.
1953	Concordato con Roma.
1954	Alianza con los Estados Unidos y ayuda económica a cambio de bases militares.
1956	Admisión de España en las Naciones Unidas. Independencia de Marruecos y fin del Protectorado español.
1956	*Juan Ramón Jiménez, Premio Nobel de Literatura.*
1959	Plan de estabilización ecónomica.

244

REYES Y JEFES DE ESTADO

DESDE LA RECONQUISTA

Reino de Asturias

718-737 Pelayo
737-739 Fáfila (o Favila)
739-757 Alfonso I
757-768 Fruela I
768-774 Aurelio
774-783 Silo
783-788 Mauregato
788-791 Vermudo I el
Diácono
791-842 Alfonso II el Casto
842-850 Ramiro I
850-866 Ordoño I
866-910 Alfonso III el
Magno [*Con su hijo
García I pasa la capital
a León.*]

Reino de León

910-914 García I
914-924 Ordoño II
924-925 Fruela II
926-931 Alfonso IV
931-950? Ramiro II
950?-956 Ordoño III
956-966 Sancho I el Craso
966-985 Ramiro III
985-999 Vermudo el
Gotoso
999-1028 Alfonso V el
Noble
1029-1065 Fernando I
[*conde de Castilla*]
[*Unión con Castilla hasta
la muerte de Alfonso
VII el Emperador, que
reparte los dos reinos
entre sus hijos Fernando
II y Sancho III.*]

1157-1188 Fernando II

1188-1230 Alfonso IX

1230-1252 Fernando III el
Santo [*rey de Castilla,
une ambos reinos*]

Reino de Navarra

c. 790-840 Íñigo Arista [*rey
de Pamplona*]
840?-882 García Íñiguez
882?-905 Fortún Garcés
905-925 Sancho García I
925-933? Jimeno Garcés
[*baile o juez del reino
durante la minoría de su
sobrino García I*]
933?-970 García (Sánchez)
I [*minoría bajo tutela de
su madre, Toda Aznar*]
970-994 Sancho Garcés II
Abarca
994-1005 García Sánchez el
Trémulo
1005-1035 Sancho el
Mayor (Sancho Garcés
III)
1035-1054 García Sánchez
III de Nájera
1054-1076 Sancho de
Peñalén (Sancho García
IV) [*A su muerte, la
monarquía navarra se une
a la aragonesa.*]
1076-1094 Sancho Ramírez
V [*rey de Aragón*]
1094-1104 Pedro I [*rey de
Aragón*]
1104-1134 Alfonso I el
Batallador [*rey de
Aragón*]
1134-1150 García Ramírez
el Restaurador
[*descendiente de García
Sánchez de Nájera y
nieto del Cid*]
1150-1194 Sancho VI el
Sabio
1194-1234 Sancho VII el
Fuerte [*A su muerte, la
corona pasa a la dinastía
francesa de Teobaldo de
Champagne.*]

Condado de Castilla

c. 850-930 Rodrigo y otros condes [vasallos del rey de Asturias o León]

930?-970 Fernán González

970-995 Garci Fernández

995-1017 Sancho García

1018-1029 García Sánchez el Infante [bajo tutela de Sancho el Mayor de Navarra]

1029-1035 Fernando I [bajo la autoridad paterna de Sancho el Mayor de Navarra]

Reino de Castilla y León

1035-1065 Fernando I [conde de Castilla y rey de León; hijo de Sancho el Mayor de Navarra]

1065-1072 Sancho II el Fuerte [Castilla]

1065-1072 Alfonso VI [León]

1072-1109 Alfonso VI [Castilla y León]

1109-1126 Doña Urraca

1126-1157 Alfonso VII el Emperador

1157-1158 Sancho III el Deseado [Castilla]

1158-1214 Alfonso VIII [Castilla]

1214-1217 Enrique I [Castilla]

1217-1252 Fernando III el Santo [Castilla y León]

1252-1284 Alfonso X el Sabio

1284-1295 Sancho IV

1295-1312 Fernando IV

1312-1350 Alfonso XI

1350-1369 Pedro I el Cruel

1369-1379 Enrique II de Trastámara

1379-1390 Juan I

1390-1406 Enrique III

1406-1454 Juan II

1454-1474 Enrique IV

1474-1504 Isabel I la Católica

Condado de Barcelona

c. 875-898 Vifredo el Velloso [vasallo del rey de Francia]

898-914? Vifredo II (Borrell I)

950-966 Borrell II y Mirón [hermanos]

966-992 Borrell II

992-1018 Ramón Borrell III

1018-1035 Berenguer Ramón I el Curvo

1035-1076 Ramón Berenguer I el Viejo

1076-1082 Ramón Berenguer II y Berenguer Ramón II el Fratricida [hermanos]

1082-1096 Ramón Berenguer III el Grande [minoría bajo su tío Berenguer Ramón II]

1096-1131 Ramón Berenguer III el Grande

1131-1162 Ramón Berenguer IV [rey de Aragón]

Condado de Aragón

c. 809-867 {
    Aznar Galíndez I (Conde Aznar) [vasallo del rey de Francia]
    Aznar Galíndez II
    Galindo Aznar I
}

¿893-922? Galindo Aznar II [a su muerte, el condado pasa por herencia a la corona de Pamplona (Navarra)]

Reino de Aragón

1035-1063 Ramiro I [hijo de Sancho el Mayor de Navarra]

1063-1094 Sancho (V) Ramírez [rey de Navarra]

1094-1104 Pedro I [rey de Navarra]

1104-1134 Alfonso I el Batallador [rey de Navarra]

1134-1137 Ramiro II el Monje

1137-1162 Ramón Berenguer IV [conde de Barcelona, hace la unión de Aragón con el Principado de Cataluña.]

1162-1196 Alfonso II (Ramón Berenguer)

1196-1213 Pedro II

1213-1276 Jaime I el Conquistador [rey de Mallorca]

1276-1285 Pedro III

1285-1291 Alfonso III

1291-1327 Jaime II

1327-1336 Alfonso IV

1336-1387 Pedro IV el Ceremonioso

1387-1395 Juan I

1396-1410 Martín el Humano [rey de Sicilia]

1412-1416 Fernando I de Antequera

1416-1458 Alfonso V el Magnánimo [rey de Nápoles]

1458-1479 Juan II [rey de Navarra]

1479-1516 Fernando II el Católico

Reinos unidos de Castilla y Aragón

1479-1504 Reyes Católicos: Isabel I de Castilla y Fernando V (II) de Aragón

Reino de España

1504-1506 Felipe I el Hermoso y Doña Juana la Loca
1506-1507 Regencia del Cardenal Cisneros
1507-1516 Regencia de Fernando V el Católico
1516-1517 Regencia del Cardenal Cisneros

CASA DE AUSTRIA

1517-1556 Carlos I (Emperador Carlos V de Alemania)
1556-1598 Felipe II
1598-1621 Felipe III
1621-1665 Felipe IV
1665-1700 Carlos II el Hechizado

CASA DE BORBÓN

1700-1724 Felipe V (d'Anjou)
1724 Luis I
1724-1746 Felipe V
1746-1759 Fernando VI
1759-1788 Carlos III
1788-1808 Carlos IV
1808 Fernando VII
1808-1814 José Bonaparte
1814-1833 Fernando VII el Deseado
1833-1843 Regencia de María Cristina de Borbón
1843-1868 Isabel II
1868-1870 GOBIERNO PROVISIONAL [*Interregno*]
1870-1873 Amadeo I de Saboya
1873-1874 PRIMERA REPÚBLICA

Presidentes ⎰ Estanislao Figueras
⎱ Francisco Pi y Margall
Nicolás Salmerón
Emilio Castelar

1874-1885 Alfonso XII [*Restauración borbónica*]
1885-1902 Regencia de María Cristina de Habsburgo
1902-1931 Alfonso XIII
1936-1939 SEGUNDA REPÚBLICA

Presidentes ⎰ Niceto Alcalá Zamora
⎱ Manuel Azaña

1939- RÉGIMEN DEL GENERAL FRANCO

Cuestionario

INTRODUCCIÓN

Págs. 1-8

1. ¿Qué posición geográfica ocupa la Península Ibérica?
2. ¿Cómo es la configuración interna de la Península?
3. ¿Cuáles son las principales regiones naturales del país?
4. ¿Qué elementos raciales han formado el tipo hispánico?
5. ¿Qué lenguas se hablan en la Península?

I. LAS CULTURAS PRIMITIVAS

Págs. 10-20

1. ¿Qué queda del hombre prehistórico en la Península Ibérica?
2. ¿Qué contribución hicieron los fenicios a la civilización de la Península?
3. ¿Qué carácter tuvo la colonización griega?
4. ¿Qué conocemos del arte ibérico?
5. ¿Dónde y cómo vivían los celtíberos?
6. ¿Por qué invadieron la Península los cartagineses?
7. ¿Qué aportaron los cartagineses a la Península?

II. LA ROMANIZACIÓN DE HISPANIA

Págs. 21-27

1. ¿Cuánto duró la conquista romana y por qué fue tan lenta?
2. ¿Qué fue y qué simboliza Numancia?
3. ¿Qué organización política dieron los romanos a Hispania?
4. ¿Qué importancia tuvo el municipio?
5. ¿Qué nuevos principios jurídicos introdujo el Derecho Romano?
6. ¿Qué elementos de la cultura romana subsisten en la Península?

7. ¿Qué contribuyó España a la economía romana?
8. ¿Qué escritores latinos produjo España y qué características presentan?
9. ¿Cómo contribuyó España a la « provincialización » del Imperio?
10. ¿En qué consiste el hispanismo de Prudencio y Orosio?
11. ¿Cuál fue la contribución de Osio a la unificación de la Iglesia?
12. ¿Qué intervención tuvo el clero en la vida política al caer el Imperio romano?

III. LA HISPANIA VISIGODA

Págs. 36-42

1. ¿Por qué fue rápida la conquista visigoda?
2. ¿En qué se diferenciaba el Estado visigodo del romano?
3. ¿Qué métodos políticos imitaron los visigodos?
4. ¿Cómo se logró la unificación de los godos y los hispano-romanos?
5. ¿Qué importancia tuvo la conversión de Recaredo?

Págs. 42-47

6. ¿Qué papel tuvo la Iglesia visigoda en la vida política?
7. ¿Cuál fue el valor principal de la cultura visigoda?
8. ¿Qué carácter tienen las *Etimologías* de San Isidoro?
9. Qué rasgos presenta la arquitectura visigoda?
10. ¿Qué nos revelan las joyas votivas de los visigodos?

IV. LA ESPAÑA MUSULMANA

Págs. 48-53

1. ¿Por qué no completaron los árabes la conquista de la Península?
2. ¿Cuál fue la actitud árabe hacia los cristianos españoles?
3. ¿Por qué decayó el Estado árabe?
4. ¿Quiénes fueron los almorávides? ¿Y los almohades?
5. ¿Cuál fue la principal consecuencia de la ocupación árabe?
6. ¿Quiénes fueron y qué importancia tuvieron los mozárabes?

Págs. 54-61

7. ¿Qué valor tuvo la cultura árabe?
8. ¿Qué clase de disciplinas cultivaron con preferencia los árabes? ¿Por qué?
9. ¿Cómo trataron de resolver el conflicto entre la fe y la razón?
10. ¿Quién fue Maimónides y qué importancia tuvo su obra?
11. ¿Cómo era la poesía hispano-árabe?
12. ¿Qué caracteriza al arte árabe en general y a la Mezquita de Córdoba en particular?

V. LA ESPAÑA CRISTIANA MEDIEVAL

Págs. 62-68

1. ¿Cómo empezó la Reconquista?
2. ¿Por qué duró varios siglos?
3. ¿Por qué fue decisivo el siglo XIII en la marcha de la Reconquista?
4. ¿Qué papel hizo el Cid en la Reconquista?
5. ¿Por qué se llamaba *Imperator* el rey de León?

Págs. 68-80

6. ¿Cómo y cuándo se independizó Castilla?
7. ¿A qué se debe la debilidad política de Castilla a partir del siglo XIII?
8. ¿Cómo se crea la independencia catalana?
9. ¿Qué carácter y qué consecuencias tuvo la unión de Aragón y Cataluña?
10. ¿Qué importancia tuvo el Imperio aragonés?
11. ¿A qué obedece la importancia de los municipios medievales?
12. ¿Qué eran las Cortes? ¿Por qué decayeron?
13. ¿Por qué tuvieron más poder las Cortes de Aragón y Cataluña?
14. ¿Qué efecto tuvo la Reconquista en el poder de la Iglesia?
15. ¿Qué influjo tuvo la reforma cluniacense en España?

Págs. 81-88

16. ¿Qué valor cultural tuvo la escuela de traductores de Toledo?
17. ¿Cómo se produjo la influencia francesa en la Alta Edad Media?
18. ¿Qué caracteres de la épica castellana se muestran en el *Poema del Cid?*
19. ¿Cómo es el arte románico? Cítese un ejemplo.
20. ¿Qué importancia cultural tuvo la corte de Alfonso X *el Sabio?*
21. ¿Qué indica la creación de las primeras universidades en el siglo XIII?

Págs. 88-96

22. ¿Qué clase de poesía escribió Gonzalo de Berceo?
23. ¿Cómo contribuyó Don Juan Manuel al arte novelístico?
24. ¿Qué valor tiene y qué refleja la obra del Arcipreste de Hita?
25. ¿Qué papel literario hizo la corte de Juan II?
26. ¿Qué distingue al arte gótico español?
27. ¿A qué se llama *mudejarismo?* ¿Qué efecto tuvo en el arte español?

VI. LA ÉPOCA DE LOS REYES CATÓLICOS

Págs. 98-107

1. ¿Cuál fue el principal objetivo político de los Reyes Católicos?
2. ¿Por qué tuvo Castilla la hegemonía?
3. ¿Cómo impusieron los Reyes Católicos el orden y la justicia?
4. ¿Qué medidas económicas adoptaron?

5. ¿Cómo crearon la unidad espiritual del país?

6. ¿Por qué fue la Inquisición un instrumento de la política real?

Págs. 107-116

7. ¿Qué propósito tuvo la conquista de Granada?

8. ¿Qué fines perseguía la política exterior de los Reyes Católicos?

9. ¿Por qué puede considerarse la conquista de América como una continuación de la Reconquista?

10. ¿En qué se diferencia esencialmente la colonización española de la de otros colonizadores europeos?

Págs. 118-124

11. ¿Qué carácter peculiar tuvo el Renacimiento en España?

12. ¿Qué es y qué importancia tiene la *Biblia Políglota Complutense?*

13. ¿Qué nuevo carácter adquieren los romances en el Renacimiento?

14. ¿Qué visión de la vida nos da *La Celestina?*

15. ¿En qué se parecen y en qué se diferencian los estilos *isabelino* y *plateresco?*

VII. AUGE Y OCASO DEL IMPERIO ESPAÑOL

Págs. 125-134

1. ¿Por qué se alzaron los Comuneros?

2. ¿Qué objetivos persiguió la política imperial de Carlos V en Europa y en África del Norte? ¿Qué resultados tuvo?

3. ¿Qué sistema de gobierno adoptó Felipe II y qué efectos tuvo?

4. ¿Por qué luchó Felipe II contra los turcos, los flamencos y los ingleses? ¿Con qué resultado?

5. ¿Qué carácter tuvo la anexión de Portugal?

Págs. 135-139

6. ¿Por qué degenera la Monarquía en el siglo XVII?

7. ¿Qué intentó el Conde-Duque de Olivares?

8. ¿Qué factores causaron la crisis económica de la España imperial?

9. ¿Qué remedios se buscaron para resolver esa crisis?

VIII. LA CULTURA DEL SIGLO DE ORO

Págs. 140-147

1. ¿Qué influencia tuvo la religión en la cultura del Siglo de Oro?

2. ¿Cuál fue la contribución de los teólogos españoles al desarrollo del pensamiento moderno? ¿Y a la teoría política del Estado?

3. ¿Qué caracteriza la obra de los místicos españoles?

4. ¿En qué consiste la modernidad del pensamiento de Luis Vives?

5. ¿Qué clase de estudios y descubrimientos científicos se hacen en esta época?

Págs. 148-163

6. ¿Cómo se « hispaniza » la poesía en el segundo Renacimiento?
7. ¿Qué novedad representa la novela picaresca y a qué obedece?
8. ¿Qué doble visión de la realidad nos da el *Quijote*?
9. ¿En qué consiste la nueva fórmula dramática del teatro del Siglo de Oro?
10. ¿Qué carácter tiene la arquitectura de esta época? ¿Y la escultura?
11. ¿Qué caracteriza a la escuela de pintura española?

IX.   EL « DESPOTISMO ILUSTRADO » DEL SIGLO XVIII

Págs. 164-173

1. ¿Qué nuevo sistema de gobierno adoptan los Borbones?
2. ¿Qué efectos tuvo para España la política internacional de los Borbones?
3. ¿Por qué surge ahora un conflicto entre la Iglesia y el Estado?
4. ¿Qué se hace para aumentar los ingresos del Tesoro y fortalecer la economía?
5. ¿Qué nuevo carácter se quiso dar a la cultura española?
6. ¿Por qué no tuvieron mucho éxito las reformas del *despotismo ilustrado*?

Págs. 173-179

7. ¿Cuál fue el ideal artístico del neoclasicismo?
8. ¿Qué clase de obras dramáticas se producen en esta época? ¿Cuáles tuvieron más éxito?
9. ¿Por qué es la obra del Padre Feijoo característica de su época?
10. ¿Quién hizo la contribución más genial al arte de este período y en qué consistió?
11. ¿Qué manifestación tuvo en la música el conflicto entre el gusto nuevo y el tradicional?

X.   LA ESPAÑA MODERNA

Págs. 180-192

1. ¿Qué ha impedido la estabilidad política de España desde principios del siglo XIX?
2. ¿Cómo reaccionó el pueblo español ante la invasión napoleónica?
3. ¿Qué significación tuvo la Constitución de Cádiz?
4. ¿Qué causas provocaron la primera guerra civil?
5. ¿Qué fue y qué resultados tuvo la desamortización de 1835?

Págs. 192-205

6. ¿Por qué fracasaron la Monarquía de Amadeo y la Primera República?
7. ¿En qué se basaba el sistema político de la Restauración?

8. ¿Qué se propuso hacer la Dictadura de Primo de Rivera? ¿Cómo terminó?

9. ¿Cómo intentó la Segunda República resolver la cuestión religiosa y la agraria?

10. ¿Qué causas determinaron la guerra civil de 1936-39?

11. ¿Qué beneficios y qué perjuicios ha traído a España el régimen de Franco?

XI. LA VIDA CULTURAL EN LA ESPAÑA MODERNA

Págs. 206-214

1. ¿Qué conflicto ideológico surge en España desde el siglo XIX?

2. ¿Quiénes representan el tradicionalismo y qué ideas defienden?

3. ¿Qué ideal inspiraba a los krausistas españoles y cuál fue su obra principal?

4. ¿Qué aspiración común tenían los hombres de la Generación del 98?

5. ¿En qué se diferencian Unamuno y Ortega y Gasset ante el problema de la decadencia española y de su remedio?

Págs. 214-226

6. ¿Por qué fue a la vez revolucionario y tradicional el Romanticismo español?

7. ¿Qué dos tipos de poesía romántica representan Espronceda y Bécquer?

8. ¿Cuándo y cómo se produce el resurgimiento de la novela?

9. ¿Qué importancia literaria e histórica tiene la obra de Galdós?

10. ¿Qué dos tendencias principales ha seguido el teatro moderno?

Págs. 226-234

11. ¿Qué contraste ofrece la poesía modernista y la de Antonio Machado?

12. ¿Cuál era la aspiración poética del *vanguardismo*?

13. ¿A qué se debe el éxito de la poesía de García Lorca?

14. ¿Cuáles son las contribuciones más originales del arte moderno español?

15. ¿Qué resultados ha tenido el resurgimiento de la música popular?

Temas de ensayo

1. Los iberos.
2. Los griegos en España.
3. La conquista romana: sus problemas y consecuencias.
4. El municipio hispano-romano.
5. Los escritores hispano-romanos.
6. Organización social y política de la España visigoda.
7. Papel de la Iglesia en la España visigoda.
8. Sistema político y social del Califato de Córdoba.
9. Los reinos de Taifas.
10. Contribución del pensamiento y la literatura hispano-árabe al mundo occidental.
11. Los mozárabes.
12. La España cristiana del siglo XIII.
13. Los municipios de Castilla.
14. El reino de Navarra.
15. El imperio aragonés.
16. Las luchas civiles a fines de la Edad Media.
17. La conquista de Granada.
18. El Cid histórico y el literario.
19. La escuela de traductores de Toledo (siglos XI y XIII).
20. La labor cultural de Alfonso X el Sabio.
21. La épica castellana.
22. La corte literaria de Juan II.

EDAD MODERNA (SIGLOS XVI-XVIII)

23. La política unificadora de los Reyes Católicos.
24. Los Comuneros de Castilla y las Germanías de Valencia.
25. España y el Imperio alemán bajo Carlos V (efectos de su unión).
26. Consecuencias de la conquista de América para España.
27. El sistema político de España y sus dominios bajo la monarquía de los Austrias.
28. Política exterior de Felipe II y sus resultados.

29. La crisis nacional del siglo XVII.

30. Teorías políticas durante el Siglo de Oro.

31. Carácter del Renacimiento español.

32. El misticismo en el Siglo de Oro.

33. Conceptismo y culteranismo.

34. El arte barroco.

35. El Greco.

36. Velázquez.

37. Influjo de la religión católica en el arte y la literatura del Siglo de Oro.

38. La Guerra de Sucesión al trono de España (1702-1713) y sus consecuencias.

39. Éxitos y fracasos del Despotismo Ilustrado.

40. El neoclasicismo en teoría y en la práctica.

41. España y la Independencia norteamericana.

42. Goya.

EDAD CONTEMPORÁNEA (SIGLOS XIX-XX)

43. La Guerra de la Independencia y sus consecuencias políticas.

44. Las Cortes de Cádiz y la Constitución de 1810.

45. Las guerras carlistas.

46. La desamortización de 1835.

47. Los liberales del siglo XIX.

48. El movimiento tradicionalista.

49. La Revolución liberàl de 1868.

50. La Primera República.

51. El Romanticismo.

52. El Costumbrismo.

53. La zarzuela.

54. La Restauración de 1874-1923.

55. La Generación de 1898.

56. La Dictadura de Primo de Rivera.

57. La Segunda República.

58. La guerra civil de 1936-39.

59. El movimiento obrerista.

60. El problema regionalista.

61. El militarismo (desde el siglo XIX a nuestros días).

62. La Iglesia y el Estado (desde el siglo XIX a nuestros días).

63. El régimen de Franco.

64. La literatura de vanguardia.

65. La literatura posterior a la guerra civil.

66. Pintores del siglo XX (Picasso, Miró, Dalí).

Bibliografía

OBRAS GENERALES

Historia

Aguado Bleye, Pedro, *Manual de historia de España,* 3 vols. Madrid, 1947-1956.

Altamira, Rafael, *Historia de España y de la civilización española,* 5 vols. Barcelona, 1900-1930.

———— *Manual de historia de España.* Madrid, 1934.

———— *A History of Spain* (trad. Muna Lee). New York, 1949.

Atkinson, W. C. A., *Spain, a Brief History.* London, 1934.

Ballesteros, Antonio, *Historia de España y su influencia en la historia universal,* 12 vols. Barcelona, 1918-1941.

———— *Síntesis de historia de España.* Barcelona, 1945.

Beneyto, Juan, *Historia social de España y de Hispanoamérica.* Madrid, 1961.

Bertrand, L. and Petrie, Ch., *The History of Spain* (2nd ed.). London, 1952.

Castillejo, J., *Wars of Ideas in Spain (Philosophy, Politics and Education).* London, 1937.

Castro, Américo, *La realidad histórica de España.* México, 1954.

González López, E., *Historia de la civilización española.* New York, 1959.

Livermore, H. V., *A History of Spain.* London, 1958.

Madariaga, S. de, *Spain.* New York, 1930.

———— *España.* Buenos Aires, 1942.

Menéndez Pidal, R., *España y su historia,* 2 vols. [Ensayos de historia y literatura]. Madrid, 1957.

Rodríguez Casado, V., *Conversaciones de Historia de España,* 3 vols. Barcelona, 1963-1965.

Sánchez-Albornoz, C., *España, un enigma histórico.* Buenos Aires, 1962.

Sedgwick, H. D., *Spain, a Short History of its Politics, Literature and Art.* Boston, 1929.

Smith, Rhea M., *Spain, a Modern History.* Ann Arbor (Mich.), 1965.

Soldevila, F., *Historia de España,* 8 vols. Barcelona, 1952-1959.

Ubieto, A. *et al., Introducción a la historia de España.* Barcelona, 1965.

Vicens Vives, J. (ed.), *Historia social y económica de España y América,* 4 vols. Barcelona, 1957-1959.

———— *Aproximación a la historia de España.* Barcelona, 1960.

Vossler, K., *España y Europa.* Madrid, 1951.

Literatura

Diccionario de literatura española (eds. G. Bleiberg *et al.*), Madrid, 1964.

Barja, César, *Literatura española; libros y autores clásicos.* Brattleboro, 1922.

———— *Libros y autores modernos.* New York, 1924.

———— *Libros y autores contemporáneos.* Madrid–New York, 1935.

Bell, A. F. G., *Castilian Literature.* Oxford, 1938.

Brenan, Gerald, *The Literature of the Spanish People.* New York, 1957.

Díaz-Plaja, G. (ed.), *Historia general de las literaturas hispánicas,* 5 vols. Barcelona, 1949-1956.

García López, José, *Historia de la literatura española.* Madrid, 1955.

González López, E., *Historia de la literatura española,* 2 vols. New York, 1962-1965.

Montolíu, M. de, *Manual de historia de la literatura castellana.* Barcelona, 1957.

Río, Ángel del, *Historia de la literatura española,* 2 vols. New York, 1963.

Valbuena Prat, A., *Historia de la literatura española,* 3 vols. Barcelona, 1960.

Bellas Artes y artes decorativas

Bevan, B., *History of Spanish Architecture.* London, 1928.

Burr, Grace H., *Hispanic Furniture.* New York, 1941.

Byne, Arthur y Mildred, *Spanish Ironwork.* New York, 1915.

———— *Decorated Wooden Ceilings in Spain.* New York, 1920.

———— *Provincial Houses in Spain.* New York, 1925.

Caffin, Charles, *The Story of Spanish Painting.* New York, 1910.

Calvert, A. F., *Sculpture in Spain.* London, 1912.

Gudiol, José, *Spanish Painting.* Toledo (Ohio), 1941.

Lozoya, Marqués de, *Historia del arte hispánico,* 5 vols. Barcelona, 1931-1949.

Mayer, August L., *La pintura española.* Barcelona, 1926 (trad.).

Pita Andrade, J. M., *Los tesoros de España. De Altamira a los Reyes Católicos.* Barcelona, 1967.

Post, Chandler R., *A History of Spanish Painting.* Cambridge (Mass.), 1941.

Smith, Bradley, *Spain; a History in Art.* New York, 1966.

Tatlock, R. R. *et al., Spanish Art.* London, 1927.

Tormo, Elías, *La escultura antigua y moderna.* Barcelona, 1903.

Música

Chase, Gilbert, *The Music of Spain.* New York, 1941.

Schindler, K. (ed.), *Folk Music and Poetry of Spain and Portugal.* New York, 1941.

Trend, J. B., *The Music of Spanish History to 1600.* Oxford, 1926.

Van Vechten, Carl, *The Music of Spain.* New York, 1928.

OBRAS ESPECIALES PARA CADA CAPÍTULO

Introducción: El pueblo y la tierra

Altamira, Rafael, *Psicología del pueblo español*. Barcelona, 1917.

Ballester, R., *Geografía de España*. Gerona, 1918.

Dantín Cereceda, J., *Ensayo acerca de las regiones naturales de España*. Madrid, 1922.

Fisher, W. B. y Bowen-Jones, H., *Spain, a Geographical Background*. London, 1958.

Madariaga, S. de, *Spain*. New York, 1930.

——— *España*. Buenos Aires, 1942.

Martín Echevarría, M., *España; el país y los habitantes*. México, 1940.

I. Culturas primitivas

Arribas, A., *The Iberians*. London, 1964.

Caro Baroja, J., *España primitiva y romana*. Barcelona, 1957.

Carpenter, Rhys, *The Greeks in Spain*. New York, 1925.

Dixon, Pierson, *The Iberians of Spain and their Relations with the Aegean World*. London, 1940.

García y Bellido, A., *Hispania Graeca*, 2 vols. Barcelona, 1948.

——— *Fenicios y cartagineses en Occidente*. Madrid, 1942.

Gómez Moreno, M., *Sobre los iberos y su lengua*. Madrid, 1925.

Menéndez Pidal, R. (ed.), *Historia de España*, I ("España prehistórica"). Madrid, 1935.

Obermaier, Hugo, *Fossil Man in Spain*. New Haven, 1924.

Pericot, Luis, *La España primitiva*. Barcelona, 1950.

Schulten, A., *Tartessos*. Berlin, 1922. (trad., Madrid, 1945).

——— *Numantia*, 4 vols. Munich, 1914-1931.

——— *Los cántabros y astures y su guerra con Roma*. Madrid, 1943.

II. España romana

Bouchier, E. G., *Spain under the Roman Empire*. Oxford, 1914.

Caro Baroja, J., *España primitiva y romana*. Barcelona, 1957.

Menéndez Pidal, R. (ed.), *Historia de España*, II ("España romana"). Madrid, 1935.

Sánchez-Albornoz, C., *Proceso de la romanización de España desde los Escipiones hasta Augusto*. Buenos Aires, 1949.

Serra Ráfols, J. de C., *La vida en España en la época romana*. Barcelona, 1944.

Sutherland, C. H. V., *The Romans in Spain (217 B.C.–A.D. 117)*. London, 1939.

Wiseman, F. J., *Roman Spain: an Introduction to the Roman Antiquities of Spain and Portugal*. London, 1956.

III. España visigoda

Cañal, C., *San Isidoro*. Sevilla, 1897.

Fernández Guerra, A. et al., *Historia de España desde la invasión de los pueblos germánicos hasta la ruina de la monarquía visigoda*, 2 vols. Madrid, 1890.

Menéndez Pidal, R. (ed.), *Historia de España*, III ("España visigoda"). Madrid, 1940.

Pérez Pujol, E., *Historia de las instituciones sociales de la España goda*, 4 vols. Valencia, 1896.

San Isidoro, *Etimologías* (ed. Lindsay), 2 vols. Oxford, 1912.

IV. España musulmana

Arnold, Thomas y Guillaume, Alfred, *The Legacy of Islam*. Oxford, 1931.

Dozy, R. P. A., *The Moslems in Spain*. London, 1913.

González Palencia, A., *Historia de la España musulmana*. Barcelona, 1929.

———— *Moros y cristianos en la España cristiana medieval (Estudio histórico-literario)*. Madrid, 1945.

Hole, Edwyn, *Andalus: Spain under the Muslims*. London, 1958.

Imamuddin, S. M., *Some Aspects of the Socio-Economic and Cultural History of Muslim Spain (711-1492)*. Leiden (Netherlands), 1965.

Lévi-Provençal, E., *Histoire de l'Espagne musulmane*, 3 vols. Paris, 1950; versión española en tomos IV y V de *Historia de España* (ed. Menéndez Pidal). Madrid, 1950, 1956.

Lévy, L., *Maïmonide*. Paris, 1911.

Nicholson, R. A., *A Literary History of the Arabs*. Cambridge, 1930.

Renan, Ernest, *Averroès et l'averroïsme*. Paris, 1882.

Sánchez-Albornoz, C., *España y el Islam*. Buenos Aires, 1943.

———— *Historia política del Imperio Almohade*, 2 vols. Tetuan, 1956.

———— *La España musulmana*, 2 vols. Buenos Aires, 1962.

Terrasse, H., *Islam d'Espagne. Une rencontre de l'Orient et de l'Occident*. Paris, 1958.

Whishaw, B. y Ellen M., *Arabic Spain: Sidelights on her History and Art*. London, 1912.

V. España cristiana de la Edad Media

Asín, M., *El Islam cristianizado*. Madrid, 1931.

Bagué, E., *La Alta Edad Media*. Barcelona, 1953.

Bagué, E. y Petit, J., *La Baja Edad Media*. Barcelona, 1956.

Ballesteros, A., *Sevilla en el siglo XIII*. Madrid, 1913.

———— *Alfonso X el Sabio*. Barcelona, 1963.

Cohen, Gustave, *La vida literaria en la Edad Media*. Madrid, 1958.

Chaytor, H. J., *A History of Aragon and Catalonia*. London, 1933.

Donovan, R. B., *The Liturgical Drama in Medieval Spain*. Toronto, 1958.

Fernández Amador de los Ríos, J., *Los orígenes de la nacionalidad española y su cultura*. Madrid, 1903.

Font Ríus, J. M., *Instituciones medievales*. Madrid, 1949.

Green, Otis H., *Spain and the Western Tradition. The Castilian Mind in Literature from "El Cid" to Calderón*, 4 vols. Madison, 1963-1966.

Huici, A., *Las grandes batallas de la Reconquista durante las invasiones africanas (almorávides, almohades y benimerines)*. Madrid, 1956.

Klein, J., *The Mesta, a Study in Spanish Economic History (1273-1836)*. Cambridge (Mass.), 1920.

Lacarra, J. M. *et al., La reconquista española y la repoblación del país*. Zaragoza, 1951.

———— *Historia de la Edad Media*. Barcelona, 1960.

———— *Aragón en el pasado*. Barcelona, 1960.

Lampérez, V., *Historia de la arquitectura española en la Edad Media*. Madrid, 1908-1909.

López Estrada, F., *Introducción a la literatura medieval española*. Madrid, 1952.

Maravall, J. A., *El concepto de España en la Edad Media*. Madrid, 1954.

Mayer, A. L., *El estilo gótico en España*. Madrid, 1929.

Mayer, E., *Historia de las instituciones sociales y políticas de España y Portugal durante los siglos V a XIV*, 2 vols. Madrid, 1925-1926.

Menéndez Pidal, R., *Poesía juglaresca y juglares*. Madrid, 1924.

———— *Orígenes del español* (3^a ed.). Madrid, 1950.

———— *La España del Cid* (3^a ed. rev.). Madrid, 1967; *The Cid and his Spain* (trad. H. Sunderland). London, 1934.

———— *El Imperio hispánico y los cinco reinos*. Madrid, 1950.

Menéndez Pidal, R. (ed.), *Historia de España*, XIV ("Crisis de la Reconquista. Luchas civiles"). Madrid, 1966; XV ("Los Trastámaras de Castilla y Aragón en el siglo XV"). Madrid, 1964.

Menéndez y Pelayo, M., *Orígenes de la novela* (2^a ed.). Madrid, 1943.

Merriman, R. B., *The Rise of the Spanish Empire in the Old World and in the New*, vol. I. New York, 1918.

Morley, S. G., *Spanish Ballads*. New York, 1911.

Pérez de Urbel, Fray Justo, *Historia del condado de Castilla*. Madrid, 1945.

———— *Fernán González. El héroe que hizo a Castilla*. Buenos Aires, 1952.

Piskorski, W., *Las cortes de Castilla en el período de tránsito de la Edad Media a la Moderna (1188-1520)*. Barcelona, 1930.

Porter, A. K., *Spanish Romanesque Sculpture*, 2 vols. Paris, 1928.

Prado, Manuel, *Covadonga*. Madrid, 1915.

Reese, Gustave, *Music in the Middle Ages*. New York, 1941.

Ribera, Julián, *La música de las Cantigas*. Madrid, 1922.

Rubió y Balaguer, J., *Vida española en la época gótica*. Barcelona, 1943.

Sánchez-Albornoz, C., *Estampas de la vida en León en el siglo X*. Madrid, 1926.

———— *En torno a los orígenes del feudalismo*. Mendoza, 1942.

———— *España, un enigma histórico*, 2 vols. Buenos Aires, 1956.

Silió, César, *Don Álvaro de Luna y su tiempo*. Madrid, 1934.

Solalinde, A. G., *Alfonso X el Sabio. Antología de sus obras*. Madrid, 1923.

Soldevila, F., *Historia de Catalunya*. Barcelona, 1962.

Suárez Fernández, L., *Nobleza y monarquía (Puntos de vista sobre la historia castellana del siglo XV)*. Valladolid, 1959.

Terrasse, Henri, *L'Espagne du Moyen Âge (Civilisations et arts)*. Paris, 1966.

Valdeón Baruque, J., *Los judíos de Castilla y la revolución Trastámara*. Valladolid, 1968.

Vázquez de Parga *et al., Las peregrinaciones a Santiago de Compostela.* Madrid, 1948-1949.

Watts, H. E., *The Christian Recovery of Spain, Being the Story of Spain from the Moorish Conquest to the Fall of Granada.* New York, 1918.

Whitehill, W. M., *Spanish Romanesque Architecture of the 11th Century.* Oxford, 1941.

VI.   Época de los Reyes Católicos

Ballesteros, M., *La obra de Isabel la Católica.* Segovia, 1953.

Calmette, Joseph, *La formation de l'unité espagnole.* Paris, 1946.

Camón Aznar, J., *Fernando el Católico y el arte español de su tiempo.* Zaragoza, 1952.

Cedillo, Conde de, *El Cardenal Cisneros, Gobernador del Reino. Estudio histórico,* 3 vols. Madrid, 1921-1928.

Doussinague, J. M., *La política internacional de Fernando el Católico.* Madrid, 1944.

Fernández de Retana, L., *Cisneros y su siglo.* Madrid, 1929-1930.

García Toral, A., *La España de los Reyes Católicos.* Buenos Aires, 1950.

Kirkpatrick, F. A., *The Spanish Conquistadores.* London, 1934.

Lea, Charles H., *The Moriscos of Spain: Their Conversion and Their Expulsion.* Philadelphia, 1901.

Llorca, B., *Problemas religiosos y eclesiásticos de los Reyes Católicos.* Zaragoza, 1952.

Merriman, R. B., *The Rise of the Spanish Empire,* vol. II. New York, 1918-1933.

Merton, R., *Cardinal Ximénes and the Making of Spain.* London, 1934.

Plunket, I. A. L., *Isabel of Castile and the Making of the Spanish Nation (1451-1504).* New York, 1915.

Rubió Balaguer, J., *Cultura de la época fernandina.* Zaragoza, 1952.

Silió, C., *Isabel la Católica, fundadora de España. Su vida, su tiempo, su reinado (1451-1504).* Valladolid, 1938.

Starkie, Walter, *Grand Inquisitor. Being an Account of Cardinal Ximénes de Cisneros and His Times.* London, 1940.

Turberville, A. S., *The Spanish Inquisition.* London, 1932.

Williamson, J. A., *Maritime Enterprise (1485-1558).* Oxford, 1913.

VII.   El Imperio español bajo los Austrias

Bourne, E. G., *Spain in America (1450-1580).* New York, 1904.

Carande, R., *Carlos V y sus banqueros,* 3 vols. Madrid, 1943-1967.

Davies, R. T., *The Golden Century of Spain (1501-1621).* London, 1937.
———— *Spain in Decline (1621-1700).* Cambridge, 1950.

Deleito y Piñuela, J., *El declinar de la Monarquía española.* Madrid, 1955.

Doussinague, J. M., *La política exterior de España en el siglo XVI.* Madrid, 1949.

Elliott, J. H., *Imperial Spain (1469-1716).* London, 1963.
———— *The Revolt of the Catalans. A study in the Decline of Spain (1598-1640).* Cambridge, 1963.

Fornieles, S., *La España del siglo XVI (Felipe II y la Inquisición)*. Buenos Aires, 1951.

Hamilton, E. J., *American Treasure and the Price Revolution in Spain (1501-1650)*. Cambridge (Mass.), 1934.

Haring, C. H., *The Spanish Empire in America*. New York, 1947.

Hume, M. A. S., *Philip II of Spain*. London, 1911.

────── *The Court of Philip IV. Spain in Decadence*. London, 1907.

Ibarra, E., *España bajo los Austrias*. Barcelona, 1927.

Igual Úbeda, A., *El Imperio español*. Barcelona, 1950.

Jover Zamora, J. M., *Carlos V y los españoles*. Madrid, 1963.

Juderías, J., *España en tiempo de Carlos II, el Hechizado*. Madrid, 1912.

Konetzke, R., *El Imperio español: orígenes y fundamentos*. Madrid, 1946.

Larraz, J., *La época del mercantilismo en Castilla (1500-1700)*. Madrid, 1944.

Lea, Charles H., *A History of the Inquisition of Spain,* 4 vols. New York, 1906-1907.

────── *The Moriscos of Spain: Their Conversion and Expulsion.* Philadelphia, 1901.

Lewis, D. B. W., *Charles of Europe*. New York, 1931.

Lynch, J., *Spain Under the Hapsburgs,* vol. I. Oxford, 1964.

Marañón, G., *El Conde-Duque de Olivares (La pasión de mandar)*. Madrid, 1952.

Maravall, J. A., *Carlos V y el pensamiento político del Renacimiento*. Madrid, 1960.

────── *Las comunidades de Castilla; una primera revolución moderna*. Madrid, 1963.

Maura, Duque de, *Vida y reinado de Carlos II*. Madrid, 1954.

Menéndez Pidal, R., *El Romancero hispánico*. Madrid, 1953.

────── *Historia de España,* XIX ("España en tiempo de Felipe II"). Madrid, 1958.

Menéndez y Pelayo, M., *Orígenes de la novela* (2ª ed.). Madrid, 1943.

Merriman, R. B., *The Rise of the Spanish Empire,* vols. III,IV. New York, 1918-1934.

Palacio Atard, V., *Derrota, agotamiento, decadencia en la España del siglo XVII*. Madrid, 1949.

Parry, J. H., *The Spanish Theory of Empire in the 16th Century.*

Piétri, François, *La España del Siglo de Oro* (trad.). Madrid, 1960.

Reglá, Juan, *Estudios sobre los Moriscos*. Valencia, 1964.

Salmon, E. D., *Imperial Spain, the Rise of the Empire and the Dawn of Modern Seapower*. New York, 1931.

Seaver, H. L., *The Great Revolt in Castile; a Study of the Comunero Movement of 1520-21*. Boston, 1928.

Sicroff, A., *Les controverses des statuts de Pureté de Sang*. Paris, 1960.

Walsh, W. T., *Philip II*. London, 1937.

VIII.   La cultura del Siglo de Oro

Arbó, Sebastián J., *Cervantes*. Barcelona, 1945 [trad. inglesa, *Cervantes. The Man and his Time*. New York, 1955].

Aubrun, Charles V., *La comédie espagnole* (1600-1680). Paris, 1966.

Avalle-Arce, J. B., *La novela pastoril española*. Madrid, 1959.

Bataillon, M., *Érasme et l'Espagne*. Paris, 1937; (*Erasmo y España*, trad. A. Alatorre. México, 1950.)

———— *Le roman picaresque*. Paris, 1931.

Batllorí, M., *Gracián y el Barroco*. Roma, 1958.

Bell, A. F. G., *Fray Luis de León: A Study of the Spanish Renaissance*. Oxford, 1925 (trad. *El Renacimiento español*. Zaragoza, 1944).

———— *Cervantes*. Norman (Okla.), 1947.

Bomli, P. W., *La femme dans l'Espagne du siècle d'or*. La Haye, 1950.

Bourland, C. B., *The Short Story in Spain in the Seventeenth Century*. Northampton (Mass.), 1927.

Cossío, M. B., *El Greco*. Madrid, 1908.

Crawford, J. P. W., *Spanish Drama before Lope de Vega* (2a ed.). Philadelphia, 1963.

Chastenet, Jacques, *La vie quotidienne en Espagne au siècle d'or*. Paris, 1964.

Díaz-Plaja, G., *El espíritu del barroco*. Barcelona, 1940.

Entwistle, W. J., *Cervantes*. Oxford, 1940.

Hatzfeld, H., *Estudios sobre el barroco*. Madrid, 1964.

Herrero García, M., *Ideas de los españoles del siglo XVII*. Madrid, 1928.

Igual Úbeda, A., *El Siglo de Oro*. Barcelona, 1951.

Justi, K., *Velázquez y su siglo* (trad.). Madrid, 1953.

Kane, E. K., *Gongorism and the Golden Age*. Chapell Hill (N.C.), 1928.

Lafuente Ferrari, E., *Museo del Prado. Pintura española de los siglos XVII y XVIII*. Madrid, 1968.

Mackay, J. A., *The Other Spanish Christ*. London, 1932.

Mayer, A. L., *Diego Velázquez*. Berlin, 1924.

Menéndez Pidal, R., "El lenguaje del siglo XVI", en *La lengua de Colón*. Buenos Aires, 1947.

Menéndez y Pelayo, M., *Historia de los heterodoxos españoles* (2ª ed.) Buenos Aires, 1945.

Montolíu, M. de, *El alma de España y sus reflejos en la literatura del Siglo de Oro*. Barcelona, 1942.

Orozco, E., *Temas del barroco*. Madrid, 1947.

Peers, E. A., *Studies of the Spanish Mystics*. New York, 1927.

Pfandl, L., *Cultura y costumbres del pueblo español en los siglos XVI y XVII: Introducción al estudio del Siglo de Oro*. Barcelona, 1929.

Place, E. B., *Manual elemental de novelística española*. Madrid, 1926.

Predmore, R. L., *The World of Don Quixote*. Cambridge (Mass.), 1967.

Rennert, H. A., *The Spanish Stage in the Time of Lope de Vega*. New York, 1909.

Rey, Agapito, *Cultura y costumbres del siglo XVI en la Península Ibérica y en Nueva España*. México, 1944.

Ríos, F. de los, *Religión y Estado en la España del siglo XVI*. New York, 1929.

Sainz Rodríguez, P., *Mística española*. Madrid, 1961.

Serrano Plaja, A., *España en la edad de oro*. Buenos Aires, 1944.

Scott, J. B., *The Spanish Origin of International Law*. Oxford, 1926.

Sitwell, Sacheverell, *Southern Baroque Art.* London, 1924.

Valbuena Prat, A., *La vida española en la edad de oro.* Barcelona, 1943.

———— (ed.), *La novela picaresca española.* Madrid, 1946.

Vilches Acuña, R., *España en la edad de oro: Introducción al estudio de su literatura y de otras manifestaciones culturales.* Buenos Aires, 1946.

Vossler, K., *Introducción a la literatura española del Siglo de Oro.* Madrid, 1934.

———— *Lope de Vega y su tiempo* (trad.). Madrid, 1932.

Weisbach, W., *El barroco, arte de la Contrarreforma.* Madrid, 1962.

IX.   El siglo XVIII

Addison, J., *Charles the Third of Spain.* Oxford, 1900.

Calvert, A. F., *Goya, an Account of His Life and Works.* London, 1908.

Carande, R., *El Despotismo Ilustrado de los Amigos del País.* Bilbao, 1957.

Casanovas, J., *La cultura catalana en el siglo XVIII.* Barcelona, 1953.

Cotarelo y Mori, E., *Iriarte y su época.* Madrid, 1897.

Chastenet, Jacques, *La vie quotidienne en Espagne au temps de Goya.* Paris, 1966.

Desdevises du Dezert, G., *L'Espagne de l'ancien régime,* 3 vols. Paris, 1893-1894.

Díaz-Plaja, Fernando, *La vida española en el siglo XVIII.* Barcelona, 1946.

Domínguez Ortiz, A., *La sociedad española en el siglo XVIII.* Madrid, 1955.

Fugier, A., *Napoléon et l'Espagne (1799-1808).* Paris, 1930.

Herr, Richard, *The Eighteenth Century Revolution in Spain.* Princeton, 1958.

Hume, M. A. S., *Spain, its Greatness and Decay (1479-1788).* Cambridge, 1898.

Kany, Charles E., *Life and Manners in Madrid (1750-1800).* Berkeley, 1932.

Kubler, G., *Arquitectura de los siglos XVII y XVIII.* Madrid, 1957.

Marías, J., *Los españoles.* Madrid, 1962.

Martínez de Campos y Serrano, C., *España bélica. Siglo XVIII.* Madrid, 1965.

Palacio Atard, V., *Los españoles de la Ilustración.* Madrid, 1964.

Pellissier, R. E., *The Neo-Classic Movement in Spain During the 18th Century.* Stanford (Cal.), 1918.

Poore, Charles G., *Goya.* New York, 1938.

Reglá, J. y Alcolea, S., *El siglo XVIII.* Barcelona, 1957.

Rodríguez Casado, V., *La política y los políticos durante el reinado de Carlos III.* Madrid, 1962.

Sainz Rodríguez, P., *Las polémicas sobre la cultura española.* Madrid, 1950.

Sánchez Agesta, L., *El pensamiento político del Despotismo Ilustrado.* Madrid, 1953.

Sarrailh, Jean, *L'Espagne éclairée de la seconde moitié du XVIIIème siècle.* Paris, 1954; (trad. esp., México, 1957).

Tapia, E. de, *Carlos III y su época. Biografía del siglo XVIII*. Madrid, 1962.
Viñaza, Conde de la, *Goya: su tiempo, su vida, sus obras*. Madrid, 1887.
Zabala y Lera, P., *España bajo los Borbones*. Barcelona, 1936.

X.   Historia de los Siglos XIX y XX

Alba, Víctor, *Historia de la Segunda República Española*. México, 1960.
Arzadun y Zabala, J., *Fernando VII y su tiempo*. Madrid, 1942.
Arrarás, J., *Historia de la segunda República española,* 4 vols. Madrid, 1956-1968.
Artola, M., *Los orígenes de la España contemporánea,* 2 vols. Madrid, 1959.
Aunós Pérez, E., *L'Espagne contemporaine: histoire d'une grande crise politique et sociale (1810-1939)*. Paris, 1939.
———— *España en crisis (1874-1936)*. Buenos Aires, 1942.
Bacarud, Jean, *La Segunda República Española (1931-1936). Ensayo e interpretación*. Madrid, 1967.
Bécker, Jerónimo, *Historia de las relaciones exteriores de España durante el siglo XIX,* 3 vols. Madrid, 1924-1926.
Benoit, Charles, *Cánovas del Castillo: la restauración renovadora*. Madrid, 1931.
Bonmatí de Codecido, F., *Alfonso XIII y su época*. Madrid, 1943.
Borkenau, F., *The Spanish Cockpit*. London, 1937.
Brenan, Gerald, *The Spanish Labyrinth—An Account of the Social and Political Background of the Civil War*. Cambridge, 1950.
Buckley, Henry, *Life and Death of the Spanish Republic*. London, 1940.
Cacho, Vicente, *La Institución Libre de Enseñanza*. Madrid, 1962.
Camón Aznar, J., *Picasso y el cubismo*. Madrid, 1956.
Carrión, Pascual, *Los latifundios en España*. Madrid, 1932.
Clarke, H. B., *Modern Spain (1815-1898)*. Cambridge, 1950.
Cleugh, James, *Spain in the Modern World*. London, 1952.
Corona, Carlos, *Revolución y reacción en el reinado de Carlos IV*. Madrid, 1957.
Costa, Joaquín, *Colectivismo agrario en España*. Madrid, 1898.
———— *Oligarquía y Caciquismo como la forma actual del Gobierno de España*. Madrid, 1902.
Crozier, Brian, *Franco, a Biographical History*. London, 1967.
Díez del Corral, Luis, *El liberalismo doctrinario*. Madrid, 1956.
Eza, Vizconde de, *El problema agrario en España*. Madrid, 1915.
Fernández Almagro, M., *Historia del reinado de Alfonso XIII*. Barcelona, 1933.
———— *Historia de la República Española (1931-1936)*. Madrid, 1940.
———— *Historia política de la España contemporánea (desde la revolución de Septiembre hasta la muerte de Alfonso XII)*. Madrid, 1956.
Hennessy, C. A. M., *The Federal Republic in Spain*. Oxford, 1962.
Hills, George, *Franco. The Man and his Nation*. London, 1967.
Holt, Edgar, *The Carlist Wars in Spain*. London, 1967.
Hume, M. A. S., *Modern Spain (1788-1898)*. London, 1900.
Izquierdo Hernández, F., *Antecedentes y comienzos del reinado de Fernando VII*. Madrid, 1963.

Jackson, Gabriel, *The Spanish Republic and the Civil War (1931-1939)*. Princeton, 1965.

Juretschke, H., *Los afrancesados en la guerra de la Independencia*. Madrid, 1962.

Klein, J. G., *The Mesta, a Study in Spanish Economic History (1273-1836)*. Cambridge (Mass.), 1920.

Lema, Marqués de, *De la Revolución a la Restauración*. Madrid, 1927.

Luz, Pierre de, *Isabel II, reina de España (1830-1904)*. Barcelona, 1962.

Llorca, Carmen, *Isabel II y su tiempo*. Alcoy, s.a.

Madariaga, S. de, *Spain*. London, 1942.

————— *España. Ensayo de historia contemporánea*. Buenos Aires, 1955.

Marrero Suárez, V., *El tradicionalismo español del siglo XIX* (selección y prólogo). Madrid, 1955.

Marx, Karl and Engels, F., *Revolution in Spain*. New York, 1939.

Matthews, H. L., *The Yoke and the Arrows*. New York, 1957.

Maura Gamazo, G., *Bosquejo histórico de la Dictadura* [Primo de Rivera]. Madrid, 1930.

McCabe, J., *Spain in Revolt (1814-1931)*. London, 1931.

Meléndez, Leonor, *Cánovas y la política exterior española*. Madrid, 1944.

Mercader, J., *El siglo XIX*. Barcelona, 1957.

Mousset, A., *La política exterior de España (1873-1918)*. Madrid, 1918.

Mulhacén, Marqués de, *Política mediterránea de España (1704-1951)*. Madrid, 1952.

Ossorio y Gallardo, A., *Orígenes próximos de la España actual* [de Carlos IV a Franco]. Buenos Aires, 1940.

París Eguílaz, H., *Factores del desarrollo económico español*. Madrid, 1957.

Payne, S. G., *Falange, a History of Spanish Fascism*. Stanford (Cal.), 1961.

Peers, E. A., *The Spanish Tragedy (1930-1937)*. New York, 1937.

————— *Spain in Eclipse (1937-1942)*. London, 1943.

Pla, José, *Historia de la Segunda República Española*, 4 vols. Barcelona, 1940-1941.

Rama, C. M., *La crisis española del siglo XX*. Buenos Aires, 1960.

Ramos Oliveira, A., *Politics, Economics and Men of Modern Spain (1808-1946)*. London, 1946.

Ratcliff, D. F., *Prelude to Franco*. New York, 1957.

Rovira y Virgili, A., *El nacionalismo catalán*. Barcelona, 1917.

Sánchez Agesta, L., *Historia del constitucionalismo español*. Madrid, 1964.

Sevilla Andrés, D., *Historia política de España (1800-1967)*. Madrid, 1968.

Smith, R. M., *The Day of the Liberals in Spain*. Philadelphia, 1938.

Suárez Verdeguer, F., *La crisis política del antiguo régimen en España (1800-1840)*. Madrid, 1958.

Tamames, Ramón, *La estructura económica de España*. Madrid, 1963.

————— *Introducción a la economía española*. Madrid, 1968.

Thomas, Hugh, *The Spanish Civil War*. London, 1961.

Tuñón de Lara, M., *La España del siglo XIX (1808-1914)*. Paris, 1961.

————— *Panorama actual de la economía española*. Paris, 1962.

————— *La España del siglo XX*. Paris, 1967.

Ullman, J. C., *The Tragic Week. A Study of Anticlericalism in Spain*. Cambridge (Mass.), 1968.

267

Vicens Vives, J., *Cataluña en el siglo XIX.* Madrid, 1960.

———— (ed.), *Historia social y económica de España y América,* IV ("Burguesía, industrialización, obrerismo"). Barcelona, 1950.

Welles, Benjamin, *Spain: The Gentle Anarchy.* New York, 1965.

Zabala y Lera, P., *Historia de España. Edad contemporánea (1808-1923),* 2 vols. Barcelona, 1930.

XI.   La cultura en los siglos XIX y XX

Alonso Cortés, N., "El teatro español en el siglo XIX", en *Historia general de las literaturas hispánicas,* vol. IV. Barcelona, 1957.

Baquero Goyanes, M., *El cuento español del siglo XIX.* Madrid, 1949.

———— *Prosistas españoles contemporáneos.* Madrid, 1956.

Barja, César, *Libros y autores modernos.* New York, 1924.

———— *Libros y autores contemporáneos.* New York, 1935.

Bell, A. F. G., *Contemporary Spanish Literature.* New York, 1933.

Blanco García, F., *La literatura española en el siglo XIX,* 3 vols. Madrid, 1899.

Bleiberg, G. y Fox, E. I. (eds.), *Spanish Thought and Letters in the Twentieth Century.* Nashville, 1966.

Borao, J., *El romanticismo.* Madrid, 1954.

Cacho, Vicente, *La Institución Libre de Enseñanza.* Madrid, 1962.

Camón Aznar, J., *Picasso y el cubismo.* Madrid, 1956.

Cano, J. L., *Poesía española del siglo XX.* Madrid, 1960.

Correa Calderón, E. (ed.), *Costumbristas españoles.* Madrid, 1948.

Chabás, J., *Literatura española contemporánea (1898-1950).* La Habana, 1952.

Díaz-Plaja, F., *La vida española en el siglo XIX.* Madrid, 1952.

Díaz-Plaja, G., *Modernismo frente a noventa y ocho; una introducción a la literatura española del siglo XX.* Madrid, 1951.

Eoff, S. H., *The Modern Spanish Novel. Comparative Essays Examining the Philosophical Impact of Science on Fiction.* New York, 1961.

Flores, Carlos, *Arquitectura española contemporánea.* Madrid, 1961.

Franco, Dolores (ed.), *La preocupación de España en su literatura.* Madrid, 1960.

García Pavón, F., *Teatro social en España (1895-1962).* Madrid, 1962.

Gaya Nuño, J. A., *La pintura española en el medio siglo.* Barcelona, 1952.

———— *Escultura española contemporánea.* Madrid, 1957.

———— *Arte del siglo XIX.* Barcelona, 1966.

Gómez de Baquero, E., *El ensayo y los ensayistas españoles contemporáneos.* Madrid, 1924.

———— *El renacimiento de la novela española en el siglo XIX.* Madrid, 1924.

González Ruiz, N., *La cultura española en los últimos años: El teatro.* Madrid, 1949.

Gullón, R., *La generación del 25.* Madrid, 1957.

Laín Entralgo, P., *Menéndez Pelayo: historia de sus problemas intelectuales.* Madrid, 1944.

———— *La generación del 98.* Madrid, 1946.

——— *España como problema.* Madrid, 1962.

——— *Panorama histórico de la ciencia moderna.* Madrid, 1963.

López-Morillas, J., *El krausismo español.* México, 1956.

Lloréns Castillo, V., *Liberales y románticos. Una emigración española en Inglaterra (1823-1834).* México, 1954.

Marichal, Juan, *El nuevo pensamiento político español.* México, 1967.

Méndez Bejarano, M., *La literatura española en el siglo XIX.* Madrid, 1921.

Mesonero Romanos, R., *Memorias de un setentón.* Madrid, 1880.

Montesinos, J. F., *Costumbrismo y novelas.* Berkeley, 1960.

Moreno Galván, A., *Introducción a la pintura española actual.* Madrid, 1960.

Nora, E. de, *La novela española contemporánea (1898-1960),* 3 vols. Madrid, 1958-1962.

Peers, E. A., *A History of the Romantic Movement in Spain,* 2 vols. Cambridge, 1940.

Pellicer, Cirici, *El arte modernista catalán.* Barcelona, 1961.

Pérez Galdós, B., *Episodios nacionales* [46 novelas históricas de 1805 a 1879]. Madrid, 1873-1912.

Pérez Minik, D., *Debates sobre el teatro español contemporáneo.* Santa Cruz de Tenerife, 1953.

Salazar, Adolfo, *El siglo romántico.* Madrid, 1936.

Sopeña, Federico, *Historia de la música española contemporánea.* Madrid, 1958.

Tarr, F. C., *Romanticism in Spain and Spanish Romanticism.* Liverpool, 1939.

Torrente Ballester, G., *Panorama de la literatura española contemporánea.* Madrid, 1965.

——— *Teatro español del siglo XX.* Madrid, 1960.

Trend, J. B., *Manuel de Falla and Spanish Music.* New York, 1929.

——— *The Origins of Modern Spain.* Cambridge, 1934.

Vivanco, L. F., *Introducción a la poesía española contemporánea.* Madrid, 1957.

Yxart, J., *El arte escénico en España,* 2 vols. Barcelona, 1894-1896.

Zellers, G., *La novela histórica en España (1828-1850).* New York, 1938.

Zorrilla, José, *Recuerdos del tiempo viejo.* Madrid, 1880-1882.

Zurita, R., *Historia del género chico.* Madrid, 1920.

VOCABULARIO

The Vocabulary contains all the words used in this book, and their appropriate meanings, with the following exceptions:

(a) The most readily recognizable and unmistakable cognates
(b) Adverbs in *-mente* when the corresponding adjectives are included and have the same meaning
(c) Names of persons on which the Text or Notes give sufficient information (such as dates, works, etc.)

Idiomatic expressions are listed under the first noun if any; under the first verb if there is no noun; or under the first adverb in other cases. Adjectives are listed under the masculine form only. Included also are some irregular forms of verbs not easily identified.

ABBREVIATIONS

a.	adjective	*Lat.*	Latin
adv.	adverb	*lit.*	literally
Arab.	Arabic	*m.*	masculine
b.	born	*n.*	noun
c.	century	*p.*	participle
d.	died	*pl.*	plural
dim.	diminutive	*p.p.*	past participle
f.	feminine	*pres. p.*	present participle
Fr.	French	*prob.*	probably
inf.	infinitive	*prov.*	province
Ital.	Italian		

A

a to, at, for, from, on, after, in, upon

a.C.: antes de Cristo (B.C.)

A. M. D. G. : Ad majorem Dei gloriam (*the motto of the Jesuit Order*)

abadía abbey

abajo below

abandono abandonment

abarcar to comprise, cover

Abderrahmán I Abd-er-Rahman I (756-788), *first independent Emir of Moslem Spain;* **Abderrahmán III** Abd-er-Rahman III (891-961), *first Caliph of Cordova*

abdicar to abdicate

Abenarabi Ibn Arabi (1165-1240), *Moslem philosopher, born in Murcia (E. Spain)*

Abenházam Ibn Hazm (994-1064), *Moslem philosopher and historian, born in Cordova (Andalusia)*

abierto *p.p of* **abrir**

abigarrado motley

abogar (por) to advocate

abolir to abolish

abrazar to embrace

abrir to open

abuelo grandfather; *pl.* grandparents

abulia loss of will power

abúlico weak-willed

abundar to abound

aburguesado bourgeois

abusar (de) to abuse

acabar to end, finish; **acabar con** to put an end to; **acabar de** to have just

academismo Academism (*school following the rules of an official academy*)

acalorado heated

acaso perhaps

acatar to accept; respect

accidentado mountainous

acción *f.* action

aceite *m.* olive oil

aceituna olive

acentuar to accentuate, stress

aceptar to accept

acerca de concerning

acercarse to come close, draw near

acertado correct

acierto success, adroitness; **con acierto** appropriately

aclimatar to acclimatize

acoger to receive, welcome; **acogerse a** to join

acogida reception, welcome

acometer to undertake

acomodaticio accommodating

aconsejar to advise

acontecimiento event

acordar to resolve

acosar to harass

acostumbrado accustomed, usual

acreditar to corroborate

actitud *f.* attitude

activar to activate

actividad *f.* activity

acto act

actuación *f.* action

actual present, present-day

actualidad *f.* current interest, timeliness; present time

actuar to act

acudir to go, come; resort

acueducto aqueduct

acuerdo agreement; **de acuerdo** in agreement

acuñación *f.* coining

acusar to acknowledge

adecuado adequate

adelantado advanced

adelantarse a to anticipate

adelante forward; **en adelante** in the future

adelanto advance, improvement; achievement

además (de) besides

adinerado wealthy

admirador *m.* admirer

admirativo admiring
adoctrinador indoctrinating
adonde (to) where
adorno adornment
adquirir to acquire
adquisitivo purchasing
Adriano Hadrian, *Roman emperor (117-138), successor to Trajan, born in Itálica, near Seville*
adscrito attached
aduana customs
aduanero *a.* customs
advenimiento advent
advertir to notice
aéreo *a.* air
afán *m.* eagerness
afianzar to strengthen
afición *f.* fondness, liking
aficionado a fond of
afiliado member
afín akin
afrancesado Frenchified
afrancesamiento adoption of French ways
afrontar to face
agotado exhausted
agotamiento exhaustion
agotar to exhaust
agradable agreeable
agravarse to deteriorate
agresividad *f.* aggressiveness
agrícola agricultural
agricultor *m.* farmer
agua water
agudeza wit, acumen
agudizarse to become acute
agudo keen
Agustín, San St. Augustine (354-430), *bishop of Hippo (N. Africa)*
aguzar to sharpen
ahí there
ahogar to stifle
ahora now
ahorrar to save
airado angry
aire *m.* air; aire libre open air
airoso airy

aislacionista *m. or f.* isolationist
aislamiento isolation
aislar to isolate
ajeno alien, foreign; unconcerned; of others; lo ajeno property of others; ajeno a unconnected with
al = a + el to the, at the; al + *inf.* on, when, by
ala wing
Alá (*Arab.*) Allah (*God*)
alano *member of the Alani tribe*
Alarcón, Pedro Antonio de (1833-1891), *Andalusian novelist*
Alarcos *village near Ciudad Real where Almansur defeated the Christians in 1195*
alargado elongated
alargar to lengthen
Alarico Alaric I (d.410), *Visigothic king*
alcahueta procuress
Alcalá de Henares *town near Madrid, formerly site of university*
Alcalá Galiano, Antonio (1789-1865), *liberal politician and author*
Alcalá Zamora, Niceto (1877-1948), *President of the Second Republic*
alcalde *m.* mayor, magistrate
Alcántara *town in prov. of Cáceres, W. Spain*
alcanzar to obtain, attain, reach, acquire
alcazaba palace-fortress
alcázar *m.* castle, fortress, royal palace
aldea village
aldeano peasant
alegre gay
alegría joy
alejado far from
alejar to draw away
alemán German
Alemán, Mateo (1547-1614?) *Spanish novelist*
Alemania Germany
alentar to encourage

alfabeto alphabet

Alfonso V el Magnánimo (1416-1458), *King of Aragon;* **Alfonso VI** (1072-1109), *King of Leon and Castile;* **Alfonso VII** (1126-1157), *King of Leon and Castile;* **Alfonso VIII** (1158-1214), *King of Leon and Castile;* **Alfonso XI** (1312-1350), *King of Leon and Castile*

Alfredo el Grande Alfred the Great (871-901), *King of the West Saxons*

algo something; somewhat

algodón *m.* cotton

alguno some, any; someone; **no... alguno** any...at all; **sin...alguno** without any ... at all

alhaja jewel

Alhambra *Moorish palace-fortress in Granada*

aliado ally

alianza alliance; **Santa Alianza** Holy. Alliance, *pact signed in 1815 by the Governments of Russia, Prussia and Austria*

aliarse to ally oneself

aligerar to lighten

alistarse to enlist

aliviar to alleviate

Aljubarrota *town in E. Portugal, near the Spanish border*

alma soul

Almanzor Almansur (939-1002), *Moorish general and ruler*

Almería *seaport and province in SE. Spain*

almohades *m.pl. Berber tribes which invaded Spain in 1125*

almorávides *m.pl. North African tribe which invaded Spain in 1086*

Al-Mutámid *see* **Mutámid**

Alpera *prehistoric cave in Albacete, E. Spain*

Alpujarras *f.pl. mountainous region in Sierra Nevada, S. Spain*

Altamira *prehistoric cave in Santander, N. Spain*

altiplanicie *f.* plateau

altisonante high-sounding

alto high, upper, lofty; **en alto** aloft

altura height

alucinante nightmarish

alumbrado Illuminato *(religious sect)*

alumno pupil

alza rise

alzamiento rising, uprising

alzarse to rise

allá there; in the far-off time; **más allá** beyond; **el más allá** the beyond

allí there

Amadeo de Saboya *Parliament-elected King of Spain (1870-1873); son of Victor Emmanuel II of Savoy, King of Italy*

amaneramiento mannerism

amante *m. or f.* lover; **amante de** fond of

amar to love

ambiental *a.* environment

ambiente *m.* environment; atmosphere

ambos both

amenaza threat

amenazar to threaten

ameno pleasant

amigo friend

amor *m.* love; **amores** love affair(s)

amoroso amorous, loving

amotinado mutineer

ampliación *f.* extension

ampliar to amplify

amplio wide, ample, extensive

amplitud *f.* scope

ampuloso bombastic

Ampurias *old city on the Mediterranean coast, NE. Spain*

analfabetismo illiteracy

anarquía anarchy

anatema *m. or f.* anathema

ancho broad, wide; **de ancho** in width

v

Andalucía Andalusia, *southern region of Spain, formed by the provinces of Jaén, Córdoba, Sevilla, Huelva, Cádiz, Málaga, Granada, Almería*

Andalus *Arabic name of Moslem Spain (the "West"), whence Andalusia*

andaluz *m.* Andalusian

andante *see* **caballero**

andanzas *f.pl.* travels

andar to go, walk

anexar to annex

anexión *f.* annexation

anfiteatro amphitheater

ángel *m.* angel

angelito *dim. of* **ángel**

ángulo angle

angustia anguish

anhelo eagerness

Aníbal Hannibal (247-183 B.C.), *Carthaginian general*

animar to encourage; animate

ánimo spirit

animosidad *f.* animosity

aniquilar to annihilate

anormal abnormal

antagónico antagonistic

antaño past

ante before; in view of; in the presence of

antemano, de antemano beforehand

anteojos *m.pl.* eyeglasses

antepasado ancestor

anterior previous, former

antes (de) before, first; **antes que** rather than

anticipar to anticipate; **anticiparse a** to get ahead of

antiguamente formerly

antigüedad *f.* antiquity

antiguo old, ancient; former

antiluterano anti-Lutheran

Antillas West Indies

anular to annul

anunciar to announce

anuncio forerunner

añadir to add

año year; **al año de** the year after; **a los...años** after...years

apaciguar to appease, pacify

apagar to extinguish

aparato apparatus; system

aparecer to appear

aparencial deceptive

aparición *f.* appearance

apariencia appearance; **en apariencia** apparently

apartado remote

apartar to draw apart; **apartarse de** to draw away

aparte separate; **aparte de** aside from

apasionado passionate

apasionamiento passion

apatía apathy

apego adherence

apelar to appeal

apenas (si) hardly, scarcely

aplacar to placate

aplicar to apply

apócrifo apocryphal

apoderarse to take possession

apogeo apogee, height

apólogo apologue, fable

aportación *f.* contribution

aportar to contribute

Apostólico *Spanish defender of an absolute monarchy guided by the Roman Catholic Church*

apoteosis *f.* apotheosis, glorification

apoyar to support

apoyo support

apreciar to appreciate

aprender to learn

aprendizaje *m.* learning

aprobar to approve

apropiado appropriate

apropiarse to appropriate

aprovechar to use, take advantage of; **aprovecharse de** to profit by

aproximadamente approximately

apuntado pointed
aquel that; **aquél** the former
aquí here; **de aquí (que)** hence
árabe Arab; Arabic
arábigo Arabic
arabizado influenced by the Arabs
Aragón *region in NE. Spain and former kingdom*
arancelario customs
arbitraje *m.* arbitration
arbitrariedad *f.* arbitrariness
arbitrario arbitrary; **lo arbitrario** the arbitrariness
árbitro arbitrator
arcaico archaic
arcipreste archpriest
arco arch
archivo archives
ardiente ardent
arduo arduous; **lo arduo** the arduousness
Argel *Algiers, city in N. Africa*
árido arid
ario Aryan
aristocratismo aristocratic spirit
Aristóteles Aristotle (384-322 B.C.) *Greek philosopher*
aristotélico Aristotelian
arma weapon; **armas** arms
armada fleet
armonía harmony
armónico harmonious
armonioso harmonious
arquería series of arches
arqueta (*dim. of* **arca**) box (*for jewels, perfume, etc.*)
arquetipo archetype
arquitectónico architectural
arraigar to take root; to consolidate
arraigo hold, foundation, support
arrastrar to drag, carry away
arrebatar to snatch
arrendar to rent, let
arrendatario tenant
arrepentimiento repentance
arriano Arian

arriba above
arriesgado risky
arroz *m.* rice
arruinar to ruin
arte *m. or f.* art; **arte por el arte** art for art's sake; **Bellas Artes** Fine Arts
artesa rectangular tub
artesano artisan
artesonado panelled ceiling
Arthur *Prince of Wales (d.1502), son of Henry VII of England*
artífice *m.* artisan, maker
artificioso artificial
artista *m. or f.* artist
arzobispo archbishop
asalariado salaried
asalto assault
asceta *m. or f.* ascetic
Asdrúbal Hasdrubal (d.221), *Carthaginian general, son-in-law of Hamilcar Barca*
asegurar to assure, ensure
asesinar to assassinate
asesinato assassination
asesorar to advise
así so, thus; **así como** as well (as), just as
asignación *f.* assignment
asimilista of assimilation
asimismo likewise
asirio Assyrian
aspecto aspect
áspero harsh
astur Asturian
Asturias *former kingdom in N. Spain*
asumir to assume
asunto subject, affair
atacar to attack
ataque *m.* attack
ateísmo atheism
Atenas Athens
atención *f.* attention; **prestar atención** to pay attention
atender to pay attention
atentado attempt
atenuar to tone down

ateo atheist
Atlas Atlas Mountains (*Morocco*)
atraer(se) to attract
atrajese *see* **atraer**
atrajo *see* **atraer**
atrás earlier
atrasado backward
atraso backwardness
atravesar to go through
atrayendo *pres.p. of* **atraer**
atreverse (a) to dare
atribución *f.* attribution; power
atribuir to attribute
atún *m.* tunny fish
audacia audacity
auge *m.* culmination
aula regia (*Lat.*) royal council
aumentar to increase
aumento increase
aun even; **aún** yet, still
aunque although
ausencia absence
austeridad *f.* austerity
austriaco Austrian
auto short play; **auto de fe** *public execution of the sentences passed by the Inquisition*
autoanálisis *m.* self-analysis
autocrítica self-criticism
autonómico self-governing
autor *m.* author
autoridad *f.* authority
autoritarismo authoritarianism
auxiliar *m. or f.* aid; helper; *a.* auxiliary, helping
auxilio aid
avance *m.* advance
avanzar to advance
aventura adventure
Averroes *common name of* Ibn Rushd (1126-1198), *Moslem philosopher and physician, born in Cordova* (*Andalusia*)
aviación *f.* airforce
avidez *f.* eagerness
ávido anxious; eager
Ávila *city in Castile*

aviso warning
ayo tutor
ayuda aid, help, support
ayudar to help, aid
Azaña, Manuel (1880-1940), *writer and Republican leader*
azar *m.* chance; **al azar** at random
azúcar *m.* sugar
azul blue
azulejo tile

B

bable *m.* *Asturian dialect*
Bacon, Francis (1561-1626), *English philosopher*
Bagdad Baghdad, *former capital of Caliphate* (*Iraq*)
bailarín *m.* dancer
baile *m.* dance, dancing
bajar to lower, drop; to go down, come down
bajo low, lower; base; under
bajorrelieve *m.* bas-relief
balanza balance
Balcanes *m.pl.* Balkans
Baleares *f.pl.* Balearic Islands
bancarrota bankruptcy
Banco Bank
bandidaje *m.* banditry
bando side, faction
bandolerismo banditry
banquero banker
baño bath
barato cheap
barbarie *f.* barbarism
bárbaro barbarian
Barcas *m.pl.* *ruling family of Carthage*
Barcelona *capital of Catalonia and important Mediterranean port*
barojiano Baroja's
barrera barrier
barroco Baroque
barroquismo Baroque
basar to base

base *f.* basis; **a base de** on the basis of, based on

bastante enough; rather; **bastantes** a good many

bastar to be enough, sufficient; to suffice

batalla battle

bautismo baptism

bautizo baptism

Bélgica Belgium

bélico warlike

belicosidad *f.* warlikeness

belleza beauty

bello beautiful

bendición *f.* blessing

beneficiar to benefit

beneficio benefit; living; **beneficio de clerecía** benefit of clergy; **en beneficio a** for the benefit of

beneficioso beneficial

benéfico beneficent

berberisco Berber (*of Barbary, formerly a region in N. Africa comprising Morocco, Algiers, Tunis and Tripoli*)

Bernardo *see* **Carpio**

Bética *Roman province of S. Spain*

Biblia Bible

biblioteca library

bien *m.* good; **bienes** goods, possessions; *adv.* well; **más bien** rather; **si bien** though; **bien... bien** either...or; **bien...o** either... or

bienestar *m.* well-being

bienintencionado well-meaning

Bilbao *capital of Vizcaya, a Basque province*

bilingüe bilingual

bisonte *m.* bison

blanco white

Blasco Ibáñez, Vicente (1867-1928), *Spanish novelist*

bloque *m.* block

bloqueo blockade

boda wedding

bohemio bohemian

bolsillo pocket

bombardeo bombardment

Bonaparte, José Joseph Bonaparte, *brother of Napoleon and lawyer who was King of Spain from 1808-1813*

bondadoso kind

Borbón Bourbon, *French royal family*

borbónico *a.* Bourbon

bordado embroidery; *a.* embroidered

Borgoña Burgundy, *old province of E. France*

borgoñón Burgundian

bosque *m.* forest

bosquecillo *dim. of* **bosque**

botín *m.* booty

bóveda arch

bracero land worker

bravo brave

brazo arm

breve brief

brillantez *f.* brilliance

brillar to shine

Brocense, el Francisco Sánchez de las Brozas (1523-1601), *humanist scholar*

broche *m.* brooch

brote *m.* bud

brujo *a.* bewitching

brújula compass; **brújula de variación** variation compass

Bruno, Giordano (1548-1600) *Italian philosopher, burned at the stake*

brusco violent

bucólico pastoral

budista Buddhist

buen(o) good

buey *m.* ox

bula papal bull

Burgos *city and province in Old Castile*

burgués *m.* bourgeois

burguesía bourgeoisie

burlador *m.* seducer

burócrata bureaucratic
busca search
buscar to search
busto bust
Byron, Lord (1788-1824), *English poet*

C

c.: circa (*Lat.*) about
caballeresco chivalrous, knightly
caballería cavalry; chivalry
caballero gentleman; **caballero andante** knight-errant
caballeroso chivalrous
caballo horse; **a caballo** on horseback; **a caballo sobre** astride
cabello(s) hair
caber to be possible
cabeza head
cabida room
cabo end; **llevar a cabo** to carry out
cacique *m.* political boss (*in country districts*)
caciquismo bossism, jobbery
cada each, every
cadena chain
Cádiz *Atlantic seaport and province of Andalusia, SW. Spain*
caer to fall
caída fall
caldeo Chaldean (*Semitic language of Chaldea or Babylonia; term also applied to Biblical Aramaic*)
calidad *f.* quality
califa *m.* caliph
califato caliphate
calificativo name
calor *m.* heat; **al calor de** under the influence of
calvinista Calvinist
calle *f.* street
Cámara Chamber (*of Parliament*)
camarilla coterie (*of influential advisers*)
cambiante varied

cambiar to change
cambio change; **a cambio de** in exchange for; **en cambio** instead, on the other hand
camino road, way
campaña campaign
Campazas *village in the prov. of Leon, NW. Spain*
campeón *m.* champion
campesino peasant
campo field; country
canalizar to channel
canción *f.* song
Cancionero Song book (*collection of songs or poems*)
Cánovas del Castillo, Antonio (1828-1897), *Conservative statesman and historian*
cansado tired
cansancio weariness
cansar to tire
cántabro Cantabrian
cantábrico Cantabrian
cantante *m. or f.* singer
cantar to sing; *m.* song; **cantar de gesta** epic poem
cantidad *f.* quantity
cantiga lyric poem or song
canto song; singing
caña cane
caótico chaotic
capa cloak
capacidad *f.* capacity
capaz capable
capilla chapel
capital(es) *m.* capital; *a.* excellent
caprichoso capricious
capsiense Capsian (*a paleolithic culture*)
captar to capture
carácter *m.* character; characteristic
característico characteristic
carbón *m.* coal
carecer de to lack
carga burden
cargo post, office, charge; **a cargo de** under the direction of

caricaturizar to caricature

caridad *f.* charity

Carlomagno Charlemagne (742-814), *Emperor of the West and King of the Franks*

Carlos Martel Charles Martel (689-741), *French ruler and hero*

carne *f.* flesh

carolingio Carolingian or Carlovingian (*French dynasty founded by Charlemagne*)

Carpio, Bernardo del *legendary Spanish hero (9th century)*

carrera career

carretera road

carro cart

carta letter; **Carta-puebla** *local charter distributing lands in new municipalities*

Cartaginense *Roman province in central and eastern Spain*

cartaginés Carthaginian

Cartago Carthage, *ancient city of N. Africa, founded about 850 B.C.*

Carthago Nova New Carthage, *modern Cartagena, Mediterranean seaport in the prov. of Murcia*

Cartuja Carthusian monastery

casa house; household; **en casa** at home; **casa de campo** country house

casado con married to

casamiento marriage

casar(se) (con) to marry

Casas, Bartolomé de las (1474-1564), *Dominican friar*

casi almost

caso case; **en todo caso** at any rate

Casona, Alejandro (1903-1965), *Spanish playwright*

Castelar, Emilio (1832-1899), *great orator, president of the First Republic, professor of History and prolific writer*

castellanizante pro-Castilian

castellano Castilian; Spanish

casticismo traditionalism (*of the genuinely Spanish*)

castigar to punish

castigo punishment

Castilla Castile; **Castilla la Nueva** New Castile, *provinces of Madrid, Guadalajara, Toledo, Cuenca, Ciudad Real ;* **Castilla la Vieja** Old Castile, *provinces of Santander, Palencia, Burgos, Logroño, Soria, Valladolid, Segovia, Ávila*

castillo castle

casual chance

casualidad *f.* accident

casualmente by chance

catalanista *m. or f.* Catalanist, *defender of self-government for Catalonia*

Catalina de Aragón Catherine of Aragon (1485-1536), *first wife of Henry VIII of England*

Cataluña Catalonia, *region in NE. Spain*

cátedra professorship

católico Catholic

caudillo leader

causa cause

cauteloso cautious

cautivo captive

cayó *see* **caer**

caza hunt

cazador *m.* hunter

cazar to hunt

ceder to grant, yield

celebrar(se) to take place

célebre celebrated

celeste celestial

celo zeal; **celos** jealousy

celoso jealous; zealous

celta Celt, Celtic

censo census

censura censure, criticism; censorship; **previa censura** censorship (*prior to publication*)

censurable reprehensible

centenar *m.* hundred

centralizador centralizing

centrípeto centripetal

cerca enclosure; *adv.* near; **cerca de** near, nearly, about

cercano nearby

cerco siege

Cerdaña Cerdagne (*Eastern Pyrenees, S. France*)

cerrar to close, shut off

certero accurate

certeza certainty

Cervera *city in the prov. of Lérida (Catalonia), famous for its university*

cesante laid off

César, Julio Julius Caesar (102-44 B.C.)

Ceuta *Spanish city in Morocco*

ciclópeo Cyclopean (*massive*)

Cid Rodrigo Díaz de Vivar (1040 ?-1099), *hero of Spain*

cielo sky; heaven

cien(to) hundred

ciencia science

científico scientist; *a.* scientific

cierto certain

ciervo deer

cima top

cinco five

circo circus

circulante circulating

circunvalación *f.* circumnavigation

cirugía surgery; **cirugía de campaña** field surgery

cisma *m.* schism

cismático schismatic

cisne *m.* swan

Cisneros, Francisco Jiménez de (1437-1517), *Cardinal, Archbishop of Toledo, confessor to Queen Isabella, regent of Castile, statesman and humanist*

citado above-mentioned

citar to cite

Citerior hither; **España Citerior** *Roman province in NE. Spain*

ciudad *f.* city

ciudadanía citizenship

ciudadano citizen

claro clear; clearly; **claro que** of course

clase *f.* kind, class

claudicación *f.* humiliation

claustro cloister

clave *f.* key

clerecía clergy

clérigo clergyman

clero clergy

clima *m.* climate

cluniacense Cluniac *see* **Cluny**

Cluny *Benedictine abbey in Burgundy, France, demolished during French Revolution*

cobarde *m. or f.* coward; *a.* cowardly

cobardía cowardliness

cobrar to collect; recover

cobre *m.* copper

cobro collection

codicia greed

código code

cofre *m.* coffer

Coimbra *city in Portugal, famous for its university*

coincidente coinciding

colgar to hang

colina hill

colmena hive

colocar to place

colombino of Columbus

Colón Columbus

colonizador *m.* colonizer; *a.* colonizing

colono tenant farmer

colorido color, coloring

combate *m.* bout

combatiente *m. or f.* fighter

combatir to fight

combativo fighting

comedia comedy; play

comentar to comment (upon)

comenzar to begin

comerciante *m.* merchant

comercio trade

cometer to commit

comida meal
comienzo beginning
comité *m.* committee
como as, as a, like; **como si** as if; **así como** just as; **cómo** how
comodidad *f.* convenience
cómodo comfortable
compañero companion, fellow-member.
compañía company; **Compañía de Jesús** Jesuit Order
compartimiento compartment
compartir to share
competencia competition; competence
complacerse to take pleasure
complejo combination; *a.* complex
completo complete; **por completo** completely
complexión *f.* constitution
Complutense Complutensian
componer to compose
compositor *m.* composer
comprador *m.* buyer
comprar to buy
comprender to understand
comprensión *f.* understanding
comprometer to bind; **comprometerse** to pledge oneself, commit oneself
compuesto *p.p. of* **componer**
compulsar to collate
compuso *see* **componer**
Comte, Auguste (1798-1857), *French philosopher, founder of Positivism*
común common
comunero *Castilian insurgent against the government of Charles V (1520-1521)*
comunidad *f.* community; **comunidades** *Castilian cities in revolt against Charles V (1520-1521)*
con with
concebir to conceive
conceder to give, grant
concejal *m.* municipal councillor

concejo municipal council
concepto concept, idea; conceit
concesión *f.* granting
conciencia conscience
conciliar to reconcile
concilio council
concretar to express concretely
condado earldom
condal of the Counts
conde *m.* count
condena condemnation
condenar to condemn; **condenarse** to be damned
condesa countess
conejo rabbit
confianza trust, confidence
confiar (en) to trust, entrust, confide in, rely (on)
confluir to converge
conforme as; **conforme a** *or* **con** in accordance with, consistent with
confundirse to become confused
confuso indistinct
conglomeración *f.* confederation
conglomerado cluster
congraciarse con to get into the good graces of
conjunto ensemble, cluster, group; **en conjunto** as a whole, on the whole
conjuración *f.* conspiracy
conmover to move
conocer to know
conocimiento(s) knowledge
conquista conquest; gain
conquistador *m.* conqueror; *a.* conquering
conquistar to conquer; gain
consagración *f.* consecration; culmination
consagrar to consecrate
consanguíneo inbred
consciente conscious
consecuencia consequence; **en consecuencia** consequently
conseguir to attain, succeed

consejero adviser
consejo council; advice
conservador conservative
conservar to keep, retain, preserve
consigo with it, with them
consorcio cooperation
conspiración *f.* conspiracy
Constantino Constantine the Great, *Emperor of Rome (324-337)*
construir to construct, build
consuelo consolation
consuetudinario consuetudinary, customary
consulado court
consulta reference
consumar to consummate
Contador Mayor Chief Accountant *(of the Kingdom)*
contagiar to corrupt, infect, affect
contagio contagion
contar (con) to count (on)
contendiente *m. or f.* contender; *a.* contending
contener to contain
contenido content
contento happy, contented
contestar to answer
contextura structure
contienda struggle
continuador *m.* follower; continuator
contra against
contraataque *m.* counterattack
contrabandista *m. or f.* smuggler
contradecir to contradict
contrafuerte *m.* buttress
contraponer to oppose
contrapuesto opposing
contrario opposite; **todo lo contrario** just the opposite
Contrarreforma Counter Reformation
contrarreformista *a.* Counter-Reformation
contrarrestar to counteract
contrato contract
contribución *f.* tax

contribuir to contribute
contribuyente *m. or f.* taxpayer
convencer to convince
convenir to be advantageous, proper, fitting
converso convert
convertir to convert; **convertirse en** to become
convincente convincing
convivencia coexistence, living together
convocar to convene
copiar to copy
copla song; verse
Corán *m.* Koran
corbacho whip
Córcega Corsica, *French island in the Mediterranean*
cordillera mountain range
Córdoba Cordova, *city in Andalusia, former capital of Moslem Spain*
Córdoba: Gonzalo Fernández de Córdoba (1453-1515), *Spanish general known as* el Gran Capitán
cordobés Cordovan *(from Cordova)*
cordón *m.* cordon *(guarded line)*
Corneille, Pierre (1606-1684), *French dramatist*
corona crown
coronar to crown
coros de danza *pl.* dancing rounds
corpóreo bodily
corregidor *m.* district governor
corregir to correct
correr to run
correría raid, foray
correspondiente corresponding
corrida de toros bullfight
corriente *f.* current; *a.* general, current
corrompido corrupt
corruptor corrupting
cortante sharp
cortar to cut, cut off; stop
corte *f.* court; **Cortes** Spanish Parliament

cortejo procession

cortesano courtier; *a.* courtly

corto short

cosa thing, object

costa coast

costa cost; **a costa (de)** at the expense (of)

costado side

costar to cost

coste *m.* cost

costo cost

costoso costly

costumbre *f.* custom; **de costumbre** as usual; **costumbres** manners; *see* **cuadro**

costumbrista *of everyday life and customs*

cotidiano everyday

Covadonga *cave near Cangas de Onís (Asturias) and starting point of the Reconquest*

creador *m.* creator; *a.* creative

crear to create

crecer to grow

crecido increased

creciente growing, increasing

credo creed

creencia belief

creer to believe

crestería openwork cornice

creyente *m. or f.* believer

criado servant

criatura creature

crisol *m.* crucible

cristiandad *f.* Christendom

cristianismo Christianity

cristiano Christian

Cristo Christ

crítica criticism

criticar to criticize

crónica chronicle

crónico chronic

cronista *m. or f.* chronicler

cruce *m.* crossing

crudeza crudity

crudo crude

crueldad *f.* cruelty

cruento cruel

cruz *f.* cross

cruzada crusade

cruzar to cross

cuaderna vía "fourfold way", *type of verse consisting of 4-line stanzas with one single rhyme*

cuadrado square

cuadro picture; **cuadro de costumbres** sketch of everyday customs

cual which; like; **cada cual** each one; **lo cual** which; **cuál** which, what

cualidad *f.* quality

cualquier(a) whatever, any

cuán how

cuando when

cuanto all that; **en cuanto** as soon as; **en cuanto a** as for, as regards, insofar as; **cuanto más...mayor** the more... the greater; **cuantos** all the, all those who; **unos cuantos** a few; **cuánto** how long

cuarto quarter; *a.* fourth

cuaternario quaternary

cuatro four

cubierto *p.p. of* **cubrir**

cubrir to cover

cuenta account; **darse cuenta de** to realize; **tener en cuenta** to take into account

cuento story

cuerpo body; element; **cuerpo a cuerpo** hand to hand

cueva cave

cuidado care; *a.* polished

culminante culminating

culminar to culminate

culpable *m. or f.* guilty one

culpar to blame

culterano *learned and artificial style in Spanish verse*

cultivar to cultivate

cultivo cultivation

culto worship, cult; *a.* learned, cultured

cumbre *f.* top; *a.* greatest; *see* **obra**

cumplimiento performance, fulfilment

cumplir (con) to obey, fulfil, perform

cura cure

cura *m.* priest

Curia de Roma pontifical Court

curiosidad *f.* curious thing

cursiva italics

curso course

curvar to curve

cuyo whose, of whom, of which

Ch

chanson de geste (*Fr.*) *French epic poem*

chico small

chocar to surprise

choque *m.* clash

D

d.C.: después de Cristo (A.D.)

Dalí, Salvador (b. 1904), *Catalan painter*

dama lady

Damasco Damascus (*Syria*)

Dante Dante Alighieri (1265-1321), *Italian poet*

Danubio Danube (*river*)

danza dance

daño(s) harm

dar to give; **dar a conocer** to make known

Daza de Valdés, Benito (17th c.), *Spanish physicist*

de of, from, as, by, to, for; **de ... en** from ... to

debatir to debate

deber to owe, ought, should, be obliged to; **deber de** must, have to; **deberse a** to be due to; *m.* duty

debido a due to

débil weak

debilidad *f.* weakness

debilitación *f.* weakness, weakening

debilitar to weaken

década decade

decadencia decline

decadentista decadent

decaer to decay, decline

decir to say; **es decir** that is to say

declamar to recite

decoración *f.*: **decoración escénica** stage setting

decreto decree

dedicar to dedicate

dedicatoria dedication

defensor *m.* defender

definido well-defined

definitivo definite

deformador deforming

defraudar to deceive

deidad *f.* diety

dejar to let, allow; leave; **dejarse** to let oneself; **dejar de** to cease

del = de + el of the, from the

delante de before

delegado delegate

delegar to delegate

deleitar to delight, entertain

delicadeza delicacy

delicia delight

delimitar to confine

delito crime

demás other; **lo demás** the rest; **los demás** the others

demasiado too, too much

demonio devil

demostrar to demonstrate, prove

denegar to deny

dentro (de) within; **por dentro** within

depender de to depend upon

deponer to depose

deportar to deport

deporte *m.* sport

depravación *f.* depravity

depuración *f.* purification
depurar to purify
derecha(s) right wing
derechista rightist
derecho right; law; *a.* right
derivar to derive
derrota defeat
derrotar to defeat
derrumbamiento collapse
desafiar to challenge
desagrado annoyance; dislike
desaguar a to empty into
desamortización *f.* disentail (*freedom from mortmain*)
desaparecer to disappear
desaparición *f.* disappearance
desarrollar to develop
desarrollo development
desastre *m.* disaster
Descartes, René (1596-1650), *French philosopher and mathematician*
descenso descent
descifrar to decipher
descomponerse to disintegrate
descomposición *f.* decay
desconocer to ignore, disregard
desconocido unknown
descontento unrest; *a.* discontented
descrédito discredit
describir to describe
descrito *p.p. of* describir
descubierto *p.p. of* descubrir
descubrimiento discovery
descubrir to discover
descuidar to neglect
descuido carelessness
desde from; since; *see* luego
desdén *m.* disdain
deseable desirable
desear to desire
desembarcar to disembark
desempeñar to play (role); carry out
desencadenar to unleash
desengaño disillusionment
desenojar to appease

desentenderse de to disregard, ignore
deseo desire
deseoso anxious
desequilibrio inequality
desesperación *f.* despair
desfavorable unfavorable
desfilar to march
desfile *m.* parade
desgracia misfortune
desgraciado unfortunate
deshacer to undo
deshonra dishonor
deshumanizar to dehumanize
desierto desert
designar to indicate
desilusionar to disillusion, disappoint
desligarse to break away
deslumbrador dazzling
deslumbrar to dazzle
desmán *m.* outrage
desnudar to strip
desnudez *f.* nakedness
desnudo nude; *a.* naked, bare; al desnudo openly
desolado desolate
desorden *m.* disorder; desórdenes lawlessness
desordenado disorderly
desorientador misleading
despectivo contemptuous
despertar to awaken; *m.* awakening
despido dismissal
desplazar to displace
despliegue *m.* display
despoblación *f.* depopulation
desposeer to dispossess
despreciar to despise, scorn
desprecio scorn
desprenderse de to be deduced from
desprestigiar to discredit, bring into disrepute; desprestigiarse to lose prestige
desprestigio discredit
desprovisto deprived

después (de) after, afterwards, later
destacado outstanding
destacar to emphasize, draw attention to; **destacarse** to stand out
desterrar to exile
destierro exile
destino destiny
destituir to dismiss
destronar to dethrone
destructor *m.* destroyer; *a.* destructive
destruir to destroy
desunido disunited
desuso disuse
desvanecerse to be lost
devastador devastating
desventaja disadvantage
desviación *f.* deviation
desvitalizar to weaken
detalle *m.* detail
detener to stop
detrás behind; **por detrás** from behind
deuda debt
devolver to return
devoto worshipper; *a.* devout
día *m.* day
dialogado in dialogue
diario daily
dibujo drawing
"dictablanda" mild dictatorship
dictadura dictatorship
dictamen *m.* opinion
dictar to prescribe, dictate
dicho *m.* saying; *p.p. of* **decir**
diera *see* **dar**
dieron *see* **dar**
diezmo tithe
diferencia difference; **a diferencia de** unlike
diferenciar to differenciate
diferir to differ
difícil difficult
dificultar to make difficult
difundir to spread, diffuse; **difundir por** to spread throughout

difunto deceased; **Día de Difuntos** All Souls' Day
dignidad *f.* dignity
dignificar to dignify
digno worthy; dignified; **digno de** + *inf.* worth
diminuto diminutive
dinástico dynastic
dinero money
Diocleciano Diocletian (245-313 A.D.), *Roman emperor*
Dios God
diosa goddess
diputado deputy, member of parliament
dirección *f.* course
director *a.* leading
dirigente *m. or f.* leader; *a.* ruling
dirigir to direct; to lead; to edit; to aim; to control; to address
disciplina discipline; subject
discutible disputable
discutir to discuss
diseminar(se) to scatter
diseño design
disfrazar to disguise
disfrutar (de) to enjoy
disgregación *f.* separation
disgregador separating, disruptive
disidente dissenting
disipar(se) to spend (one's energies)
disminución *f.* decrease
disminuir to diminish
dispensa dispensation
dispensar to give
disperso scattered
disponer to arrange, prepare, dispose
disponible available
disposición *f.* provision
dispuesto prepared, ready; *p.p. of* **disponer**
distinguir to distinguish
distinto different
disturbio disturbance
disuadir to dissuade
disuelto disolved

diversificación *f.* diversity
diverso different, diverse
divinidad *f.* divinity
divisorio dividing
divulgación *f.* spread, spreading (abroad)
divulgador *m.* disseminator; *a.* disseminating
divulgar to spread
doble double
doce twelve
docente educational
dolicocéfalo dolichocephalous (*long-headed*)
dolor *m.* sorrow
dominar to dominate
Domingo de Silos, Santo (1000-1073), *abbot of Benedictine Monastery of Silos*
dominico Dominican
dominio dominion; domination, rule
donación *f.* gift
donativo donation
donde where, in which
dondequiera wherever
dorado gilt
dos two
doscientos two hundred
dosis *f.* dose
dote *f.* quality
dramatismo dramatic quality
dramaturgo playwright
ducado duchy
duda doubt; **no cabe duda** there is no doubt
dudar (**de**) to doubt
dudoso doubtful
dueño owner
Duero Douro River, *in N. Spain and Portugal*
dulce sweet
dulcificar to sweeten
dulzón sugary
Dumas, Alexandre, pére (1802-1870), *French novelist and dramatist*
duque *m.* duke

duración *f.* persistence; duration
duradero lasting
durante during
durar to last
dureza toughness
duro hard, harsh, rigorous

E

e and
Ebro *river in NE. Spain flowing into the Mediterranean*
eco echo
economía economics; economy
edad *f.* age; **Edad Media** Middle Ages; **Alta Edad Media** early Middle Ages; **Baja Edad Media** late Middle Ages
edificar to build
edificio building
educador educational
educar to educate, raise
educativo educational
efectismo effect
efecto effect; **en efecto** indeed
efectuar to carry out
eficacia efficacy
eficaz effective, efficient
efímero ephemeral
égloga eclogue
egoísmo selfishness
eje *m.* axis
ejecutar to execute
ejecutor executive
ejemplo example
ejercer to exercise; to hold
ejército army
el, la, los, las the; **el de** that of, the one of; **el que** which, who, the one who, he who, anyone who, whoever, the one that
él he, him, it
elaborar to make
Elche *town in the prov. of Alicante, E. Spain*
elección *f.* choice

elegía   elegy
elegir   to elect; choose
elevado   high
elevar   to raise; **elevarse**   to grow higher
elogiar   to praise
elogiosamente   with praise
ella   she, her, it
ello   it, that; **por ello**   therefore, hence
ellos   they, them
emanar   to emanate
embajador *m.*   ambassador
embalse *m.*   dam
embargo: **sin embargo**   nevertheless, however
embellecimiento   embellishment
emigrado   exile
emigrar   to emigrate
emir *m.*   Arab governor
emirato   rule (or territory) of an emir.
emoción *f.*   emotion
emotivo   emotional
empeño   determination; insistence
emperador *m.*   emperor
empezar   to begin
empleado   employee
emplear   to use, employ
empleo   employment
empobrecer   to impoverish
empobrecimiento   impoverishment
emprender   to undertake, start
empresa   undertaking
empréstito   loan
empujar   to push
emular   to emulate
en   in, on, at
enajenar   to transfer; alienate
enamorado   lover; *a.*   in love
enardecer   to inflame
encadenar   to chain
encanto   charm
encarcelamiento   imprisonment
encarcelar   to imprison
encargado   in charge
encargar (**de**)   to entrust (with)

encarnar   to incarnate, embody
encastillarse   to shut oneself up (*lit.* in a castle)
encauzar   to channel
encerrar   to enclose, shut up; contain
encíclica   encyclical
enciclopedista *m. or f.*   contributor to the French Encyclopedia (*e.g Voltaire, Rousseau*)
encima: **por encima (de)**   above
Encina, Juan del   (1468 ?-1534), *poet, musician and playwright, "father of the Spanish theater"*
encomendar   to entrust
encomiar   to praise
encomienda   grant of land
encontrar   to find
encubrir   to conceal
encuentro   meeting
endecasílabo   hendecasyllable
enemigo   enemy
enérgico   energetic
enfático   emphatic
enfermedad *f.*   illness
enfrentar   to oppose; **enfrentarse con**   to face
engañar   to deceive
engaño   deceit
engrandecer   to augment; exalt
engrandecimiento   aggrandizement
enjalbegado   whitewashed
enlace *m.*   union, link, bond
enlazar   to join
ennoblecer   to ennoble
enorme   enormous
Enrique de Trastámara   Enrique II, *King of Leon and Castile* (1369-1379)
enriquecer   to enrich; **enriquecerse**   to grow rich
enriquecimiento   enrichment
ensalzar   to praise
ensayo   essay; experiment
enseñanza   teaching, education
enseñar   to teach
entender   to understand

entendimiento intellect
entero whole
entidad *f.* entity
entierro burial
entonces then, that time; **de entonces** of that time
entrada access, entrance, entry
entrado well into
entrar to enter
entre between, among
entrecruzar to intercross
entrega surrender; *see also* **novela**
entregar to hand over; **entregarse a** to surrender; to indulge in
entreguerras between the wars
entretenimiento entertainment
entusiasta enthusiastic
enunciar to state
enviar to send
epidemia epidemic
época epoch, era
epopeya epic poem
equilibrar to balance
equipo team
erasmismo Erasmianism (*school of Erasmus*)
erasmista *m. or f.* Erasmian (*follower of Erasmus*)
Erasmo Desiderius Erasmus (1467-1536), *Dutch humanist*
erigir to erect
erudito scholar; *a.* scholarly
esbeltez *f.* elegance
esbelto slender, handsome
escalera staircase
escarmentar to punish
escaso limited, scanty, scarce
escena scene; **llevar a escena** to present on the stage
escenario stage
escénico *a.* stage
escenificable suitable for the stage
escenografía scenography
escéptico skeptical
Escipión, Cneo Gnaeus Cornelius Scipio (d. 212 B.C.), *Roman general, uncle of Scipio Africanus the Elder*

Escipión, Emiliano Publius Cornelius Scipio Aemilianus Africanus (185-129 B.C.), *the Younger*
esclavitud *f.* slavery
esclavo slave
escocés Scottish
escoger to choose
escolar educational
escolástico Scholastic, Schoolman; *a.* scholastic
esconder to hide
Escorial San Lorenzo del Escorial, *town and palace-monastery in the prov. of Madrid*
escribir to write
escrito *n.* writing; *p.p. of* escribir
escritor *m.* writer
Escritura(s) Scripture(s); writing
escrúpulo scruple
escrupuloso scrupulous
escuadra fleet
escudo coat of arms
escuela school
escultor *m.* sculptor
escultórico sculptural
escultura sculpture
ese that
esencia essence
esfera sphere
esforzarse to exert oneself; to try hard
esfuerzo effort
eso that; **por eso** therefore, for that reason
espacio space
espaciosidad *f.* spaciousness
espacioso spacious
espada sword
espalda shoulder, back; **volver las espaldas** to turn tail
España Spain
español *m.* Spaniard; *a.* Spanish
españolismo Spanishness
españolista pro-Spanish
españolizante in favor of the Spanish spirit

españolizar   to Hispanize;
  españolizarse   to adopt Spanish
  ways
esparcir   to scatter
Espartero, Baldomero (1792-1879),
  *general and liberal statesman, Regent
  of Spain, 1841-1843*
especia   spice
especie *f.*   kind
espectáculo   spectacle
espectro   spectre
espera   waiting;   **en espera de**
  waiting for
esperanza   hope
esperar   to hope, expect
espina dorsal   backbone
espíritu *m.*   spirit
espléndido   splendid
esplendor *m.*   splendor
esposo   husband
esquemático   sketchy
Esquilache   (*Ital.* Squillace), **Leo-
  poldo de Gregorio, Marqués de**
  (d. 1785), *Minister of Carlos III,
  born in Sicily*
estabilidad *f.*   stability
estabilizar   to stabilize
estable   stable
establecer   to establish
establecimiento   establishment
estadista *m.*   statesman
estadístico   statistical
estado   state; **estado llano**   com-
  moners
estallar   to explode, break out
estamento   estate (*in the Cortes*)
estancamiento   stagnation
estancar   to bog down
estar   to be; **estar para**   to be in
  the mood for
estatal *a.*   state
estático   static
estatua   statue
estatura   stature
este   this; **éste**   the latter
este *m.*   east
estepa   steppe

estepario   of the steppes
estéril   sterile
esteticista   aestheticist (*concerned
  with formal beauty*)
estética   aesthetics
estético   aesthetic
estigma *m.*   stigma
estilístico   stylistic
estilizado   stylized
estilo   style
estimar   to consider
estimular   to stimulate
estímulo   stimulus
esto   this; **por esto**   for this reason
estoico   stoic
Estrabón   Strabo (63 ? B.C. - 21
  A.D.), *Greek geographer*
estratégico   strategic
estrechar   to tighten
estrecho   strait; *a.*   narrow, close
estrella   star
estrenar   to present for the first
  time
estrofa   stanza
estructuración *f.*   framing
estudio   study
estuvo   *see* **estar**
etéreo   ethereal
eternismo   "eternalism"
ética   ethics
ético   ethical
Eucaristía   Holy Eucharist
Eurico (c. 420-484/5), *Visigothic King*
Europa   Europe
europeizante *m. or f.*   follower of
  European standards; *a.* European-
  izing
europeo   European; **a la europea**
  in the European style
evadir   to avoid, evade; **evadirse**
  to escape
evanescente   evanescent, having a
  tendency to vanish
Evangelio   Gospel
evasión *f.*   escape; flight
evitar   to avoid, prevent
evocador   evocative

evolucionar to evolve, develop
exacción *f.* levy
exactitud *f.* precision
exaltado enthusiastic
exaltador (de) extolling
exaltar to raise, praise, exalt
examen *m.* examination
excitante *m.* stimulant
excluir to exclude
excomulgar to excommunicate
excursionismo excursions
exención *f.* exemption
exhortar to encourage
exigir to demand, require
eximir to exempt
existir to exist
éxito success
expatriado exiled
explicación *f.* explanation
explicar to explain
explotable exploitable
explotación *f.* exploitation
explotar to exploit
exponer to expose
exposición *f.* exhibition
expósito foundling
expresividad *f.* expressiveness
exprimir to express
expuesto *p.p. of* **exponer**
expulsar to drive out
extender to spread
extenso extended, extensive
exterior outside, abroad, external
exterminador exterminating
externo external
extinguir to extinguish; to abolish
extraer to extract
extranjero foreigner; *a.* foreign;
  en el extranjero abroad
extraño strange; foreign
extrapoético non-poetic
extravagancia eccentricity
extravagante grotesque
extraviado gone astray
Extremadura *region in W. Spain*
  (*provinces of Cáceres and Badajoz*)
extremidad *f.* extremity

F

fábrica factory
fabricante *m.* manufacturer
fábula fable
fabulista *m. or f.* writer of fables
facción *f.* faction; feature
fácil easy, facile
facilidad *f.* facility, ease
facilitar to facilitate
factoría colony
facultad *f.* faculty
fachada façade
faja zone
Falange (Española) *f.* Phalanx,
  Spanish Fascist party founded in 1933
  by José Antonio Primo de Rivera,
  son of former dictator
falcata (*Lat.*) sword
falsedad *f.* falsehood; duplicity
falta lack
faltar to be lacking
falto de lacking in
fama fame, reputation
familiar family; familiar
famoso famous
fanatismo fanaticism
faquir *m.* fakir (*member of Moslem*
  religious order, holy man)
Farinelli (Carlo Boschi), *Neapolitan*
  male soprano (1705-1782)
farol *m.* lantern
farsa farce
fase *f.* phase
fastuoso ostentatious; gorgeous
fatalidad *f.* fate
favorecer to favor
fe *f.* faith
fealdad *f.* ugliness
febrero February
fecundo fertile, fruitful
fecha date
fechado dated
felicidad *f.* happiness
Felipe I el Hermoso, *King of Spain,*
  1504-1506
feliz happy

fenicio Phoenician
feo ugly
feria fair
Fernando III el Santo *King of Leon and Castile, 1217-1252*
Fernando V de Aragón *King of Aragon, 1479-1516, and Castile, 1479-1504*
ferrocarril *m.* railroad
fervoroso fervent
fiel faithful, loyal; **los fieles** the faithful
fiereza fierceness
fiesta festival, show
figurar to appear
fijar to fix; **fijarse en** to pay attention to
fijo fixed
filigrana filigree
Filipinas *f. pl.* Philippines
filo edge
filólogo philologist
filósofo philosopher
fin *m.* end, purpose; **a fin de** in order to; **a fin de que** in order that; **al fin** finally; **por fin** at last; **a fines de** to (at) the end of
final *m.* end; **al final** in the end
finalidad *f.* purpose
financiero financier; *a.* financial
finanza finance
Finis terrae (*Lat.*) Land's End
fino fine; shrewd
firmar to sign
firmeza firmness
física physics
físico physical
flamenco Flemish; *Andalusian song and dance*
Flandes Flanders
flaquear to weaken
flecha arrow
florecer to flourish
florecimiento flowering, flourishing
florentino Florentine
florera flower girl

florido flowery
flota fleet
focense Phocaean, *from an Ionian city of Asia Minor*
foco center
fomentar to foster, encourage
fondo background; **a fondo** thoroughly; **en el fondo** in substance, at heart
fonético phonetic
forjar to form, forge
formar to form, create
fortalecer to fortify, strengthen
fortalecimiento strengthening
fortaleza fortress
fortificar to strengthen, fortify
fortuna (good) fortune
forzar to force; usurp
forzoso forced
foso moat
fracasar to fail
fracaso failure
fraccionamiento fragmentation
fraccionar to divide
fragmentar to break up
fragmentarista fragmentary
fraile *m.* friar
frailuno monkish
francés French
Francia France
Francisco I Francis I *of France, 1515-1547*
franco Frank
frase *f.* phrase, sentence
fray friar (*as title*)
frecuencia frequency; **con frecuencia** frequently
freno check
frente *m.* front, front line; **frente a** facing, against, in the face of, as opposed to; **al frente de** at the head of
frío cold
frontera frontier
fronterizo *a.* frontier, borderline
frugalidad *f.* frugality
fruición *f.* enjoyment

fruta fruit
fruto fruit
fue *see* **ser**
fuese *see* **ser**
fuego fire
fuente *f.* source
fuera outside; **fuera de** out of, outside; **por fuera** (from) outside
fuero privilege, right
fuerte *m.* strong point; *a.* strong, firm, heavy
fuerza force, strength; **a la fuerza** by force
fugacidad *f.* brevity
fugaz fleeting
funcionar to function
funcionario public official, civil servant
fundación *f.* founding, origin
fundador *m.* founder
fundamento foundation
fundar to found
fundir to cast
funesto dismal, regrettable

G

gaceta gazette
Gades *see* **Gádir**
Gádir *Phoenician colony on SW. coast of Spain (Lat. Gades, now* Cádiz)
Galeno Galen (130-200 ?), *Greek physician*
galería gallery
Galia(s) Gaul (*France*)
Galicia *region in NW. Spain formed by the provinces of Coruña, Lugo, Orense and Pontevedra*
Galileo (1564-1642), *Italian astronomer and physicist*
galo Gaul (*French*)
Gallaecia *Roman province in NW. Spain (modern Galicia)*
gallego Galician
ganadería livestock raising
ganadero stock breeder

ganado herd; livestock
ganador *m.* winner
ganancia gain
ganar(se) to gain, win; *see* **salir**
Gante Ghent (*Belgian city*)
garantía guarantee
garantizar to guarantee
garbo garb
gasto expense, expenditure
generación *f.* lineage
Generalidad *f. Standing Committee of the Catalan Parliament*
género kind, genre
genial brilliant
genio genius
gente *f.* people
gentilitas (*Lat.*) gens (*group of families of the same stock*)
geógrafo geographer
Gerión Geryones, *giant whose cattle were taken by Hercules*
germanizado Germanized
Germanía brotherhood (*of artisans*)
Gerona *city and prov. in Catalonia, NE. Spain*
gesticulante gesticulatory (*making gestures*)
gesto gesture
gestor *m.* agent
Gibraltar *British fort and town in the south of Spain*
Ginebra Geneva
gitano gipsy
gleba land
glorioso glorious
gobernador *m.* governor
gobernante *m. or f.* ruler, governor; *a.* governing
gobernar to govern
gobierno government
goce *m.* joy, enjoyment
godo Goth, Gothic
Godos *village in Asturias and also in Teruel (Aragon)*
Godoy, Manuel (1767-1851), *court favorite and prime minister under Carlos IV*

golpe (de Estado)   coup (d'état)
gongorino   Gongoristic (*artificial*)
González, Fernán   (923 ?-970 ?),
   *first independent Count of Castile and
   epic hero*
gótico   Gothic
gozar (de)   to enjoy
gozo   joy
grabar   to carve, engrave
gracia   grace, gracefulness, charm;
   humor; gracias   thanks
grácil   graceful
gracioso   funny
grado   degree
gramática   grammar
gran(de)   great; large
Granada   *city and province in S. Spain,
   former capital of a Moorish kingdom*
granadino   from Granada
grandeza   greatness
grano   grain
grasa   fat
gravoso   onerous
Grecia   Greece
greguería   "outcry" (*an incongruous
   metaphor in prose*)
gremio   guild
griego   Greek
grito   cry
grueso   thick
grupo   group
Guadalete   *river in the prov. of Cádiz*
Guadalquivir   *main river of Andalusia, S. Spain*
Guadiana   *river in central Spain
   which flows into the Atlantic*
guardar   to protect
guardia   guard; Guardia civil
   *police force created in 1844 mainly to
   enforce the law in the countryside*
gubernativo   government
Guernica   *Basque town in Vizcaya*
guerra   war; guerra de los Cien
   Años   The Hundred Years' War
   (*between England and France, 1340-
   1453*); hacer la guerra   to wage
   war; participate in the war

guerrero   warrior; *a.* warlike
guerrillero   guerilla fighter
guía *m. or f.*   guide
guiar   to guide
gustar (de)   to like
gusto   taste, liking

H

haber   to have; haber venido +
   gerund   to have been; haber de
   to be to, be expected to, have to;
   de haber + *p.p.*   if there had
hábil   clever, skilful
habilidad *f.*   ability, skill
habitación *f.*   dwelling
habitante *m. or f.*   inhabitant
habitar (en)   to inhabit
habla   speech
hablar   to speak
Habsburgo   Habsburg, *imperial
   house of Austria*
hacer   to do, make; have; hacer
   (que)   to cause; hacerse   to
   become
hacia   towards
hacienda   estate,   property;
   Hacienda   Exchequer
halagador   flattering
halagar   to please
hallar   to find; hallarse   to be
   found
hallazgo   discovery
hambre *f.*   hunger
Harvey, William   (1578-1657),
   English anatomist
hasta   to, until, up to, as far as;
   even; hasta que   until
hastiado   disgusted
hay (*from* haber)   there is, there are;
   no hay que   one must not
hazaña   deed
hebreo   Hebrew
Hebreo, León   Judá Abrabanel (c.
   1460-1520), *Jewish philosopher of
   Spanish origin*
hechizar   to bewitch

hecho fact; event; **de hecho** in fact, actually

hecho *p.p. of* **hacer**

Hegel, Georg Wilhelm Friedrich (1770-1831), *German philosopher*

hegemonía hegemony, leadership

hegemónico leading

helénico Hellenic

helenizado Hellenized

heredar to inherit

heredero heir

hereje *m. or f.* heretic

herejía heresy

herencia inheritance

herir to wound

hermanastro stepbrother

hermandad *f.* brotherhood

hermano brother

Hermenegildo, San *Visigothic prince and Catholic martyr, executed in 586*

hermético hermetic, enigmatic

hermoso beautiful

hermosura beauty

Herodoto Herodotus (5th century B.C.), *Greek historian*

herradura horseshoe

Hesiodo Hesiod (prob. 8th century B.C.), *Greek didactic poet*

heterodoxo heterodox, non-conformist

hidalgo nobleman, gentleman

hierro iron

hija daughter

hijo son

hilera row

himno hymn

Hipócrates Hippocrates (460-359/377 ? B.C.), *Greek physician, "Father of Medicine"*

Hispania *name given to the Iberian Peninsula by the Romans*

hispánico Hispanic

hispanidad *f.* Spanish spirit

hispanismo Hispanism

hispanizar to make Spanishlike

hispano Hispanic (*Spanish*)

historia history; story

historiador *m.* historian

historicidad *f.* historical character

historiógrafo historiographer

Hita *town in the prov. of Guadalajara, central Spain*

hizo *see* **hacer**

hoguera bonfire; stake

Holanda Holland

holandés *m.* Dutch

hombre *m.* man

homenaje *m.* homage

hondo deep; intense

hondura depth

honra honor

honroso honorable

hoy today; **hoy día** nowadays

hubieron *see* **haber**

hubo *see* **haber**

hueco void

huelga strike

Huelva *city and prov. of Andalusia, SW. Spain*

huella trace

hueso bone

huésped *m.* guest

Hugo, Víctor (1802-1885), *French author*

hugonote *m.* Huguenot, *follower of Calvin in France*

huir to flee

humanidad *f.* humanity; **humanidades** Humanities

Humboldt, Friedrich Alexander von (1769-1859), *German naturalist and statesman*

humilde humble

humorismo humor

humos *pl.* airs

hundimiento sinking, collapse

hundirse to collapse

huno Hun

I

ibérico Iberian

ibero Iberian

Ibsen, Henrik (1828-1906), *Norwegian dramatist*
idealista idealistic
idear to conceive
ideario ideology
identificar to identify
idioma *m.* language
idiosincrasia idiosyncrasy
idólatra *m. or f.* idolater; *a.* idolatrous
iglesia church
Ignacio, San Saint Ignatius of Loyola (1491-1556), *founder of the Jesuit Order*
igual equal; like; **igual que** like, in the same way as; **al igual que** the same as; **por igual** equally, alike; **igualmente** likewise
igualar to equal; **igualarse** to become equal
igualdad *f.* equality
igualitario equalizing
ilimitado unlimited
iluminado Illuminato (*religous sect*)
Ilustración *f.* Enlightenment (*of the 18th century*)
ilustrar to illustrate, enlighten
ilustre illustrious
imagen *f.* image
imborrable unforgettable
impacientarse to become impatient
impedir to prevent
imperator (*Lat.*) emperor
imperializarse to become "imperially minded"
imperio empire; **Bajo Imperio** Late Empire; **Sacro Romano Imperio** Holy Roman Empire (962-1806), *formed by the union of Germany and N. Italy*
imperioso imperative
implantación *f.* establishment
implantar to establish
implicar to imply
imponente imposing
imponer (a) to impose (on); **imponerse** to dominate

imprenta printing
impresión *f.* printing
impresionante impressive
impresionar to impress
impreso *p.p. of* **imprimir**
imprimir to impress, imprint; print
impropio inappropriate; improper; **impropio (de)** unsuitable (for)
impuesto tax; *p.p. of* **imponer**
impulsar to push forward, drive, impel
impulso impulse, impetus
impuso *see* **imponer**
inadaptado maladjusted
incapaz incapable
incautar(se) to confiscate
incendiar to burn
incendio fire
incluir to include
inclusivo including
incluso even; including, in addition
incomprensión *f.* lack of understanding
incomprensivo lacking in understanding
inconcebible inconceivable
inconciliable irreconcilable
inconformismo non-conformism
inconfundible unmistakable
inconveniente *m.* drawback
increíble incredible
inculto ignorant
indagación *f.* investigation
indefendible indefensible
indefenso defenseless
indemnizar to compensate
independización *f.* emancipation
independizarse to become independent
indeseable undesirable
Indias *f.pl.* Indies (*Spanish America*)
indicador indicative
indicar to indicate
índice *m.* index; **Índice expurgatorio** Index of forbidden books (*in the Roman Catholic Church*)
indicio indication

indígena *m. or f.* native
indigente indigent, needy
indigno unworthy
indio Indian
indomable unconquerable
indú Hindu
indudable indubitable
inefable ineffable
inepto incompetent
inescrutable inscrutable
inesperado unexpected
inexpugnabilidad *f.* impregnability
infanta princess
infante *m.* nobleman (*either of royal blood or brought up in Court*)
infiel *m. or f.* infidel, unbeliever
infierno hell
influir to influence; **influir en** to have an influence on
influjo influence
influyente influential
infringir to violate
infundado groundless, unfounded
ingeniería engineering
ingenio wit
ingenioso ingenious
ingente huge
ingenuo naive
Inglaterra England
inglés English
ingreso(s) income, revenue
inhábil unskilful
inhóspito inhospitable
inicial initial
iniciar to begin, start
iniciativa initiative; project
inigualado unsurpassed
ininteligible unintelligible
injusto unjust
Inmaculada Concepción *f.* Immaculate Conception of Mary Most Holy
inmediato nearby
innominado unnamed
innovador innovating
inquebrantable unbreakable; unshakable

inquietante disturbing
inquietud *f.* anxiety
insatisfacción *f.* dissatisfaction
insatisfecho unsatisfied
inseguridad *f.* insecurity
insidioso insidious
insobornable honest
inspirador *m.* inspirer; *a.* inspiring
insuperado unsurpassed
integral whole
integrante integral
integrar to integrate
intelectualidad *f.* intelligentsia
intentar to attempt, try
intento attempt
intercambio exchange
interesante interesting
interesar to interest
interior inner; inside, at home; **más interior** innermost
interno internal
intérprete *m. or f.* interpreter
interregno interregnum, transition period
interrumpir to interrupt
intervencionismo intervention, interference
intervenir to intervene
intestino civil
íntimo intimate
intransigente uncompromising
intriga intrigue; plot
inundar to flood
inusitado unusual
inútil useless
invalidar to invalidate
invasor *m.* invader; *a.* invading
invento invention
inverosímil improbable, unlikely
inversión *f.* investment
investigador *m.* scholar, researcher; *a.* research
invicto invincible
invierno winter
ir to go
irreal unreal
irrealidad *f.* unreality

irrumpir to appear suddenly

Isabel I de Castilla *Queen of Castile, 1479-1504*

Isabel II *Queen of Spain, 1833-1868*

isabelino Elizabethan; Isabelline, *architectural style of the period of Queen Isabella I*

Isidoro, San Saint Isidore of Seville (560?-636), *Spanish bishop*

isla island

islamismo Islam

islamizar to turn Islamic

islote *m.* small island

Italia Italy

italianizante Italianizing

izquierda(s) left wing

izquierdista *m. or f.* leftist

izquierdo left

J

J.C.: Jesucristo

Jaime I el Conquistador, *King of Aragon, 1213-1276*

jarcha *final verse in Arabic or Hebrew poem, often based on Spanish popular lyrics*

jardín *m.* garden

jefe *m.* chief, head

jerarquía hierarchy

jerárquico hierarchical

jesuita *m.* Jesuit

jinete *m.* horseman

Jorge, San Saint George, *patron saint of Catalonia*

jornalero wage earner

joven *m. or f.* young (person); *a.* young

joya jewel

Juana la Loca, *Queen of Spain, 1504-1506*

judaico Jewish

judío Jew; *a.* Jewish

juego play, game

juez *m.* judge, magistrate

jugar to play

juglar *m.* minstrel

juglaresco of minstrels

jugoso pithy

juicio judgment

Julián, Conde Don *governor of Ceuta (Morocco) who helped the Arabs to invade Spain in 711*

junta council, committee

junto together; **junto a** along with, beside

jurado jury

jurar to swear

jurídico legal

justicia justice; **justicia de Aragón** *supreme magistrate in the kingdom of Aragón*

justificar to justify

Justiniano Justinian the Great (483-565), *ruler of the Eastern Roman Empire*

justo just

juventud *f.* youth

juzgar to judge

K

Kan, Gran Great Khan, *old title of rulers of Cathay (China)*

Kant, Immanuel (1724-1804), *German philosopher*

km.: kilómetro (*about .62 of a mile*)

Krause, Karl Friedrich (1781-1832), *German philosopher*

krausismo *Spanish philosophical movement inspired by the neo-Kantian doctrines of Krause*

krausista *m. or f. follower of krausismo*

L

la (*see* **el**); her, it

labor *f.* work; **labor de lacería** lacework

labrador *m.* peasant, farmer

lacería *see* **labor**

lacrimoso lachrymose

lado side; **por otro lado** on the other hand; **por un lado** on the one hand; **por todos lados** on all sides

ladrillo brick

lágrima tear

laico lay

laissez-faire (*Fr.*) free enterprise

lámpara lamp

lana wool

lanzar to launch, throw; **lanzarse** to launch forth, engage in

lápida tablet

Lara *town in the prov. of Burgos;* **Infantes de Lara** *seven sons of the Lara family*

largo long; **de largo** in length; **a lo largo de** along, throughout; **a la larga** in the long run

las *see* **el**; them

latifundio large estate

latifundista *m. or f.* owner of large estate

latir to throb

lazarillo blind person's guide

lazo bond

le him, to him, to her, it, to it

leal loyal

lealtad *f.* loyalty

lección *f.* lesson

lector *m.* reader

leer to read

legislar to legislate

legitimar to legalize

legítimo legitimate

lego lay

Leibnitz, Gottfried Wilhelm von (1646-1716), *German philosopher and mathematician*

lejano distant

lejos away, far

lema *m.* motto

lengua language

lenguaje *m.* language

lentitud *f.* slowness; **con lentitud** slowly

lento slow

león *m.* lion

León *city in NW. Spain and former kingdom*

leonés Leonese

Leovigildo *Visigothic king of Spain, 573-586*

les them, to them

letargo lethargy

letra letter

letrado man of letters; lawyer; *a.* learned

levantamiento uprising

levantar to raise; **levantarse** to rise

Levante Eastern seaboard of Spain

levantino eastern

levita frock coat

ley *f.* law

leyenda legend

liberador *m.* liberator

liberar to liberate

libertad *f.* liberty, freedom

libertador *m.* liberator

libertinaje *m.* licentiousness

librar to free

libre free

libro book

liga league

ligado bound, linked

ligereza lightness

ligero light; slender; gay

ligur Ligurian

limitado limited

límite *m.* boundary

limpiar to clean

línea line

liquidar to liquidate, settle

lírica lyric poetry

lirismo lyricism

lisonjero flattering

literato writer

litoral *m.* coast

liviano frivolous

lo it; **lo que** which, what, that which

localista local

loco mad
logia lodge
lógico logical
lograr to obtain; to succeed (in)
loor *m.* praise
Lorenzo, San Saint Lawrence (*died 258*)
los *see* **el**; them
lote *m.* lot
Lovaina Louvain, *city in Belgium*
Loyola *district in the Basque prov. of Guipúzcoa, N. Spain*
lucir to display
lucha struggle
luchar to struggle, fight
luego then, later, later on; **desde luego** therefore, certainly, of course
lugar *m.* place; **lugar de paso** passageway; **dar lugar a** to give rise to; **tener lugar** to take place
Luis XIV Louis XIV, *King of France, 1643-1715*
lujo luxury
lujoso luxurious
luminosidad *f.* light
Luna, Álvaro de *powerful favorite of Juan II of Castile, beheaded in 1453*
Lusitania *Roman province in Western Iberia (modern Portugal)*
lusitano Portuguese
luteranismo Lutheranism
Lutero Martin Luther (1483-1546), *Protestant reformer*
luz *f.* light

LL

llama flame
llamado called, so-called
llamar to call
llano plain; *see* **estado**
llanto weeping
llanura plain
llave *f.* key
llegada arrival

llegar to arrive, come, reach; **llegar a** to go as far as to; **llegar hasta** to draw near to; last till
llenar to fill
lleno full
llevar to take, carry, bear
lluvia rain

M

m.: metro meter
macizo mass
madera wood
madre *f.* mother
Madrid *capital of Spain since 1561*
madrileño Madrilenian (*of Madrid*)
madurez *f.* maturity
maestría mastery
maestro master
Maeterlinck, Count Maurice (1862-1949), *Belgian writer*
Magdaleniense Magdalenian (*a prehistoric culture*)
magistral masterly
Mahoma Mahomet (c. 571-632), *the prophet of Islam*
Maimónides Rabbi Moses Ben Maimon (1139-1205), *Jewish philosopher and physician, born in Cordova (Andalusia)*
majestad *f.* majesty
majestuosidad *f.* majesty
majestuoso majestic
mal *m.* illness; evil; **males** ills; *adv.* badly
mal(o) bad
malgastar to waste
malhechor *m.* malefactor
maltrato ill treatment
maltrecho battered
Mallorca Majorca
mallorquín Majorcan
mamut *m.* mammoth
Mancha, La *region in central Spain*

mandar to command, rule, order

mando command

manejar to handle

manera way

manifestar to reveal

manifiesto manifesto; **poner de manifiesto** to make evident

manipular to manipulate

mano *f.* hand; "**manos muertas**" mortmain (*non-transferable*)

Manrique, Jorge (1440 ?-1479), *Spanish poet*

mantener to maintain

mantilla shawl

manto mantle

mantuvo *see* **mantener**

manufactura manufacture; manufactured article

mañana morning; tomorrow

mapa *m.* map

maquiavélico Machiavellian

Maquiavelo Niccolò Machiavelli (1469-1527), *Italian political writer*

mar *m. or f.* sea

Marca Hispánica *border region of Charlemagne's kingdom, corresponding to modern Catalonia*

marcado pronounced

marcar to mark

marco frame

marcha progress

marfil *m.* ivory

margen *m.* margin; **al margen de** outside

María Cristina de Borbón, *wife of Fernando VII and Regent of Spain, 1834-1839*

Mariana, Juan de (1535 ?-1624), *Jesuit, one of the greatest Spanish historians*

marina navy

marioneta puppet

marrano pig (*derogatory term applied to converted Jews*)

Marruecos Morocco

martirio martyrdom

mas but

más more, most; further; **más ... que** more . . . than; **no más que** only, except

masa mass; **en masa** en masse

masonería Freemasonry

matanza(s) slaughter

matar to kill

materia subject; matter, body; **materia prima** raw material; **en materia de** as regards

materialista materialistic

materno maternal

matiz *m.* shade, aspect

matrimonio marriage

máximo greatest

mayo May

mayor greater; **el mayor** the greatest

mayorazgo entailed estate

mayoría majority

mayoritario *a.* majority

mecenas *m.* patron

mediado(s) middle; **a mediados de** at the middle of

mediano medium, mediocre

mediante by means of, through

médico doctor

medida measure; **a medida que** as

Medina Azahra *Moorish royal residence near Cordova, now in ruins*

medio means, medium; element, environment; **en medio de** in the midst of; *a.* half, middle, mean; *see* **término**

mediodía *m.* south

medir to measure

Mediterráneo Mediterranean (*Sea*)

mejor better, best; **lo mejor** the best

mejora improvement

mejoramiento improvement

mejorar to improve

mejoría improvement

Melilla *Spanish city in Morocco*

mendigo beggar

menina young lady-in-waiting

menor smaller, smallest, less, lesser, least, minor

Menorca Minorca, *one of the Balearic Islands*

menos less, least, fewer; **al menos** at least; **por lo menos** at least

menospreciar to despise

menosprecio disregard

mensaje *m.* message

mente *f.* mind

mentir to lie

menudo small; **a menudo** often, frequently

mercader *m.* merchant

mercado market, trading place

mercancía(s) merchandise, goods

merced *f.* mercy; gift; "**mercedes enriqueñas**" King Enrique IV's bounty

mercenarismo mercenary service

mercurio mercury

merecer to deserve

meridional southern

mérito merit

mero mere

mes *m.* month; **al mes de** a month after; **a los tres meses** three months after

meseta plateau

Mesta association of sheep owners

mester de clerecía clerkly craft

mester de juglaría craft of minstrelsy

mestizaje *m.* crossing of races

mestizo mixed

metafísico metaphysical

método method

métrica versification

metrópoli *f.* mother country

mezcla mixture

mezclar to mix

mezquita mosque

miembro member

mientras (que) while

mil thousand

milagrero miracle monger

milagro miracle

milagroso miraculous

miliciano militiaman

militar *m.* soldier; *a.* military

millón *m.* million

minería mining

minero miner

ministerio government

minoría minority

minoritario *a.* minority

minucia minuteness

minucioso *a.* minute

mirada glance

mirador *m.* balcony

Miraflores, Cartuja de *Carthusian monastery near Burgos* (*Old Castile*)

mirar to look (at)

Miró, Joan (b. 1893), *Catalan painter*

miseria poverty; **miserias** wretchedness

misión *f.* mission

mismo same, very, self; **lo mismo ... que** not only ... but; **por lo mismo** likewise

místico mystic

mitad *f.* half

mítico mythical

mito myth

mitológico mythological

moda fashion; **de moda** in fashion

modelado modelling

moderado moderate

modernismo Modernism, *aesthetic movement of the turn of this century*

modernista *m. or f.* *follower of modernismo*

modo way, manner; **de modo que** so that; **de todos modos** at any rate

molde *m.* mold

molestia annoyance

Molière *French dramatist* (*1622-1673*)

momento moment; **de momento** for the time being

monacal monastic

monarca *m.* monarch

monárquico monarchist

moneda coin; money

monja nun

monje *m.* monk

monopolio monopoly

monorrimo monorhyme

monoteísta monotheistic

montaña mountain

montañés *m.* highlander

montañoso mountainous

montar to mount, set up; stage;
Tanto monta, monta tanto, ...
One counts as much as the
other, . . .

monte *m.* mountain

Montemayor, Jorge de (1520?-
1561), *Spanish writer and musician,
born in Portugal*

Montiel *castle and town in prov. of
Ciudad Real (New Castile)*

moral *f.* morality

moralizador moralizing

moralizante moralizing

morboso morbid

mordaz biting

moreno dark

morir to die

morisco *Mohammedan converted to
Catholicism or his descendant;* a.
Moorish

moro Moor

Moscú Moscow

mostrar to show

motín *m.* mutiny

movible movable

móvil *m.* motive, motivation

movimiento movement

mozárabe *m. or f.* Mozarab
("would - be - Arab"), *Christian
living in Moslem Spain*

Mozart, Wolfgang Amadeus
(1756-1791) *Austrian composer*

muchedumbre *f.* crowd

mucho much, many

mudanza change

mudéjar *m. or f. Moslem living in
Christian Spain;* a. *architectural
style combining Western and Arabic
elements*

mudejarismo *use of the mudéjar
technique*

muerte *f.* death

muerto dead; *p.p. of* morir

muestra sample; token

mujer *f.* woman, wife

mujeriego fond of women

multar to fine

multisecular centuries-long

mundano worldly

mundial *a.* world

mundo world

municipio municipality

muralla wall

Murcia *city and province in E. Spain*

muro wall

musa Muse

Musa Musa Ibn Nusayr (640-
716/7), *Arab governor of N. Africa*

museo museum

musulmán *m.* Moslem

Mutámid Mohammed Ibn Abbad
al-Mutamid (1040-1095), *Moslem
King of Seville and poet*

muy very, very much

N

n.: nacido born

nácar *m.* mother-of-pearl

nacer to be born; originate

naciente growing, rising

nacimiento birth

nación *f.* nation

nada nothing, anything; not at all

nadie nobody, anybody, no one

Nápoles Naples

naranjo orange tree

Narbona Narbonne, *city in S. France*

narración *f.* narrative

narrar to relate

natural *m. or f.* native
naturaleza nature
naturalidad *f.* naturalness
naturalista naturalistic
Navagero, Andrea *Venetian humanist and ambassador to Emperor Charles V*
Navarra Navarre, *province in N. Spain and formerly a kingdom*
Navas de Tolosa, Las *village in the prov. of Jaén, near pass of Sierra Morena (Andalusia)*
navegante *m.* navigator
navegar to sail
naviero shipowner
Neandertal Neanderthal, *a Paleolithic race named after the valley in the Rhine Province where its remains were found*
Nebrija, Antonio de (c. 1444-1522), *humanist scholar*
necesidad *f.* necessity, need; **sin necesidad** needlessly
necesitado needy; **necesitado de** needing
necesitar to need
negar to deny, refuse; **negarse a** to refuse
negocio business; **negocios** affairs
negro *n.* black; *a.* black
neoescolástica Neo-Scholasticism
neogótico Neo-Gothic
nervadura rib (*of a vault*)
nevar to snow
ni nor; **ni ... ni** neither . . . nor
nicaragüense Nicaraguan
nido nest
nieve *f.* snow
ninfea water lily
ningun(o) none, neither one, not any, no one
niño child
nivel *m.* level
nobiliario of nobility
noble *m.* nobleman
nobleza nobility
noche *f.* night

nombramiento appointment, nomination
nombrar to name, appoint
nombre *m.* name
nonius *m.* (*Lat.*) Vernier scale, *device used to measure very small fractions; named after its inventor Pedro Núñez (Petrus Nonius)*
nordeste northeast
nórdico northern
noroeste northwest
norte *m.* north
norteño northern
nos us; (*archaic*) we
nosotros we, us
notar to note, notice
noticia(s) information
novedad *f.* novelty, innovation
novela novel; **novela por entregas** serial novel
novelesco novelistic
novelita short novel
núcleo center
nuestro our(s)
nuevamente again, once more
Nueva York New York
nueve nine
nuevo new; **de nuevo** again
Numancia *Celtiberian town in the prov. of Soria (Old Castile)*
numantino Numantian (*of Numancia*)
número number
nunca never, not ever

O

o or
obedecer to obey; **obeceder a** to be due to, arise from
obispo bishop
objeción *f.* objection; **objeción de conciencia** conscientious objection
objetividad *f.* objectivity
objetivo objective
objeto object

obligado necessary; forced

obra work; **obra cumbre** masterpiece; **obra maestra** masterpiece

obrar to act, behave

obrerista *m. or f.* laborite; *a.* labor

obrero worker; *a.* .working; working class

observar to observe

obsesionar to obsess

obstaculizar to impede

obstáculo obstacle

obtener to obtain

obviar to obviate

ocasión *f.* opportunity; **con ocasión de** in connection with

ocaso decline; twilight

occidental western

occidente *m.* West

ocio idleness

ocultar to hide

oculto hidden

ocupar to occupy; hold; **ocuparse de** to devote oneself to

ocurrir to happen

ocho eight

odiar to hate

odio hate

odioso hateful

oeste *m.* west

oferta offer, offering

oficial *m.* officer

ofrecer to offer

ofrenda offering

oír to hear

ojeada glance

Ojeda, Alonso de (c. 1466-1515), *Spanish conquistador who discovered the coast of S. America*

ojito *dim. of* **ojo**

ojival ogival (*pointed arch*)

ojo eye

ola wave

oligarquía oligarchy

olivo olive tree

olvidar(se) (de) to forget

olvido oblivion; forgetfulness, neglect

Omeya Umayyad, *a dynasty of Arab caliphs in Damascus*

once eleven

ondulación *f.* undulation

oponer to oppose; **oponerse a** to oppose

opresor oppressive

oprimir to oppress

opuesto opposite; *p.p. of* **oponer**

oración *f.* prayer

Orán *seaport in Algeria*

orden *m. or f.* order

ordenar to order, put in order

orfebre *m.* goldsmith

orfebrería gold or silver work

Orgaz *town in the prov. of Toledo*

orgía orgy

orgullo pride

orgulloso proud

orientación *f.* direction

oriental eastern

orientar to aim

oriente *m.* East

oro gold

Orosio, Pablo Paulus Orosius (5th c.), *Spanish historian and theologian*

oscilar to oscillate

oscurantista *m. or f.* (also *a.*) obscurantist

oscurecer to obscure

Osio Hosius (c. 257-c. 359), *bishop of Cordova*

oso bear

ostentar ` to display

ostentoso ostentatious

otomano Ottoman (*Turkish*)

otorgar to grant, vest

otro other, another

Oviedo *capital of Asturias, NW. Spain*

P

pacífico peaceful

pactar to make (*a pact*)

pacto pact

padre *m.* father
paga pay
pagar to pay (for)
pago payment
país *m.* country; **Países Bajos**
Low Countries (*Netherlands*)
paisaje *m.* landscape
palabra word
palaciego *a.* palace
palacio palace
palatino *a.* palace
pálido pale
paloma dove; *see also* **Verbena**
palpitante "burning"
Pamplona *capital of Navarre, N.
Spain*
pan *m.* bread
pantano reservoir
panteón *m.* pantheon
Papa *m.* Pope
Papado Papacy
papel *m.* paper; role; **hacer el
papel** to play the role
papeleo "red tape"
para for, to, in order to
paradoja paradox
paradójico paradoxical
paraíso paradise
pardo brown
Pardo Bazán, Emilia (1851-1921),
Spanish novelist and critic
parecer to seem; **al parecer**
apparently; **parecerse a** to
resemble
parecido resembling, like, similar;
parecido a like
pared *f.* wall
pareja pair
parentesco relationship
parias *pl.* levy
parlante speaking
parnasiano Parnassian, *follower of
the Parnasse, French poetic school of
the mid-19th c.*
parque *m.* park
parrilla gridiron
parroquia parish

parte *f.* part; place; **cuarta parte**
quarter; **de su parte** on his side;
de una parte on one side; **por
otra parte** on the other hand;
por parte de on the part of
participar (**de**) to share (in)
particular private
particularidad *f.* peculiarity
particularismo sectionalism
particularista sectional
partidario partisan, supporter
partidismo partisanship
partidista *a.* partisan
partido party
partir to start, leave; to divide; **a
partir de** from . . . on
pasado past
pasar to pass, proceed; happen;
no pasar de not to go beyond
pasatiempo pastime
pase *m.* pass; **pase regio** royal
consent
paso step, pace; passing, passageway; **de paso** at the same time;
paso a paso step by step; **dar
un paso** to take a step
pastor *m.* shepherd
pastora shepherdess
paterfamilias (*Lat.*) head of family
paterno paternal
patetismo pathos
patio courtyard
patria fatherland; **patria chica**
little fatherland (*one's local district
or region*)
patrono patron saint; employer
Paulo III Pope Paul III (1534-1549)
pax (*Lat.*) peace
payés *m.* peasant (*Catalan*)
paz *f.* peace
pecado sin
pecador *m.* sinner
pecho breast
pedante pedantic
pedir to ask
peineta ornamental comb (*worn in
hair*)

p.ej : **por ejemplo** for example
Pelayo *first king of Asturias, 718-737*
pelear to fight
peligrar to be endangered
peligro danger, risk
peligroso dangerous
pelo hair
pena trouble, sorrow; punishment
penalidad *f.* hardship
péndulo pendulum
penetrante penetrating
penetrar to penetrate
penoso painful, laborious
pensador *m.* thinker
pensamiento thought
pensar to think
peor worse, worst
pequeño small, little
perder to lose; ruin
pérdida loss
perdurable lasting
perduración *f.* continuation
perdurar to last
perecer to perish
peregrinación *f.* pilgrimage
Pérez, Antonio (1540 ?-1611), *secretary of Felipe II*
perfeccionador *m.* improver
perfeccionamiento improvement
perfeccionar to perfect, improve
pergamino parchment
periférico peripheral
periódico newspaper
perjudicar to harm
perjuicio disadvantage
pero but
persecutorio persecuting
perseguir to pursue, persecute
personaje *m.* personage; character
personal personal; personnel
pertenecer to belong
perteneciente belonging
perturbación *f.* agitation
perturbar to disturb
pesadez *f.* heaviness
pesado heavy

pesar *m.* sorrow; **a pesar de** in spite of
pesca fishing
pescado fish
pese a in spite of
pesimista pessimistic
peso *monetary unit*
pesquero fishing
peste *f.* plague
Pi y Margall, Francisco (1824-1901), *Catalan federalist, president of the First Republic and historian*
piadoso pious
picaresco picaresque (*concerning rogues*)
pícaro rogue
Picasso, Pablo (b. 1881), *Spanish painter from Málaga (Andalusia)*
pico peak; **de tres picos** three-cornered; **Picos de Europa** *steep mountains between the provinces of Asturias, Leon and Santander*
pictórico pictorial
pie *m.* foot; **en pie** standing; **mantenerse en pie** to remain standing
piedra stone
piel *f.* skin
pieza piece
pillaje *m.* pillage
pintar to depict, paint
pintor *m.* painter
pintoresco picturesque
pintura painting
pirata *m.* pirate
piratería piracy
pirenaico Pyrenean
Pirineos Pyrenees Mountains
pisar to tread
pistolerismo terrorism
placentero pleasant
placer *m.* pleasure
planicie *f.* plain
plano plane; position
planta foot; **Nueva Planta** New Establishment
planteamiento presentation

plantear to pose, raise
plasmar to give form
plata silver
plateresco Plateresque
platero silversmith
platónico platonic
plaza square; city; position; **plaza fuerte** stronghold
plebeyo plebeian, commoner
pleito lawsuit
plenilunio full moon
pleno full
pléyade *f.* pleiade, group
Plinio Pliny the Elder (23-79), *Roman naturalist and author*
plomo lead
pluma pen
pluralidad *f.* plurality
población *f.* population
poblado populated; town
poblador *m.* inhabitant; settler
pobre poor
pobreza poverty
poco little; short, a short time; **poco después** a little later; **poco a poco** little by little; **poco + adj. or adv.** not very; **pocos** few
poder to be able, can; **poder más que** to be stronger than; *m.* power
poderío power
poderoso powerful
poesía poem, poetry
poeta *m.* poet
policía police
policromado many-colored
policromía polichromy
políglota polyglot (*in several languages*)
política policy; politics
político politician; *a.* political
polo pole
Pompeyo Pompey (106-48 B.C.), *Roman general*
ponderar to emphasize
poner to put

pontificio papal
populacho populace
poquísimo very few
por for, by, as, through, because of, during, since; **por qué** why
porcelana porcelain
porcentaje *m.* percentage
porque because
portada title page
poseer to possess
poseyendo *pres.p. of* **poseer**
posguerra postwar
posición *f.* position
postergación *f.* disregard
posterior later, after
potencia power
práctica practice
practicar to practice, exercise
práctico practical
prado pasture ground
precario precarious
precedente *m.* precedent; *a.* preceding
preceptista *m. or f.* preceptist (*one who sets precepts*)
preceptiva (*set of*) precepts
precio price
preciosista over-refined
precioso valuable, precious
preciso necessary; precise
precolombino pre-Columbian (*before Columbus*)
predecir to predict
predicador *m.* preacher
predominio predominance
preferente preferable
preferir to prefer
preguntar to ask
prejuicio prejudice
prelado prelate
premiar to reward
premio prize
prensa press
preocuparse de to worry about
presbítero priest
prescindir (de) to eliminate, do without; to ignore

prescrito prescribed
presidir to govern; to preside over
presión *f.* pressure
prestamista *m. or f.* money lender
préstamo loan
prestar to lend
prestigiar to give prestige
prestigioso renowned
presunción *f.* conceit
presunto apparent
presupuesto budget
pretender to intend
pretendiente *m.* pretender
pretor governor (*Roman*)
prevalecer to prevail
prever to foresee
previo previous; *see* **censura**
primero first; early
primo cousin
princesa princess
principado principality
príncipe *m.* prince; **Príncipe Negro** Black Prince (1330-1376), *son of King Edward III of England*
principio principle; beginning; **al principio** at first; **en (un) principio** at first, in the beginning; **a principios de** at the beginning of
privado favorite; *a.* private
privar to deprive
privanza rule (*by a "privado" or favorite*)
privilegiado privileged
privilegio privilege (*law granting a right or immunity to a person or class of society*)
probar to prove
procedencia origin
procedente proceeding; **procedente de** coming (from)
procesar to prosecute
proclamar to proclaim
procurador *m.* deputy
procurar to try, endeavour
producir to produce; **producirse** to take place

produjo *see* **producir**
profesorado faculty
profundidad *f.* depth
profundo deep, full
progresista progressive
prohibir to forbid, prohibit
proletario worker
prolongación *f.* extension
prolongar to continue
promesa promise
prometedor promising
prometer to promise
promulgar to promulgate
pronóstico prediction
pronto soon; **de pronto** suddenly
pronunciado steep
pronunciamiento military coup
propiedad *f.* property; ownership
propietario owner, landowner, landlord
propio own, very, suitable, fitting, self, characteristic, typical, same
proponer to propose
propósito purpose
propuesto *p.p. of* **proponer**
proseguir to continue, pursue
prosperidad *f.* prosperity
próspero prosperous
protector protecting
protectorado protectorate
proteger to protect
provecho profit, gain, advantage, benefit
provechoso profitable
proveedor *m.* provider
provenir to originate, come from, be due to
Provenza Provence, *region in SE. France*
provocar to provoke
próximo near, next
proyecto project
Prudencio Prudentius (348-404 ?), *Latin poet, born in Calahorra, Logroño (N. Spain)*
prueba proof
prueba *see* **probar**

Ptolomeo Ptolemy (2nd century), *Greco-Egyptian astronomer*
publicar to publish
público public
pudieron *see* **poder**
pueblo people; town
puente *m.* bridge; **puente de enlace** connecting bridge
puerta door
puerto port
pues then; for
puesto post, outpost; **puesto que** since; *p.p. of* **poner**
pugna conflict
punta tip
punto point
puntual punctual
puñado handful
pureza purity
puro pure
púrpura purple
purpúreo purple

Q

que which, that; who, whom; than; as; **qué** what, which
quebrantar to break, crush
quedar to be, be left, remain; become
queja complaint
quema burning
quemar to burn; **quemarse** to burn down
querer to wish, want; **querer decir** to mean
quien who, which, whom; **quienes** those who
Quijote Don Quixote
quintaesenciado quintessential
quinto fifth
quisieron *see* **querer**
quiso *see* **querer**
quitar to remove, take away
quitasol *m.* parasol
quizá(s) perhaps

R

radicar to lie
raíz *f.* root; **a raíz de** right after
rama branch
Ramón Berenguer IV, *Count of Barcelona (1131-1162) and King of Aragon (1137-1162)*
rapidez *f.* rapidity
rascacielos *m.* skyscraper
rasgo trait, feature
rato short time
raza race
razón *f.* reason
razonable reasonable
razonamiento reasoning
reaccionar to react
real *m.* *silver coin*; *a.* real; royal
realengo royal patrimony
realeza kingship
realidad *f.* reality
realista realistic
realizar to carry out
realmente really
realzar to bring out, enhance
reanudar to renew, resume
reaparecer to reappear
reaparición *f.* reappearance
rebelde *m. or f.* rebel; *a.* rebellious
rebeldía revolt, rebellion
recaer to fall
Recaredo *Visigothic King of Spain, 586-601*
recaudación *f.* collection
recaudador *m.* collector
recaudar to collect
recelar to be suspicious
recibir to receive
recién recently
recio robust, strong
reclutamiento recruiting
reclutar to recruit
recobrar to recover
recoger to take, take up; get; gather together, collect; capture
reconocer to recognize
reconocimiento recognition

Reconquista Reconquest
reconquistar to reconquer
reconstruir to rebuild
recordar to remember, remind
recorrer to travel over
rectificar to rectify
rectilíneo straight
recuerdo memory, trace; **al recuerdo** to mind
recuperación *f.* recovery
recuperar to regain
recurrir to resort; **recurrir a** to make use of
recurso recourse; resource
rechazar to reject, repel, repulse
red *f.* network
redacción *f.* composition
redactar to write
redactor *m.* compiler
redención *f.* redemption
redimir to free
reducido small
reducto redoubt
reduzca *see* **reducir**
reemplazar to replace
refinado refined
refinamiento refinement
reflejar to reflect
reflejo reflection; product
Reforma Reformation
reformador *m.* reformer; *a.* reforming
reforzar to reinforce
refugiado refugee
refugiarse to take refuge
refundición *f.* recasting
regalismo regalism (*doctrine of royal supremacy in ecclesiastical matters*)
regenerador regenerating
regicidio regicide
régimen *m.* regime
regio royal
regir to rule
regla rule
regular to regulate
rehabilitación *f.* revival

rehabilitar to reinstate
rehacer to rebuild
rehusar to reject
reina queen
reinado reign
reinante reigning
reinar to reign
reino kingdom
relación *f.* report; **guardar relación con** to correspond to
relacionar to relate
relajado dissolute
relajamiento laxity
relato account
relegar to relegate
relieve *m.* relief; **de más relieve** most outstanding
religiosidad *f.* religiousness
religioso member of a religious order
reliquia relic
relucir to shine
relleno de filled in
rematar to put an end to the life of
remensa redemption
Renacimiento Renaissance
renacentista *a.* Renaissance
rencoroso spiteful
rendimiento yield
rendirse to surrender
renegado renegade
reno reindeer
renombrado renowned
renombre *m.* renown
renovador reforming
renovar to renew
renta revenue, rent
renuncia renunciation
renunciar to renounce
reo (de muerte) criminal (sentenced to death)
repartir to share, divide
reparto division, distribution
repente *m.* sudden movement; **de repente** suddenly
repetir to repeat
replegarse to fall back

réplica   answer
repoblación *f.*   repopulation
repoblar   to repopulate
reportar   to bring in
reposado   calm
reprehensión (*archaic*) *see* **repren-sión**
reprensión *f.*   reprimand
represalia   reprisal
representante *m. or f.*   representative
representar   to present; represent
reprimir   to repress
requerir   to require
requisito   requisite, requirement
resaltar   to become evident, stand out; to emphasize
residuo   remnant
resolver   to solve, resolve
resonancia   renown; **tener reso-nancia** to attract attention
resonante   resounding; renowned
respeto   respect
respirar   to breathe
responder   to respond
restablecer   to reestablish, restore
restablecimiento   reestablishment
restante   remaining
restaurar   to restore
resto   rest, remnant; **restos** remains
restringir   to restrict
resucitar   to revive
resuelto   *p.p. of* **resolver**
resultado   result
resultar   to turn out to be, become
resurgimiento   reappearance, revival, recovery
resurgir   to reappear
retablo   altarpiece; stage
retaguardia   rearguard
retardo   delay
retirada   retreat
retirado   in retirement
Retiro, Buen *royal residence in Madrid*
retorcer   to twist
retrasado   belated
retrasar   to delay; **retrasarse** to lag behind

retratar   to portray
retrato   portrait
retribuir   to reward
retroceder   to go back
retroceso   return
reunión *f.*   union, meeting
reunir   to meet, join
revancha   retaliation
revelador (**de**)   revealing
revelar   to reveal
revestir   to clothe
revisar   to review, examine; revise
revista   journal
revivir   to revive
Rex eris si recte facias (*Lat.*) You are only king if you act rightly
rey *m.*   king; **Reyes Católicos** Catholic Monarchs (*King Ferdinand of Aragon and Queen Isabella of Castile*); **Reyes Magos** Magi or Wise Men
reyezuelo   petty king
rezar   to pray
Rhin   Rhine, *river which flows from the Alps into the North Sea*
rico   rich
Richelieu, Armand Jean du Plessis, *Duke of (1585-1642), French cardinal and statesman*
ridiculizar   to ridicule
riego   irrigation
Riego, Rafael (1784-1823), *Spanish commander who led an army revolt against Fernando VII's absolutist rule in 1820 and was executed three years later*
riesgo   risk
rigidez *f.*   rigidity
rigor *m.*   precision
rima   rhyme
rincón *m.*   corner
río   river
riqueza(s)   wealth, riches; richness
risueño   pleasant
rítmico   rhythmic
ritmo   rhythm

rito rite
rivalidad *f.* rivalry
rivalizar to rival, vie with
robar to rob, steal
robo theft
robustecer to strengthen
robustecimiento strengthening
roca rock
Rocroi *city in the Ardennes, N. France*
rodear to surround
Rodrigo *last Visigothic king of Spain, 709-711*
rojo red
Roland *French epic hero killed at Roncesvalles in 778*
romance *m.* ballad; Romance (*language*)
Romancero *collection of Spanish ballads*
románico Romanesque
Romanillos de Atienza and **Romanillos de Medinaceli**, *villages in the prov. of Soria (Old Castile)*
roman paladino (*archaic*) plain language
románico Romance; Romanesque
romería pilgrimage
romper to break, break up
Roncesvalles *mountain pass in the Pyrenees*
rondar to haunt
rosa rose
Rosellón Rousillon (*region in the Eastern Pyrenees, S. France*)
Rossini, Gioachino Antonio (1792-1868), *Italian composer*
rostro face
roto *p.p. of* **romper**
rubio fair, blonde
ruina ruin
rumbo direction
rupestre rupestrian (*of caves*)
ruta route
rutina routine
rutinario *a.* routine

S

s.: siglo century
saber to know (how); *m.* knowledge, learning
sabiduría wisdom
sabio scholar; *a.* wise
sable *m.* saber
sabor *m.* flavor
sacar to take out, bring out
sacerdotal priestly
sacerdote *m.* priest
sacerdotisa priestess
saco sack
sacrificar to sacrifice
sagrado sacred, holy
Sagunto *ancient town north of Valencia*
Sahagún, Bernardino de (died 1590), *Franciscan missionary and historian*
sainete *m.* one-act farce
sal *f.* salt
sala room
Salamanca *Castilian city and capital of a province near Portugal*
salario salary; **salario de hambre** starvation wage
salazón *f.* salting
salida outlet
saliente outstanding
salina salt mine
salir (de) to go out, leave (on); **salir ganando** to win out; **salirse de** to escape from; **salirse por** to cross over
salmantino Salamancan
Salomón Solomon (1032-975 B.C.), *King of Israel*
salón *m.* drawing room
salvador *m.* saviour
salvaguardar to safeguard
salvaje *m. or f., a.* savage
salvar to save
salvo except
Salcillo y Alcaraz, Francisco (1707-1781), *Spanish sculptor, born in Murcia*

sangre *f.* blood
sangriento bloody
sanguinario blood-thirsty
Sanjurjo, José (1875-1936), *Spanish general*
sano healthy
Santander *northern province and seaport of Spain*
Santiago Saint James (died 44 A.D.), *one of the Apostles, patron saint of Spain*
Santiago de Compostela *city in Galicia, NW. Spain*
santidad *f.* holiness
santo saint; *a.* holy
santuario sanctuary
saña fury
saquear to sack
sarraceno Saracen
satírico satirist; *a.* satirical
satisfacer to satisfy
satisfecho *p.p. of* **satisfacer**
Scarlatti, Domenico (1685-1757), *Neapolitan composer*
Schola Palatina (*Lat.*) *school in the royal palace*
Scott, Sir Walter (1771-1832), *Scottish poet and novelist*
sea *see* **ser**
seco dry
secularista secular, lay
sede *f.* seat; **Santa Sede** Holy See
seducir to charm
seductor fascinating
sedujo *see* **seducir**
sefardita *m. or f.* Sephardic (Spanish) Jew
seglar secular
Segovia *city in Old Castile*
seguida: **en seguida** at once
seguido de followed by
seguidor *m.* follower
seguir to follow, go on, continue
según as, according to
segundo second, secondary
seguridad *f.* safety, security

seguro insurance; *a.* safe, certain, sure
seleccionar to select
selva forest
sello stamp, mark; character
semana week
semblanza character sketch
semejante like
semejanza similarity
semejar to resemble
semita Semite
sencillez *f.* simplicity
sencillo simple
senequismo *Seneca's brand of Stoicism*
sentar to establish
sentenciar to pass judgment on
sentencioso sententious
sentido sense, feeling, meaning; **sentido de** feeling for
sentimiento feeling, sentiment
sentir(se) to feel; to appreciate
señal *f.* signal
señalar to indicate, point out, show
señor lord
señora lady
señorío estate, seigniory, domain
separado separate; **por separado** separately
separar to separate
septentrional northern
sepulcro tomb
ser to be; **ser de** to become of; **por ser** being; **o sea** that is to say; *m.* being
serie *f.* series
serio serious
serrana mountain girl
Servet, Miguel Michael Servetus (1509-1553), *Spanish doctor and theologian*
servicio service; supply (*sum of money offered to the king by parliament*)
servidor *m.* servant
servir to serve; **servir de** to serve as; **servirse de** to make use of

setenta   seventy
Sevilla   Seville, *city in Andalusia*
si   if, whether
sí   yes; indeed; (**sí** *may replace a previous verb*)
sí   itself; themselves
Sicilia   Sicily
Sidón   Sidon, *ancient Phoenician mercantile seaport (now Saida)*
siempre   always, ever; **siempre que**   whenever
siendo *pres. p. of* **ser**
sierra   mountain range
siervo (**de la gleba**)   serf
siete   seven
siglo   century; **Siglo de Oro** Golden Age
significación *f.*   significance
significado   significance; *a.* well-known
significar   to mean
significativo   significant
signo   symbol, character, sign
siguiente   following
siguieron *see* **seguir**
siguió *see* **seguir**
sílaba   syllable
silábico   syllabic
Simancas   *town in the prov. of Valladolid (Old Castile)*
símbolo   symbol
simpatía   charm; sympathy
simular   to pretend
sin (**que**)   without
sindicato   syndicate; labor union; **sindicato vertical**   vertical union (*of labor and management under State control*)
singular   unique, individual
singularidad *f.*   peculiarity
siniestro   sinister
sino   destiny
sino (**que**)   but, on the contrary
sintaxis *f.*   syntax
sintetizador   synthesizing
síntoma *m.*   symptom
siquiera   even; **ni siquiera** not even

sirve *see* **servir**
sistema *m.*   system
sitiar   to besiege
sitio   place; siege; **Real Sitio** Royal Residence
so   under
soberanía   sovereignty
soberano   sovereign
soberbio   superb
sobrante *m.*   surplus
sobre   on, upon, above, over; about
sobrehumano   superhuman
sobrenatural   supernatural
sobresaliente   outstanding
sobresalir   to stand out, be prominent, excel
sobrevenir   to follow
sobrevivir   to survive
sobriedad *f.*   austerity, frugality
sobrino   nephew
sobrio   sober
sociedad *f.*   society
soez   coarse
sol *m.*   sun
solamente   only
soldado   soldier
soledad *f.*   solitude
soler   to be usual; usually + *verb*
solicitar   to request
solidaridad *f.*   solidarity
solidez *f.*   solidity
solo   single, alone; **por sí solo**   by itself; **solo y único**   one and only
sólo   only; **tan sólo**   only
solucionar   to solve
sombra   shadow
sombrero   hat
sombrío   sombre, gloomy
somero   summary
someter   to subdue, subject; **someterse**   to submit
sometido   subject
sonoro   sonorous
soñar   to dream
soportar   to put up with
sordidez *f.*   sordidness
sorprendente   surprising

sorprender (a) to surprise
sortilegio sorcery
sospechoso suspicious; **sospechoso (de)** suspected as
sostén *m.* support
sostener to maintain, sustain, support; to carry on, wage; **sostenerse** to support oneself
su his, her, its, their
suave gentle
subastar to auction (off)
subconsciente subconscious
súbdito subject
subir to rise
súbito sudden
sublevación *f.* revolt, uprising
sublevar(se) to rebel, revolt
subrepticio surrepticious
subsidio subsidy
subsistir to last, exist
subyugar to subdue
suceder to follow, succeed
sudeste southeast
sueldo salary
suele *see* **soler**
suelo soil
suelto separately
sueño dream
suerte *f.* fate; **de (tal) suerte que** so that
suevo Swabian
sufí *m.* Sufi (*Moslem mystic, adherent of Sufism*)
sufismo Sufism (*Moslem mystical and ascetic doctrine*)
sufista = **sufí**
sufrir to suffer
sugeridor suggestive
sugerir to suggest
suicidarse to commit suicide
Suiza Switzerland
sujetarse to submit
sujeto subject
sumar to add
sumergir to submerge
suministrar to supply
sumisión *f.* submission

sumiso submissive
sumo supreme
suntuoso sumptuous
superar to excel; to overcome
superficie *f.* surface
superponer to superimpose
supervivencia survival
supieron *see* **saber**
suplantar to replace
suplir to substitute (for); to provide
supo *see* **saber**
suponer to suppose
suprimir to suppress
supuesto alleged; *p.p. of* **suponer**; **por supuesto** of course
sur *m.* south
surgir to arise, rise, appear, emerge, break out
surtidor *m.* fountain
suscitar to raise
sustituir to replace
sutil subtle
sutileza subtlety
suyo own, of it, of his

T

tabla table
Taifa faction, band; petty kingdom in Moslem Spain
Tajo Tagus, *river which flows west into the Atlantic*
tal such; **con tal de** in order to
Talavera *town in the prov. of Toledo, central Spain*
Talavera, Hernando de (1428-1507), *archbishop of Granada, confessor and chief adviser to Queen Isabella*
talonario *a.* check
también also
tampoco neither, either
tan so, so much; **tan ... como** as ... as

tanto so much; such; **entre tanto** in the meantime; **un tanto** somewhat; **por tanto** therefore; **tanto como** as well as; **tanto ... como** both . . . and, as much . . . as; **tanto si ... como si** whether . . . or; **tantos** so many

tapar to cover up

tapiz *m.* tapestry

tardar to take (time), take a long time to, delay, be long in

tarde late

tardío late, belated

tarea task

Tárik Tarik Ibn Zyad, *Berber commander who invaded Spain in 711*

Tarraconense *Roman prov. in NE. Spain*

tartesio Tartessian, *an ancient people settled in SW. Spain*

tasar to tax

teatral theatrical

teatro theater

técnica technique

técnico technician; *a.* technical

techo ceiling

tedioso tedious

tejido fabric, textile

tema *m.* topic, theme, question

temer to fear

temeroso fearful

temible dread

temor *m.* fear

templado temperate

templo temple

temporada season

temporal temporary

tenaz tenacious

tendencia tendency

tender to tend

tener to have; keep; **tener por** to consider; **tener que** to have to, must

tenido por considered

teocéntrico God-centered

teocracia theocracy

Teodosio Theodosius I, the Great (c. 346-395), *Roman emperor of the East, born in Spain*

Teología Theology

teólogo theologian

teoría theory

teórico theoretical

tercero third

tercio third

terminar to end, finish

término term; **por término medio** on an average

ternura tenderness

terrateniente *m. or f.* landowner; *a.* landowning

terrenal earthly, worldly

terreno ground, field

terrestre earthly

tesis *f.* thesis

tesoro treasure; Treasury

testamento will

tiempo time; **a tiempo** in time; **en otro tiempo** formerly

tierra earth, land

timorato timorous

típico typical

tipo type

tiranicidio tyrannicide

tirano tyrant

Tiro Tyre, *ancient Phoenician capital on the coast of Lebanon, conquered by Nebuchadnezzar in 585 B.C.*

titular to entitle

título title

tocado headdress

tocar to touch; to fall to one's lot

todavía yet, still

todo all, everything; whole; **del todo** entirely, completely, wholly; **por todo** throughout; **sobre todo** above all

todopoderoso all-powerful, omnipotent

Toledo *Castilian city and province in central Spain*

toma taking, seizure

tomar to take

Tomás de Aquino, Santo Saint Thomas Aquinas (1225-1274)

tomo volume

tono tone; **a tono** in keeping

tonsura tonsure, *a symbol of admission to holy orders*

toparse con to run into

torcer to twist

torero bullfighter

tormento torture

tornarse to become

torneo tournament

torno lathe; **en torno a** around

toro bull

Torquemada, Tomás de (1420-1498), *Dominican friar who organized the Spanish Inquisition*

torre *f.* tower

Tortosa *city at the mouth of the river Ebro, prov. of Tarragona (E. Spain)*

totalidad *f.* whole

traba obstacle

trabajador *m.* worker

trabajar to work

trabajo labor, work; employment; **trabajos manuales** handicrafts

traducción *f.* translation

traducir to translate

traductor *m.* translator

traer to bring (about)

Trafalgar *cape near Cádiz (SW. Spain)*

traficar to trade

trágico writer of tragedy

traición *f.* treachery, treason

traicionar to betray

traidor *m.* traitor

Trajano Trajan (53-117), *Roman emperor born in Itálica, near Seville*

traje *m.* costume

trajeron *see* **traer**

trajo *see* **traer**

tranquilo calm

transacción *f.* compromise

transmisor *m.* transmitter

transparente *m.* *altarpiece in the Cathedral of Toledo*

tras (de) after, behind

trascendencia consequence

trasladar to move, transfer

trasmutar to change

trastornar to upset

tratado treatise

tratar to treat; **tratar de** to try; **tratar(se)** to discuss, deal with, be a question of

trato dealings; treatment

través: a través de through

trayendo *pres.p. of* **traer**

trazar to draw

treinta thirty

tremendo tremendous, terrible

tren *m.* train

Trento Trent, *city in N. Italy*

tres three

tribu *f.* tribe

tributar to render

tributo tax

trigo wheat

trimestre *m.* three-month period

Trinidad *f.* Trinity

triplicar to triple

triste sad

triunfal triumphant

triunfar to triumph

trono throne

tropa troop

tropezar con to come up against

trovador *m.* troubadour

trovadoresco of the troubadours

trozo slice

tumba tomb

Túnez Tunis (*N. Africa*)

turco Turk; *a.* Turkish

turnante rotating

turnarse to alternate

Turquía Turkey

tutelar protective

tuvieron *see* **tener**

tuvo *see* **tener**

U

u or

Ulterior farther; **Hispania Ulterior** *Roman province in Southern and Western Spain*

último last, final, late, latest

ultramontano ultramontane, *one in favor of wide-ranging powers for the Pope, who is "beyond the mountains", i.e., south of the Alps*

un, una a, an; one; **unos (unas)** some; about

unánime unanimous

unción *f.* anointing

único only, single, unique

unidad *f.* unity

unificador unifying

unificar to unify

uniformador unifying

uniformación *f.* standardization

uniformismo uniformity

unir to unite, join

unitario centralized

urbe *f.* city

uso use, custom

útil useful

utópico utopian

uva grape

V

vacilación *f.* hesitation

vacilar to hesitate

vacío vacuum

vago vague

vaguedad *f.* vagueness

Valencia *seaport and province in E. Spain*

valenciano Valencian

valer to be worth; **valerse de** to avail oneself of, make use of

valía worth

validez *f.* validity

valido king's favorite

valioso valuable

valor *m.* valor; value; power

Valladolid *city and province in Old Castile*

valle *m.* valley

vándalo Vandal

vanguardista *a.* avant-garde

vanidad *f.* vanity

vano vain

variado varied

variar to change

variedad *f.* variety

vario varied; **varios** several

vasallo vassal, subject

vasco Basque

vascón Basque

Vascongadas *f.pl.* Basque provinces (*Vizcaya, Álava, Vitoria*)

Vasconia *see* **Vascongadas**

vascuence *m.* Basque language

vaso beaker

vecino neighbor, resident; *a.* neighboring

vegetal *a.* vegetable

vehemencia vehemence

veinte twenty

veintitantos twenty odd

vejez *f.* old age

velar to watch over

vellón *m.* *former copper currency*

vencedor *m.* conqueror, victor; *a.* conquering

vencer to conquer, vanquish, defeat

vender to sell

Venecia Venice (*Italy*)

venganza vengeance

vengar to avenge

venir to come, arrive; **venir a ser** to turn out to be; **venir + pres.p.** to be

venta sale

ventaja advantage

ventana window

ventanal *m.* large window

ventilar to be at stake

ver to see

veraneo summer vacation

veraz truthful

verbena night festival (*on the occasion of a local saint's day*); **Verbena de la Paloma** *Night festival of Our Lady of the Dove* (*Madrid*)

Vercingetorix (d. 45 B.C.), *leader of Gaulish resistance against the Romans, captured by Julius Caesar*

verdad *f.* truth

verdadero real, true

vergonzoso shameful

vergüenza shame

verídico truthful

verso verse; line (*of verse*)

verter to translate

vertical *see* **sindicato**

vertiente *f.* slope

vestido dress

vestidura vestment

vestir to dress

vez *f.* time; **una vez** once; **a la vez** at the same time; **a su vez** in (their, his) turn; **cada vez** gradually; **cada vez más** more and more; **en vez de** instead of; **por última vez** for the last time; **tal vez** perhaps; **otra vez** again; **a veces** sometimes

vía way, road

viajar to travel

viaje *m.* voyage

vicaría vicarage

vicio vice

vicioso licentious

vid *f.* grapevine

vida life, living

vidrio glass

viejo old

viento wind

Vifredo (*or* **Vilfredo**) **el Velloso** (d. 906), *Count of Barcelona and founder of the Catalan dynasty*

vigorizar to invigorate

vincular to entail

vínculo link

vino wine

violar to violate

violencia violence; **violencias** violent acts

vírgen *f.* virgin

Viriato (d. 139 B.C.), *Iberian shepherd who became a guerrilla leader against the Romans*

virrey *m.* viceroy

virtud *f.* virtue

virtuosismo virtuosity

visigodo Visigoth

visir *m.* vizier (*state minister in some Moslem countries*)

vista view

visto *p.p. of* **ver**

vistoso showy

vitalidad *f.* vitality

Vitoria, Francisco de (1486-1546), *Dominican theologian and jurist, professor at the Universities of Paris and Salamanca*

viveza ardor

vivienda dwelling

vivificador enlivening

vivificar to enliven

vivir to live

vivo alive, vivid, living, lively

vocablo word

volante flying

voluntad *f.* will, will power

voluntario volunteer

volver to turn, return; **volver a** to do . . . again

vos (*archaic*) you

vosotros you

votación *f.* vote

votar to vote

voto vote

voz *f.* voice

vuelo flight

vuelta return

vulgar ordinary

W

Westfalia *region in Prussia*

Y, Z

y   and
ya   already, now; whether; **ya ... ya**
   now . . . now; **ya que**   since;
   no ... ya   no longer
yermo   uncultivated
yerno   son-in-law
yeso   plaster

yo   I; ego
yugo   yoke
Yúsuf   *Almoravid emperor of Morocco*
   (*d. 1106*)
Zaragoza   Saragossa, *city and prov.*
   in Aragon
zarzuela   *Spanish musical drama*
zéjel *m.*   *type of poem with a refrain*
   developed in Arabic Spain

Notes on Illustrations

i—Patio of a private house in Sevilla, Foto Sicilia, Zaragoza. Title page—Sevilla couple by Inge Morath, Magnum Photos; detail of El Greco's *Burial of Count Orgaz,* Foto Mas, Barcelona; detail of Goya's *Bullfight,* Courtesy of the Metropolitan Museum of Art, Wolfe Fund, 1922; Castilian landscape by Henri Cartier-Bresson, Magnum Photos; detail of a twelfth-century Segovia mural, Museo del Prado. v—Servicio Oficial del Ministerio de Información y Turismo. viii—A fifteenth-century Aragonese key, Courtesy of the Hispanic Society of America. 1—Dirección General del Turismo. 2—Dirección General del Turismo. 3—*Top:* Foto Sicilia, Zaragoza. *Bottom:* Dirección General del Turismo. 4—Michael Wolgensinger, Zürich. 5—Dirección General del Turismo. 6-7—New York Public Library, Prints Division. 9—Cave painting in Altamira, Dirección General del Turismo; arrival of a Greek colony to Spain; Roman aquaduct in Segovia; Visigothic cross, Foto Mas, Barcelona; detail of arches in Alhambra, Granada; Alcázar castle in Segovia by Pat Miller from Monkmeyer. 10—Dirección General del Turismo. 11—Foto Mas, Barcelona. 12—Phoenician tablet, Courtesy of the Hispanic Society of America. 13—From Jansson, *Illustriorum Hispaniae urbium tabulae* (1657?), in the library of the Hispanic Society of America, New York. 16—Foto Mas, Barcelona. 20—New York Public Library, Prints Division. 21—Roman glass, first or second century, Courtesy of the Hispanic Society of America. 22—Foto Sicilia, Zaragoza. 23—Foto Mas, Barcelona. 26—Map by Alan Moyler. 27—Bettmann Archive. 29, 31—Foto Sicilia, Zaragoza. 32—Michael Wolgensinger, Zürich. 35—Dirección General del Turismo. 36—A seventh-century Visigothic tablet, Courtesy of the Hispanic Society of America. 38-39—New York Public Library, Prints Division. 40, 41—Visigothic brooches of gold, Foto Mas, Barcelona. 46—Foto Mas, Barcelona. 47—Visigothic cross, Foto Mas, Barcelona. 48—A fifteenth-century Hispano-Moresque dish, Courtesy of the Hispanic Society of America. 50-51—Moslem chiefs in council, New York Public Library, Picture Collection. 54—Arabic ivory box, Foto Mas, Barcelona. 55—Foto Sicilia, Zaragoza. 57—Foto Mas, Barcelona. 58—Dirección General del Turismo. 61—Michael Wolgensinger, Zürich. 63—Foto Mas, Barcelona. 65—New York Public Library, Prints Division. 66—From *El Cid Campeador,* Burgos, 1512, in the library of the Hispanic Society of America, New York. 67—A sixteenth-century iron *reja* band, Courtesy of the Hispanic Society of America. 69—Maps by Alan Moyler. 70—A seal of Ferdinand II, from a *Privilegio* dated 1163, in the library of the Hispanic Society of America. 71—New York Public Library, Prints Division. 74—Foto Sicilia, Zaragoza. 79—A sixteenth-century jet statuette, Courtesy of the Hispanic Society of America. 81—Illustration from a book on chess by Alfonso X. 82—Foto Sicilia, Zaragoza. 85—Illustration from *Cantigas de Santa María* by Alfonso X. 87—Foto Mas, Barcelona. 88—Foto Sicilia, Zaragoza. 91—From *Coplas de Mingo Revulgo,* 1500, in the library of the Hispanic Society of America, New York. 92—Foto Sicilia, Zaragoza. 93—Michael Wolgensinger, Zürich. 94, 95—Foto Sicilia, Zaragoza. 96—A fifteenth-century *Mudéjar* door, Courtesy of the Hispanic Society of America. 97—*Top:* From *El Cid Campeador,* 1512, in the library of the Hispanic Society of America, New York. *Bottom:* Detail of a view of Granada from Jansson, *Illustriorum Hispaniae urbium tabulae,* (1657?), in the library of the Hispanic Society of America, New York. 98—Detail of a title page in *Historia general de los hechos de los castellanos en las islas y tierra firme del mar oceano,* by Antonio de Herrera, 1601, New York Public Library, Rare Book Room. 99—From *Cancionero,* by Juan del Encina, 1516, New York Public Library, Prints Division. 103—Helena Kolda. 106—Foto Mas, Barcelona. 107—New York Public Library, Prints Division. 108—Detail of a sixteenth-century altar carving in Granada, Foto Mas, Barcelona. 109—New York Public Library, Picture Collection. 111—A mural in Toledo cathedral, by J. de Borgoña, Foto Mas, Barcelona. 113—Map by Alan Moyler. 114—Illustration from the letter of Columbus on the discovery of America, 1493. 117—New York Public Library, Rare Book Room. 118—Detail of an illustration from *Instituciones latinas,* fifteenth-century, Foto Mas, Barcelona. 119—In the library of the Hispanic Society of America, New York. 121—Title page of an edition of *Amadis de gaula,* Sevilla, 1535, New York Public Library, Prints Division. 122—Illustration from the first page of *Celestina,* (Burgos? 1499?), in the library of the Hispanic Society of America, New York. 123—Ediciones Sicilia, Zaragoza. 124—Foto Mas, Barcelona. 125—A sixteenth-century marble plaque, Courtesy of the Hispanic Society of America. 127—From a *Privilegio,* 1528, New York Public Library, Prints Division. 129—Felipe II by Sánchez Coello, Foto Mas, Barcelona. 130-131, 132—New York Public Library, Prints Division, 133—Bernard Silberstein from Rapho-Guillumette. 134—Foto Mas, Barcelona. 139—Dirección General del Turismo. 140—Detail of an anonymous painting of St. Jerome, Foto Mas, Barcelona. 114—Detail of El Greco's *Burial of Count Orgaz,* Foto Mas, Barcelona. 144, 146—Foto Mas, Barcelona. 148—From Quevedo's *El parnaso español,* Madrid 1660, in the library of the Hispanic Society of America, New York. 151—Foto Mas, Barcelona. 153—Frontispiece of an edition of Cervantes' *Don Quixote,* Amberes, 1697, in the library of the Hispanic Society of America, New York, 154—*Top:* Portrait of Cervantes by Juan de Jáuregui, 1600, Foto Mas, Barcelona. *Bottom:* Servicio Oficial del Ministerio de Información y Turismo. 155—*Top:* Foto Sicilia, Zaragoza. *Bottom:* Foto Mas, Barcelona. 156—Portrait of Calderón by Juan de Alfaro y Gómez, Foto Mas, Barcelona. 157—Detail of a *transparente* in Toledo cathedral, Foto Mas, Barcelona. 158, 159—Foto Mas, Barcelona. 160—Museo del Prado, Foto Mas, Barcelona. 161—Foto Mas, Barcelona. 162, 163—Museo del Prado, Foto Mas, Barcelona. 164-165—Eighteenth-century Spanish costumes. 167—Helena Kolda. 168—Portrait of Carlos III by Mengs, Museo del Prado, Foto Mas, Barcelona. 171—New York Public Library, Prints Division. 175—Detail of Goya's *Flower Girls,* Museo del Prado, Foto Mas, Barcelona. 176—Sam Falk from Monkmeyer Press Photo Service. 177—Museo del Prado. 180, 181—New York Public Library, Prints Division. 182—Museo del Prado, Foto Mas, Barcelona. 185, 188-189—New York Public Library, Prints Division. 199—Robert Capa, Magnum Photos. 200—Detail of Goya's *May 2, 1808, in Madrid,* Museo del Prado, Foto Mas, Barcelona. 206—Fragment of a sixteenth-century iron *reja* band, Courtesy of the Hispanic Society of America. 207—Foto Mas, Barcelona. 211—Sculpture by Macho, Foto Mas, Barcelona. 212—Michael Wolgensinger, Zürich. 213—Foto Mas, Barcelona. 215—Detail of an illustration in *La crónica del rey don Rodrigo,* 1527, in the library of the Hispanic Society of America, New York. 217—A nineteenth-century lace from the province of Huelva, Courtesy of the Hispanic Society of America. 220, 221— Foto Mas, Barcelona. 228—Michael Wolgensinger, Zürich. 231—Foto Mas, Barcelona. 232—*Top:* Foto Mas, Barcelona. *Bottom:* Museum of Modern Art, New York. 233—Foto Mas, Barcelona. 234—Detail of a choir book (Alcalá de Henares? ca. 1513?), in the library of the Hispanic Society of America, New York. 235—A Hispano-Moresque ceiling tile, fifteenth to sixteenth century, Courtesy of the Hispanic Society of America. 236—A fifteenth-century Hispano-Moresque plate, Courtesy of the Hispanic Society of America. 245—A fourteenth-century Hispano-Moresque bowl, Courtesy of the Hispanic Society of America. i—A fifteenth-century iron knocker, Courtesy of the Hispanic Society of America.

COVER PAINTING: El Greco: « El caballero de la mano al pecho » Foto Mas, Barcelona

Índice alfabético

Abderrahmán I   49
Abderrahmán III   50
Abenarabi   58
Abenházam   60
Academia de Bellas Artes   177
Academia de la Lengua   171
Adriano   30
África del Norte   15, 49, 110, 125
Agustín, San   33
alanos   36, 40
Alarcón, Pedro Antonio de   234
Alarcos   51
Alarico   41
Alba, duque de   118
Albéniz, Isaac   234
Alcalá de Henares   119
Alcalá Galiano   217
Alcalá Zamora, Niceto   197
Alcántara   26
Alcázar de Sevilla   96n
Aleixandre, Vicente   229n
Alemán, Mateo   151
Alfonso V *el Magnánimo*   75
Alfonso VI de León   66, 71n
Alfonso VII de Castilla   73
Alfonso VIII de Castilla   65
Alfonso X *el Sabio*   70, 85-87, 89
Alfonso XI de Castilla   70
Alfonso XII   193, 233
Alfonso XIII   195
Alfonso Enríquez   71n
Alfredo *el Grande*   34
Alhambra   54, 87, 95
Aljubarrota   71
Almanzor   50
Almería   65
almohades   51, 64
almorávides   51, 60, 66
Al-Mutámid   60
Alpera (Albacete)   11
Alpujarras   108, 108n
alta comedia   224
Altamira   10, 11
alumbrados   145
«Alzamiento nacional»   200
Amadeo I   192, 193
Amadís de Gaula   120
América   6, 75, 103, 113, 116, 119, 125; *vid.* Indias
mpurias   14

al-Andalus   48-61, 81
Andalucía   4, 12, 17, 48n, 52, 64, 85, 170, 193, 230, 234
andaluz (dialecto)   8
Antillas   114n
árabes   13, 43, 48-61, 68, 110
Aragón   4, 24, 63, 65, 68, 70, 71-75, 78, 98, 99, 100, 100n, 107, 108n, 110, 126, 126n, 128, 165, 167
Argel   110
Aristóteles   58, 59
Armada Invencible   133
arrianismo   34, 39
arrianos   30
Arrio   34
Asdrúbal   20n
Asturias   4, 8, 48, 63, 199
Atenas, Ducado de   75
Atlas   51
Aula regia   42
Austria, D. Juan José de   132, 135n
Austrias   5, 165
autos sacramentales   156
Averroes   58
Azaña   198
Azorín   212
Bagdad   50
Baleares   8, 65, 73, 75
Balmes, Jaime   207
Barbieri   234
Barca, Aníbal y Hamílcar   19
Barcelona   72, 73, 103, 169, 195, 199, 232
Baroja   213, 222-223
barroco   96n, 158, 158n, 159
barroquismo   173
Bécquer   218
Benavente   224
Benlliure   233
berberiscos   48
Berceo   89
bereberes   51
Bética   24, 29, 30, 54
Biblia Políglota Complutense   119, 120
Bílbilis (Calatayud)   29
bizantinos   40
Blasco Ibáñez   220n
Bonaparte, José   193; *vid.* Napoleón

Borbones 5, 130, 136, 164-173, 182, 184, 188
Borgoña 125
Bretón, Tomás 234
Bretón de los Herreros 224
Brocense 146n
Buero Vallejo 226n
Burgos 75
Burgos (catedral) 92
caciquismo 194
Cádiz 12, 13, 169, 190
Calderón 143n, 156, 157n, 216
Califato 5, 50, 51, 54, 59
Calila y Dimna 86
Cancionero de Baena 91
Cano, Melchor 142
Cánovas del Castillo 194, 195, 195n
Cantábrica (cordillera) 3
cantares de gesta 121
cantones 193
capsiense 10
carlismo 188, 192
Carlomagno 71, 72
Carlos, Don (Pretendiente) 188
Carlos II 135, 165
Carlos III 166, 168n, 169
Carlos IV 166
Carlos V 112, 120n, 125-129, 137, 140, 141, 145
Carpetana o Central (cordillera) 3
Carpio, Bernardo del 72
cartaginense 24
cartagineses 6, 7, 18-20, 21
Cartago 18, 20, 21
carta-puebla 75
Carthago Nova 19
Cartuja (Granada) 158
Cartuja de Miraflores 123
Casas, P. Las 115, 115n
Casona, Alejandro 225
Castelar 193
castellano (idioma) 7, 8, 110
Castilla la Nueva 3, 69
Castilla la Vieja 3
catalán (idioma) 7, 8
Catalina de Aragón 111
Cataluña 5, 8, 14, 25, 63, 71-75, 77, 78, 83, 100, 103, 136, 167, 169, 187, 201
Cela 223
Celestina, La 122-123
celtas 6, 15, 17
celtíberos 17-18

Cerdaña 8, 111
Cerdeña 75
Cervantes 120, 153-154, 222
Cervera (universidad) 186n
César, Julio 22, 28
Ceuta 2, 43n
ciclópeo (estilo) 16
Cid 66, 72
Cisneros 107,110-111,120,141,145
Cluny (reforma de) 80, 83, 84
Coca 30
Colegio de San Gregorio 123
Colegio de San Pablo 123
Colón 112, 112n, 114
Columela 30
Compañías Blancas 70
Comuneros 126
Comunidades 126
conceptismo 152
Concordato de 1851 191
Concordato de 1953 203
Consejo de Regencia 205
Constantino 34
Constantinopla 75, 112
Constitución de 1812 184, 206
Constitución de 1869 192
Constitución de 1876 194
Constitución de 1931 197
Contrarreforma 34, 118, 140, 141, 146, 149, 157, 203, 213
Coplas de Mingo Revulgo 92
Coplas del Provincial 92
Corán 55, 57, 58
Córcega 75
Córdoba 26, 54, 65
Córdoba, Gonzalo de 102
corregidores 77, 101
Cortes 77-79, 126, 135, 193, 194, 197, 199n
Cortes de Cádiz 182-184, 187n
Covadonga 62
Covarrubias 147n
Cruz, Ramón de la 174
cuaderna vía 88
culteranismo 150, 152
Curia 24
Chanson de Roland, La 72
Churriguera, churrigueresco 158
Dalí 232
Dama de Elche 15
Damasco 49
Dante 34, 58
Darío, Rubén 226-227
Daza de Valdés 147

Decretos de Nueva Planta 167
desamortización 170, 190-192
Diocleciano 24
Donoso Cortés 207
Duero 3, 63, 68
Ebro 4, 15, 72
Echegaray 224
Eldorado 13
Elizabeth de Inglaterra 113, 130, 133
Emirato de Córdoba 49
Emporion 14
enciclopedistas 168
Encina, Juan del 118
encomienda 115n
Enrique de Trastámara 70, 98
Ensenada, marqués de la 169
Erasmo 145, 146
Escipión, Cneo 21
Escipión, Emiliano 23
Escorial 157
Espartero 189
Espronceda 218
Esquilache (Motín de) 172
Estrabón 18
Eugenio, San 45
Eurico 37, 40
Falange 201, 203, 205
Falla, Manuel de 234
faquires 51
Farinelli 179
fascismo 202
Feijoo 175-176
Felipe I el Hermoso 112
Felipe II 42n, 107, 108n, 129-134, 135, 137, 140, 141, 143, 157
Felipe III 135
Felipe IV 135, 136, 140
Felipe V 165, 166
fenicios 6, 8, 12-13, 18
Fernán González 69, 72
Fernández de Moratín, Leandro 174, 186n
Fernando I de Aragón 98, 99, 100n, 104, 109n; 110, 111, 112n, 224
Fernando III el Santo 65
Fernando VI 166, 169
Fernando VII 183, 186-188, 215
Fernando de Habsburgo 129
flamencos 125, 133
Flandes 125, 129, 133, 170
Florinda 43n
focenses 14

Fortuny, Mariano 231
Franco, Francisco 202-205, 210
francos 37, 48, 72, 73
Frente Popular 200
Fuero Juzgo 41, 76n
fuero(s) 76
Gádir 12, 18, 19
Galeno 81
Galia(s) 6, 23, 36, 37n
Galicia 4, 17, 24, 35, 63, 83
Gallaecia 24
gallego (idioma) 7, 8
Ganivet 28, 211
García de la Huerta 174
García Lorca, Federico 225-226, 230
Gaudí 233
Generación de 1898 210-213, 221, 222, 230, 232
Generalidad 79
Gerión 12
Gibraltar 2, 10, 12, 43, 43n, 65, 110, 166
Giner de los Ríos 209-210
godos, 6, 40, 41, 62, 72; Godos 41n
Godoy 166
Góngora 150, 229n
gótico (arte) 92-96, 123, 124
Goya 177-178, 186n, 215, 232, 234
Gracián 152-153
Granada 6, 52, 65, 70, 99, 104, 107, 109, 110, 121, 132, 151
Granados, Enrique 234
Greco, El 160
griegos 6, 14
Guadalete 48
Guadalquivir 4
Guadiana 3
Guardia civil 195
Guarrazar 47
Guerra civil (1833-1839) 188-189
Guerra civil (1936-1939) 200-202
Guerra de la Independencia 182-184
Guerra de Sucesión (1702-1713) 165, 168
Gundisalvo 82
Habsburgos 111, 128, 136, 165
Hebreo, León 149
Hércules 12
Hermenegildo 42, 42n
Herodoto 14
Herrera, Fernando de 149
Herrera, Juan de 157

Hesiodo 15
Hipócrates 81
Hita, Arcipreste de 90
Hitler 196
Humboldt 171n
hunos 36
Ibérica (cordillera) 4
iberos 7, 14-17
Ignacio de Loyola, San 141
iluminados 145
Imperio Otomano 132
Independencia (hispanoamericana) 116
Indias 99, 112-116, 137, 141
Index librorum prohibitorum 131
Índice expurgatorio 131
indios 6, 114n, 113-116
Inquisición 104-107,116,118,146, 147, 190
Institución Libre de Enseñanza 209-210, 214
Iriarte 175
Isabel la Católica 98, 99, 104, 109, 110, 110n, 112n, 118, 119
Isabel II 188, 191, 192, 193
isabelino (estilo) 123
Isidoro, San 41, 42n, 44
Isla, José Francisco de 175
Islam 49, 52, 72, 92, 110, 112, 132
Jaime I de Aragón 65
Jerusalén 12, 64n
jesuitas 142, 168, 186n, 198
Jiménez, Juan Ramón 228-229
Juan II de Castilla 71, 91
Juan de la Cruz, San 144, 145, 149
Juana la Loca 112
judíos 13, 41, 51, 59n, 81, 81n, 105, 107, 108n, 109, 109n
Julián, conde don 43n
Juntas de Defensa 6, 182, 193
Jurisdicciones, ley de 195
Justicia de Aragón 75
Justiniano 40
krausismo 208-209
Laínez, Padre 142
latín 8
Lazarillo de Tormes, El 151
lengua(s) 7-8, 25
León 8, 65, 67-70, 77
León (catedral) 92
León, Luis de 131, 149
leonés 8
Leovigildo 42
Lepanto 132
Lerma, duque de 135n
Levantina 10

«leyenda negra» 105, 115n, 133
Liber judiciorum 41
libros de caballerías 120
ligures 15
Lima (universidad) 116
López de Ayala, Adelardo 224
Lucano 28
Luis XIV 136, 165, 167
Luna, Álvaro de 71
Lusitania 24
lusitanos 17
Lutero 142
Luzán, Ignacio de 173
Machado, Antonio 227-228
Madrid 3, 129, 156, 199, 233, 234
magdaleniense 10
Mahoma 49, 56n, 64n
Maimónides 59
Mancha, La 3
Manrique, Jorge 92n
Manuel, Don Juan 64n, 89
Maquiavelo 142
Marca Hispánica 72
Marcial 29
María Cristina de Borbón 188
Mariana, Padre 143n
Marquina 225
marrano 105
Marruecos 2n, 51, 195, 196
Martel, Carlos 48
Martínez de la Rosa 215n
Medina Azahra 54
Medina Sidonia, duque de 134
Méjico (universidad) 116
Meléndez Valdés 175
Melilla 2, 110
Mendizábal 190
Menéndez Pidal, Ramón 208n
Menéndez y Pelayo 207
Menorca 166
Mesopotamia 15
Mesta 102, 103, 170
mester de clerecía 88
mester de juglaría 88
Mezquita de Córdoba 61
Miró, Joan 232
modernismo 225, 226-227, 228
Molina, Tirso de 155
Montemayor, Jorge de 150
Montiel 70
moriscos 108, 108n
moros 6, 49, 105, 107, 121
Movimiento Nacional 205
mozárabes 53
mudéjar (arte) 95-96, 123, 124

mudejarismo 95, 95n
Mulhacén 3
municipio(s) 24-25, 75-77
Murillo 163
Musa 49
Museo del Prado 157
Mussolini 196
musulmanes 43, 48-61, 81, 95, 104, 107
Naciones Unidas 205
Napoleón 6, 166, 182, 182n, 183, 187n, 193, 206
Nápoles 75, 99, 111, 166
Narbona 73
Narváez 190
Navarra 4, 68, 70, 73, 73n, 111
Navas de Tolosa, Las 64
Nebrija 119
negros 6, 115
neoclasicismo 173-174, 175, 176, 177
Nerón 28
Nicea (Concilio) 30, 34
Numancia 16, 22, 23
Ojeda, Alonso de 114n
Olivares, Conde-Duque de 135-136, 167
Omeya 49, 50
Orán 110
Órdenes Militares 101, 101n
Orosio 33, 44
Ortega y Gasset 213-214
Osio 34
País Vasco 201
Países Bajos 128, 133, 145, 166
Palacio Real 176
Pardo Bazán 219n
Paulo III 128
payeses de remensa 77
Pedrell, Felipe 234
Pedro I el Cruel 70, 96n
Pedro IV et Ceremonioso 74
Pelayo 63
Pemán 225
Pereda 220
Pérez, Antonio 107
Pérez de Guzmán, Fernán 91
Pérez Galdós 221
Pi y Margall 193
Picasso 215, 232
Picos de Europa 62
Pirineo(s) 3, 4, 17, 37, 72, 73, 74; Paz de los ———— 136
plateresco (estilo) 124

Plinio 27
Poema del Cid 29, 83-84, 89
Pompeyo 28
Pomponio Mela 29
Portugal 4, 17, 24, 63, 68, 71, 71n, 111, 134, 136
portugués (idioma) 8
Primo de Rivera, General 195, 196
Príncipe Negro 70
Prisciliano 34, 35
Privilegio general 74
pronunciamientos 186, 189, 92, 193, 196
provenzal 8, 83
Prudencio 31, 33
Ptolomeo 81
Púnica (guerra) 20
Quevedo 29, 152
Quijote 28, 109, 120, 141, 141n, 153-154, 219
Ramiro I 73
Ramón Berenguer IV 73
Ramón y Cajal 208n
razas 6-7
realengo 68
Recaredo 42
Reconquista 8, 53, 62-66, 95, 104, 107, 110, 112, 113, 114, 115, 118, 126, 139, 141
Reforma (protestante) 105, 168, 168n
Reforma agraria 170, 198
Regencia de María Cristina de Borbón 188
Renacimiento 8, 36n, 44, 118, 119, 120, 122, 124, 128, 140, 144, 145, 146, 149, 150, 157, 158, 173, 175
República (1873-1874) 6, 193
República (1936-1939) 6, 196-202, 203
Restauración 193-195, 196n, 202, 208, 210, 219
Revolución de 1868 189, 192
Revolución francesa 172, 182, 183, 184
Reyes Católicos 41, 64, 65, 71, 77, 79, 98-113, 118, 126, 129, 134, 135, 137, 169
Riego 186
Rivas, duque de 216
Rocroi 136
Rodrigo, rey 43, 43n
Rodríguez de Montalvo 120
Rojas, Fernando de 122
Roland 72
Roldán 72

lxi

Roma   20-33, 37, 80, 131, 141, 145n, 168, 168n, 203
Romancero   121, 216
romances   110, 121
románico (arte)   84
Romanillos   41n
romanos   6, 20, 21-31
romanticismo   214-218
Roncesvalles   72
Rosellón   8, 111
Rossini   179
Sagunto   20
Sahagún, Padre   116
sainete   174
Salamanca   118; (universidad)   124, 174, 211
Salmerón, Padre   142
Salomón   12
Salcillo   176
Samaniego   175
Sancho *el Mayor*   73
Sanjurjo   199
Santa Alianza   187
Santa María la Blanca   95n
Santángel, Luis de   112n
Santiago (catedral)   84
Santiago de Compostela   64n, 73, 80, 83
Santo Domingo (universidad)   116
Sanz del Río   208
Sastre, Alfonso   226n
Scarlatti   178, 179
Schola palatina   118
sefarditas   109
Séneca   27-28, 209
senequismo   28
Servet, Miguel   105, 147
Sevilla   65, 75, 103
Sicilia   75, 129, 166
Sierra Morena   4, 64, 72
Sierra Nevada   3
Simancas   147
Sindicatos Verticales   203
Solís, Francisco de   168n
Sorolla   232
Soto, Domingo de   142
Suárez, Francisco   142
suevos   36, 37
sufíes   58
Tajo   3, 69
Talavera, Arcipreste de   92
Talavera, Fray Hernando de   110n

Taifas   50, 51, 60, 62, 83, 193
Tárik   43, 43n, 48, 49
Tarraconense   24
Tarschisch   12
Tartessos   12, 14
Teodosio   30-31, 33
Teresa, Santa   130, 141, 144, 145
Tiro   12, 14, 18
Toledo   37, 47, 69, 80n, 81-82, 95n
Toledo (catedral)   92, 158, 176
Toledo (Concilio)   35, 42
Tomás de Aquino,   59n, 83, 142
tonadilla   179
Torquemada   110n
Torres Villarroel, Diego   174
Trafalgar   166
Trajano   30
transparente   158, 176
tremendismo   223
Trento (Concilio)   34, 141, 142
Túnez   75
turcos   75, 112, 132
Unamuno   28, 211, 213, 214
universidad   87-88
Utrecht, Paz de   165
Valdés, Alfonso de   145n
Valencia   3, 8, 65, 66, 73, 100, 118
vándalos   36
vanguardismo   229, 230
vasco-iberismo   15
vasco-navarro   7
Vascongadas   5
vascuence   7
Vega, Garcilaso de la   149
Vega, Lope de   155, 157n
Velázquez   160, 215
Vercingetorix   23
Vifredo *el Velloso*   72
Viriato   23
visigodos   6, 22, 36-47, 48, 68, 73, 110
Vitoria, Francisco de   143, 147
Vives, Luis   146
Westfalia, Paz de   136
Yuste (monasterio)   125
Yúsuf   51
Zaragoza   31, 72, 73, 95n
zarzuela   156-157, 157n, 179, 234
zéjel   60
Zorrilla, José   217, 218
Zuloaga   232

LA CORUÑA
SANTANDER
SAN SEBASTIÁN
BILBAO
FRANCIA
CAUTERETS
PERPIÑÁN
OVIEDO
LUGO
VITORIA
PAMPLONA
LEÓN
BURGOS
HUESCA
GERONA
PONTEVEDRA
PALENCIA
LOGROÑO
LÉRIDA
ORENSE
ZAMORA
SORIA
ZARAGOZA
BARCELONA
VALLADOLID
TARRAGONA
SEGOVIA
SALAMANCA
GUADALAJARA
ÁVILA
MADRID
TERUEL
CASTELLON
CUENCA
CÁCERES
TOLEDO
VALENCIA
ISLAS BALEARES
PORTUGAL
BADAJOZ
CIUDAD REAL
ALBACETE
LISBOA
ALICANTE
CÓRDOBA
JAEN
MURCIA
HUELVA
SEVILLA
GRANADA
ALMERÍA
MÁLAGA
CÁDIZ
GIBRALTAR
ESPAÑA
ISLAS.
CANARIAS
CUETA
MARRUECOS

Golfo de Gascuña
La Coruña
Cabo Finisterre
Santiago
GALICIA
Vigo
Río Miño
Oviedo
ASTURIAS
Covadonga
Río Deva
San Sebastián
Bilbao
VIZCAYA
NAVARRA
León
Burgos
LEÓN
Valladolid
Zamora
Río Ebro
Zaragoza
ARAGÓN
Oporto
Río Duero
Salamanca
CASTILLA LA VIEJA
Segovia
Escorial
Ávila
Madrid
ESPAÑA
PORTUGAL
Cuenca
Toledo
CASTILLA LA NUEVA
Río Tajo
EXTREMADURA
Valencia
La Mancha
Badajoz
Río Guadiana
Lisboa
Alicante
Murcia
Río Guadalquivir
Córdoba
Cartagena
ANDALUCÍA
Itálica
Sevilla
Río Genil
Granada
Almería
Málaga
Cádiz
Tarifa
Gibraltar (Brit.)
Estr. de Gibraltar
Mar Mediterráneo
Océano Atlántico
Longitud Oeste de Greenwich
40°
36°
8°
4°

ESPAÑA Y PORTUGAL

ESCALA

KILÓMETROS

0 50 100 150 200

MILLAS

0 50 100 150 200

Capitales...................................... ⊛

Límites Internacionales.............